JÄGER

# Tierschutzrecht

# Tierschutzrecht

Eine Einführung für die praktische Anwendung aus amtstierärztlicher Sicht

Dr. med. vet. Cornelie Jäger
Landesbeauftragte für Tierschutz
Baden-Württemberg
2012 bis 2017

2., aktualisierte Auflage, 2018

BOORBERG

Bibliografische Information der Deutschen Nationalbibliothek | Die Deutsche Nationalbibliothek verzeichnet diese Publikation in der Deutschen Nationalbibliografie; detaillierte bibliografische Daten sind im Internet über www.dnb.de abrufbar.

2., aktualisierte Auflage, 2018
ISBN 978-3-415-06257-3



Titelfoto: © Dr. Cornelie Jäger | Satz: Thomas Schäfer, www.schaefer-buchsatz.de | Druck und Bindung: Laupp & Göbel GmbH, Robert-Bosch-Straße 24, 72810 Gomaringen

Richard Boorberg Verlag GmbH & Co KG | Scharrstraße 2 | 70563 Stuttgart
Stuttgart | München | Hannover | Berlin | Weimar | Dresden
www.boorberg.de

# Vorwort zur 2. Auflage

Tierschutz ist eines der großen aktuellen gesellschaftlichen Themen. Deshalb ist es nicht verwunderlich, sondern vielmehr erfreulich, dass die erste Auflage dieses Buches rasch verkauft wurde. Autorin und Verlag nutzen deshalb die Gelegenheit, nach nur rund zweieinhalb Jahren eine neue, überarbeitete Auflage dieser tierschutzrechtlichen Einführung herauszubringen in der Erwartung, damit weiterhin wichtige Informationen für die aktuellen Debatten über den Umgang mit Tieren zur Verfügung zu stellen.
Beibehalten wurde die Absicht, eine knappe Einführung zu verfassen, um einen Überblick über die wichtigsten tierschutzrelevanten Rechtstexte zu ermöglichen, dabei aber nicht alle inhaltlichen Details wiederzugeben. Naturgemäß muss diese Einführung deshalb unvollständig bleiben.

Stuttgart, im Februar 2018 *Cornelie Jäger*

# Vorwort zur 1. Auflage

Für weite Teile der Bevölkerung in Deutschland ist es inzwischen selbstverständlich, dass es verbindliche Regeln zum verantwortungsvollen Umgang mit Tieren gibt, die zudem ständig weiterentwickelt werden müssen. Welche Regeln, Mindestanforderungen und Verbote gegenüber den Tieren in den Familien, bei den landwirtschaftlich genutzten Tierarten oder bei Versuchstieren zu beachten sind, ist jedoch nicht immer einfach herauszufinden und zu überblicken.
Dieser Leitfaden soll Menschen, die sich für Tiere und ihren Schutz interessieren, Tiere halten, züchten oder in irgendeiner anderen Weise mit Tieren zu tun haben, Grundkenntnisse im Tierschutzrecht vermitteln. Es wird dafür keine abschließende juristische Darstellung angestrebt. Vielmehr sollen die vorhandenen Regeln möglichst so vorgestellt werden, dass ihre Bedeutung für den praktischen Umgang mit Tieren erkennbar wird. Es soll verdeutlicht werden, in welchem Zusammenhang eine Rechtsvorgabe steht und wie sie sich auswirkt.
Das hier vorliegende Buch soll auch dazu beitragen, für die gesellschaftlich notwendigen aktuellen Debatten zu Fragen der Tierhaltung und Tiernutzung den rechtlichen Rahmen zumindest in seinen Grundzügen rasch kennenlernen und sich einen Überblick verschaffen zu können. Die zugunsten der Knappheit und Übersichtlichkeit notwendige Auswahl des Dargestellten orientiert sich dabei an dem, was erfahrungsgemäß aus Sicht des amtlichen Tierschutzes besonders wichtig ist oder häufig thematisiert wird.
An manchen Stellen werden sich aus diesem Blickwinkel heraus und trotz des Bemühens um eine weitgehend neutrale Darstellung Wertungen zu den Rechtsvorgaben nicht vollständig ausschließen lassen. Diskrepanzen zwischen tierschutzfachlichen Kenntnissen und tierschutzrechtlichen Vorgaben oder Divergenzen zwischen den verschiedenen Ebenen der Rechtssetzung werden an mehreren Stellen benannt.
Da ein Vorwort auch der Schlusspunkt für die Vorbereitungen zu einem Buch ist, möchte ich mich an dieser Stelle bei den Menschen bedanken, die mich beim Schreiben und mit Korrekturvorschlägen unterstützt haben: Anne-Marie, Christoph, Doris, Florian, Maxi, Silke, Sybille und Rebecca.

Stuttgart, im Juli 2015 *Cornelie Jäger*

# Inhaltsverzeichnis

# Abkürzungsverzeichnis

| | |
|---|---|
| Abs. | Absatz; hier Textabschnitt eines Gesetzesparagraphen |
| Art. | Artikel; meistens Textabschnitt einer EU-Rechtsvorgabe |
| AAALAC | Association for Assessment and Accreditation of Laboratory Animal Care International |
| AVV | Allgemeine Verwaltungsvorschrift zur Durchführung des Tierschutzgesetzes |
| BNatSchG | Bundesnaturschutzgesetz |
| BArtSchV | Bundesartenschutzverordnung |
| BfR | Bundesinstitut für Risikobewertung |
| BGB | Bürgerliches Gesetzbuch |
| BGBl. | Bundesgesetzblatt |
| BJagdG | Bundesjagdgesetz |
| BMEL | Bundesministerium für Ernährung und Landwirtschaft |
| BMELV | Bundesministerium für Ernährung, Landwirtschaft und Verbraucherschutz |
| BNA | Bundesverband für fachgerechten Natur- und Artenschutz e. V. |
| BR-Drs. | Bundesrats-Drucksache |
| bspw. | beispielsweise |
| BVerfG | Bundesverfassungsgericht |
| BVerwG | Bundesverwaltungsgericht |
| BWildSchV | Bundeswildschutzverordnung |
| bzw. | beziehungsweise |
| ca. | circa |
| cm | Zentimeter |
| $cm^2$ | Quadratzentimeter |
| d. h. | das heißt |
| DLG | Deutsche Landwirtschafts-Gesellschaft e. V. |
| etc. | et cetera |
| EG | Europäische Gemeinschaft |
| EU | Europäische Union |
| EuGH | Europäischer Gerichtshof |
| FEI | Internationaler Pferdesportverband |
| FN | Deutsche Reiterliche Vereinigung |
| GbR | Gesellschaft bürgerlichen Rechts |
| GG | Grundgesetz |
| ggf. | gegebenenfalls |
| GVE | Großvieheinheiten |
| ha | Hektar |
| HufBeschlG | Hufbeschlaggesetz |
| IATA | International Air Transport Association |
| i. d. R. | in der Regel |

| | |
|---|---|
| i. e. S. | im engeren Sinne |
| i. S. | im Sinne |
| i. V. | in Verbindung |
| Jhd. | Jahrhundert |
| KTBL | Kuratorium für Technik und Bauwesen in der Landwirtschaft |
| LANA | Länderarbeitsgemeinschaft Naturschutz, Landschaftspflege und Erholung |
| LAV | Länderarbeitsgemeinschaft Verbraucherschutz |
| LAVES | Niedersächsisches Landesamt für Verbraucherschutz und Lebensmittelsicherheit |
| LG | Lebendgewicht |
| m | Meter |
| $m^2$ | Quadratmeter |
| o. Ä. | oder Ähnliche |
| o. g. | oben genannte |
| OVG | Oberverwaltungsgericht |
| s. | siehe |
| sog. | sogenannte |
| syn. | synonym |
| TierErzHaVerbG | Tiererzeugnisse-Handels-Verbotsgesetz |
| TierSchG | Tierschutzgesetz |
| TierSchHuV | Tierschutz-Hundeverordnung |
| TierSchKomV | Tierschutzkommissionsverordnung |
| TierSchNutztV | Tierschutz-Nutztierhaltungsverordnung |
| TierSchVersV | Tierschutz-Versuchstierverordnung |
| TierSchlV | Tierschutz-Schlachtverordnung |
| TierSchTrV | Tierschutz-Transportverordnung |
| TVT | Tierärztliche Vereinigung für Tierschutz e. V. |
| u. a. | unter anderem |
| u. Ä. | und Ähnliche |
| v. a. | vor allem |
| VG | Verwaltungsgericht |
| VGH | Verwaltungsgerichtshof |
| VersTierMeldV | Versuchstiermeldeverordnung |
| ViehVerkV | Viehverkehrsverordnung |
| z. B. | zum Beispiel |
| ZirkRegV | Zirkusregisterverordnung |
| 3-R-Prinzip (3 R) | Aufforderungen „replace“, „reduce“ und „refine“ |

# Einleitung

Lange Zeit wurde Tieren rechtlich kein anderer Stellenwert eingeräumt als Gebrauchsgegenständen. Tiere zu schützen, entsprang in der Regel ökonomischen Gründen oder der Motivation, die Menschen vor anstößigen Eindrücken bewahren zu wollen. Erst nach und nach flossen ethische Überlegungen in den Tierschutz ein.

Es gilt als unstrittig, dass das Tierschutzgesetz von 1972 einem ethisch motivierten Tierschutz verpflichtet ist. Seit 1990 gilt außerdem im deutschen Recht: *Tiere sind keine Sachen. Sie werden durch besondere Gesetze geschützt. Auf sie sind die für Sachen geltenden Vorschriften entsprechend anzuwenden, soweit nicht etwas anderes bestimmt ist* (§ 90a BGB). Dies bedeutet immerhin, dass der Eigentümer eines Tieres bei der Ausübung seiner Befugnisse die besonderen Vorschriften zum Schutz der Tiere berücksichtigen muss (§ 903 BGB).

In den vergangenen Jahren hat das Bewusstsein in der Gesellschaft, Tieren Schutz gewähren und ihr Wohlbefinden fördern zu wollen und zu müssen, kontinuierlich zugenommen. Die Vorstellungen darüber, was Tierschutz umfassen und bewirken soll, sind allerdings bei den verschiedenen Interessengruppen häufig unterschiedlich. Viele rechtliche Regelungen stellen tatsächlich einen erkennbaren Kompromiss zwischen den fachlichen Kenntnissen zu den Bedürfnissen der Tiere und den wirtschaftlichen Rahmenbedingungen bzw. Zielsetzungen der Tierhaltung dar.

An dieser Stelle wird deshalb dafür plädiert, sich noch stärker mit den Auswirkungen aller Bestrebungen, also den Effekten beim Tier selbst zu befassen. „Tierschutz" beschreibt die Aktivitäten und Verpflichtungen der Menschen gegenüber den Tieren; der aktuelle, aus dem Englischen übernommene Begriff „Tierwohl" meint dagegen das, was beim Tier aus allen Einwirkungen resultiert. Das Tierwohl, bisher häufiger als das Wohlbefinden der Tiere bezeichnet, ist das Ziel der Bemühungen im Tierschutz. Will man sich ernsthaft von dem Blickwinkel lösen, Tiere und ihre Lebensbedingungen aus der Perspektive der Menschen zu betrachten, dann sollten als Prüfmaßstab für die rechtlichen Bestimmungen und ihre Einhaltung noch konsequenter als bisher Konzepte wie das Bedarfsdeckungs- und Schadensvermeidungskonzept oder die sog. „Fünf Freiheiten" berücksichtigt werden (s. dazu **1.1**).

Das gestiegene öffentliche Bewusstsein für den Schutz bzw. das Wohlbefinden der Tiere spiegelt sich in Deutschland nicht zuletzt darin wider, dass der Schutz der Tiere im Grundgesetz zum Staatsziel und damit zu einem Verfassungsgut erhoben wurde (Art. 20a GG). Mehrere Landesverfassungen haben den Tierschutz ebenfalls aufgenommen, so z. B. in Artikel 3b der Verfassung des Landes Baden-Württemberg. Aus dem Staatsziel Tierschutz resultiert u. a., dass die Gesetzgeber in Bund und Ländern dazu aufgefordert sind, bei Rechtssetzungsvorhaben die Belange des Tierschutzes zu berücksichtigen. Dies schließt insbesondere das sog. Verschlechterungsverbot ein, wonach neue Regelungen den Tieren keinesfalls weniger Schutz bieten dürfen.

Bemerkenswert ist in diesem Zusammenhang, dass auch im Vertrag über die Arbeitsweise der Europäischen Union (EU), zuletzt durch den Vertrag von Lissabon aus dem Jahre 2007 überarbeitet, dem Tierschutz in Art. 13 große Bedeutung zugesprochen wird. Dort heißt es unter den Grundsätzen für die Arbeitsweise der EU, dass bei der Festlegung und Durchführung der Politik der Union in den Bereichen Landwirtschaft, Fischerei, Verkehr u. a. die Union und die Mitgliedstaaten den Erfordernissen des Wohlergehens der Tiere als fühlende Wesen in vollem Umfang Rechnung tragen. Auch an dieser Formulierung wird man die Rechtsvorgaben und ihre Umsetzung im Alltag messen dürfen, selbst wenn die Zielsetzung der EU im Folgesatz durch den Verweis auf die Rechtsnormen und Gepflogenheiten in den Mitgliedstaaten eingeschränkt wird.

Tierschutzrelevante Rechtssetzung speist sich in Deutschland insbesondere aus zwei Quellen. Zum einen werden durch die EU Verordnungen und Richtlinien erarbeitet. EU-Verordnungen sind in den Mitgliedstaaten unmittelbar gültig, während Richtlinien durch einen eigenen Rechtsetzungsvorgang in nationales Recht überführt werden müssen, bevor sie ihre Wirkung entfalten können. Zum anderen verfügen die Mitgliedstaaten über eigene Gesetze und Verordnungen, die häufig auch der Umsetzung der EU-Regeln dienen. Ein Beispiel für eine unmittelbar in allen Mitgliedstaaten geltende EG-Verordnung ist die Verordnung (EG) Nr. 1/2005 (EG-Tiertransport-Verordnung). Die Tierversuchs-Richtlinie der EU (Richtlinie 2010/63/EU) musste dagegen vor ihrem Wirksamwerden in nationales Recht umgesetzt werden, was in diesem Fall im Rahmen einer Novellierung des deutschen Tierschutzgesetzes und dem Erlass der Tierschutz-Versuchstierverordnung erfolgte. Rein nationale Rechtsvorgaben sind bspw. die Tierschutz-Hundeverordnung oder der Abschnitt „Kaninchen“ in der Tierschutz-Nutztierhaltungsverordnung.

Ergänzend zu den EU-Vorgaben und den nationalen Gesetzen, Verordnungen und Verwaltungsvorschriften sind außerdem die Europäischen Übereinkommen, also völkerrechtliche Verträge auf der Ebene des Europarats einschließlich ihrer Empfehlungen, und eine ganze Reihe von Sachverständigengutachten bei der Auslegung und Umsetzung der tierschutzrechtlichen Ziele von Bedeutung.

Die Bundesländer besitzen im Grundsatz keine tierschutzrechtliche Gesetzgebungskompetenz. Sie können allerdings über den Bundesrat Vorschläge für Rechtsetzungsvorhaben einbringen oder die Bundesregierung dazu auffordern, Regelungen zu erarbeiten. Die in zahlreichen Ländern existierenden Gesetze zu gefährlichen Tieren bzw. gefährlichen Hunden gehören dagegen zum großen Bereich des Ordnungs- bzw. Polizeirechts, für den die Länder das Recht haben, eigene Gesetze und Verordnungen zu erstellen. Die Frage der Gesetzgebungskompetenz im Hinblick auf Verbandsklagerechte für Tierschutzorganisationen wurde immer wieder kontrovers diskutiert, dürfte aber mittlerweile weitgehend so entschieden sein, dass den Ländern zuzugestehen ist, solche Verbandsklagerechte einzuführen. Die inzwischen in mehreren Bundesländern eingeführten Mitwirkungs- und Verbandsklagerechte für anerkannte Tierschutzorganisationen sind ein zusätzlicher Grund dafür, den Zugang zur komplexen Materie des Tierschutzrechts durch eine allgemeinverständliche Einführung zu vereinfachen.

Nicht zu Unrecht wird immer wieder beklagt, dass es an der Durchsetzung der tierschutzrechtlichen Vorgaben mangele, Verstöße gegen geltendes Recht vielfach nicht bemerkt würden oder keine Folgen nach sich zögen. Für Vollzugsdefizite beim Tierschutzrecht gibt es vielerlei Gründe, die hier nicht ausführlicher erörtert werden sollen. Es soll allerdings darauf hingewiesen werden, dass die allgemeine Vorstellung davon, was Behörden durchsetzen können müssten, häufig nicht mit den Möglichkeiten in Einklang steht, die den Tierschutzbehörden tatsächlich zur Verfügung stehen. Rechtsstaatliche Prinzipien und gesetzliche Vorgaben zum Verwaltungshandeln führen immer wieder dazu, dass bspw. diejenigen, die einen vermeintlichen oder tatsächlichen Verstoß gegen das Tierschutzrecht anzeigen, wegen der angeblichen Untätigkeit der Behörden frustriert sind. Es wird deshalb der Versuch unternommen, bei den Erläuterungen zu den §§ 16, 16a, 17 und 18 des Tierschutzgesetzes auch die Grenzen für das Verwaltungshandeln erkennbar zu machen. Auch bei der Darstellung der Rechtsgrundlagen nach Tierarten bzw. nach Tätigkeitsfeldern wird man am Ende feststellen, dass nicht alles so geregelt ist, dass man in allen Fällen einen wirkungsvollen Tierschutz durchsetzen kann.

Neben dem herkömmlichen Vorgehen der Behörden durch Verwaltungsakte, Bußgeldverfahren oder Strafanzeigen soll hier auf eine spezielle Rechtsfolge bei Verstößen gegen das Tierschutzrecht im landwirtschaftlichen Bereich hingewiesen werden. Als Cross-Compliance wird die Verknüpfung von Prämienzahlungen mit der Einhaltung von EU-Standards bezeichnet. Seit 2007 müssen mehrere EU-Tierschutz-Richtlinien in diesem Zusammenhang berücksichtigt werden. Zahlreiche tierschutzrelevante Rechtsverstöße führen deshalb im Rahmen von CrossCompliance zu systematischen Abzügen bei den Subventionszahlungen, die landwirtschaftliche Tierhalter üblicherweise aus EU-Mitteln erhalten. Diese Folge von Verstößen gegen das Tierschutzrecht gilt es ebenfalls immer wieder, sich bewusst zu machen.

Zum Schluss noch mehrere technische Hinweise: In den folgenden Kapiteln werden Textpassagen *kursiv* wiedergegeben, wenn es sich um wörtlich übernommene Formulierungen aus den im unmittelbaren Zusammenhang genannten Rechtstexten, amtlichen Begründungen, Gutachten oder Leitlinien handelt. Wichtige Schlagworte werden **fett** markiert.
Außerdem wird darauf verzichtet, alle Ermächtigungen für das zuständige Bundesministerium zum Erlass von Verordnungen in voller Länge wiederzugeben. Für welche Fragestellungen solche Ermächtigungen bestehen und ob sie genutzt wurden, wird dennoch deutlich gemacht. Auslassungen werden durch (...) gekennzeichnet.

# 1
# Das Tierschutzgesetz

## 1.1 Grundsatz

### *§ 1 (Zweck des Gesetzes; Grundsatz)*

*Zweck dieses Gesetzes ist es, aus der Verantwortung des Menschen für das Tier als Mitgeschöpf dessen Leben und Wohlbefinden zu schützen. Niemand darf einem Tier ohne vernünftigen Grund Schmerzen, Leiden oder Schäden zufügen.*

Durch den ersten Satz dieses Paragraphen wird der Zweck des TierSchG bestimmt und eine grundsätzliche Ausrichtung des gesamten Tierschutzrechts vorgenommen. Betont werden die Verantwortung der Menschen und der eigenständige Wert der Tiere als Mitgeschöpfe. Beides zusammen ist die Grundlage eines ethisch motivierten Tierschutzes, der für dieses Gesetz und seine Auslegung Maßstab bildend ist. Der ethisch motivierte Tierschutz hat den Schutz aller lebenden Tiere um ihrer selbst willen und ohne Unterscheidung nach zoologischer Klassifizierung, Lebensalter, Geschlecht, Entwicklungsstadium oder Nutzbarkeit für den Menschen zum Ziel. Lange Zeit galt das deutsche Tierschutzrecht nicht für ungeborene Stadien von Tieren. Dies hat sich durch die Umsetzung der EU-Tierversuchs-Richtlinie 2010/63/EU in nationales Recht geändert. Festzustellen ist außerdem, dass das vorliegende TierSchG bei vielen Regelungen den Wirbeltieren, insbesondere den sogenannten warmblütigen wie Vögeln und Säugern, besondere Fürsorge einräumt, indem ihr Schutz konkreter als bei anderen Tiergruppen ausgestaltet wird.

Obwohl der zweite Satz dieser tierschutzrechtlichen Grundregel als Verbot formuliert ist, relativiert er den zuvor definierten Schutzzweck dadurch, dass bei Vorliegen eines vernünftigen Grundes nachteilige Einwirkungen auf das Wohlbefinden der Tiere als zulässig gewertet werden.

Als vernünftig gilt ein Grund, wenn er als triftig und einsichtig einzustufen ist und von einem sog. schutzwürdigen Interesse, d. h. Motiv, bestimmt wird. Außerdem muss er im konkreten Fall erkennbar schwerer wiegen als das Interesse des Tieres an seiner Unversehrtheit und seinem Wohlbefinden. Welche Interessen schutzwürdig sind, hängt direkt mit ihrer gesellschaftlichen Akzeptanz zusammen. Zu dieser gesellschaftlichen Akzeptanz muss allerdings hinzukommen, dass das schutzwürdige Interesse sich auch mit den Vorstellungen eines vernünftigen, anständig denkenden Menschen deckt, der sich mit der Sachlage beschäftigt hat. Deshalb müssen sich auch Traditionen der moralischen Rechtfertigung stellen.

Das Vorliegen des vernünftigen Grundes kann man – sehr stark vereinfacht – bei Zielsetzungen und Tätigkeiten grundsätzlich annehmen, die im Gesetz und den dazu gehörigen Verordnungen explizit konkretisiert werden. Dies

betrifft bspw. das Schlachten und Transportieren von Tieren innerhalb des Rahmens, der durch die jeweiligen Verordnungen festgelegt wird. Der vernünftige Grund muss deshalb trotz fachlicher Zweifel auch bei den Eingriffen unterstellt werden, die durch §§ 5 und 6 TierSchG privilegiert werden (**1.4**). Solche spezielleren Normen sind nicht selbst der vernünftige Grund i. S. dieses Paragraphen. Sie spiegeln jedoch ihrerseits die vorherrschende moralische Auffassung wider, bis zu dem Zeitpunkt, an dem durch politische Willensbildung eine Änderung der Rechtsnorm eintritt.
Ein vernünftiger Grund im eingangs genannten Sinne kann aber auch bei der Prüfung einzelner Konstellationen eingeräumt werden. Er hebelt jedoch die im Weiteren geschilderten spezielleren Normen (Gebote und Verbote wie in den §§ 2, 3 oder § 17 Nr. 2 u. a. TierSchG) nicht oder zumindest nicht ohne sorgfältige Prüfung aus. Nur wenn die speziellere Norm Abwägungsspielraum zulässt, kann der vernünftige Grund bei Auslegungsfragen einbezogen werden.
Das BVerfG hat zudem bereits 1999 klargestellt, dass „nicht jede Erwägung der Wirtschaftlichkeit der Tierhaltung aus sich heraus ein vernünftiger Grund i. S. des § 1 Satz 2 TierSchG sein kann."
Generell wird man Handlungen, die aus Wut, Ärger oder der Lust, Schmerzen zuzufügen, entstehen, den vernünftigen Grund absprechen. Anerkannt sind dagegen Beweggründe mit allgemein gesellschaftlich akzeptierten Motiven wie bspw. die Nahrungsmittelgewinnung.
Ob und inwieweit nachteilige Einwirkungen auf die Tiere zulässig sind, ist unter Beachtung des Vorrangs der Spezialnormen Ergebnis eines Abwägungsprozesses im Einzelfall zwischen rechtfertigendem vernünftigem Grund und den resultierenden Schmerzen, Leiden oder Schäden bei den Tieren. Diese drei Elemente beeinflussen Wohlbefinden und Unversehrtheit der Tiere und müssen deshalb systematisch in die Abwägung einbezogen werden. Außerdem müssen bei der Abwägung auch die üblichen Fragestellungen der Ermessensausübung abgeprüft werden. Die Beeinträchtigung des Tieres muss also geeignet, erforderlich und verhältnismäßig sein, um das angestrebte legitime Ziel zu erreichen.
Als **Wohlbefinden** wird ein letztlich subjektiv definierbarer Zustand physischer und psychischer Harmonie des Tieres in sich und mit der Umwelt, frei von Schmerzen und Leiden, ohne Überforderung der Anpassungsfähigkeit, aber mit Befriedigung aller artspezifischer und individueller Haltungsbedürfnisse bezeichnet. Wohlbefinden von Tieren, kürzer Tierwohl, lässt sich anschaulicher anhand des Konzepts der „Fünf Freiheiten" beschreiben. Diese „Fünf Freiheiten" sind eine entscheidende Grundlage für die gesamte EU-Tierschutz-Rechtsetzung und beinhalten

- Freisein von Hunger und Durst,
- Freisein von Unbehagen (Nässe, Zugluft o. Ä.),
- Freisein von Schmerz, Verletzungen und Erkrankungen,

- Freisein von Angst und Stress und
- Freisein zum Ausleben normaler Verhaltensweisen.

Dieses Konzept unterstreicht, dass es integraler Bestandteil des Wohlbefindens von Tieren ist, normales, artgemäßes Verhalten zu entwickeln und auszuleben.
Die anderen bereits erwähnten Elemente, die bei der o. g. Abwägung berücksichtigt werden müssen, lassen sich wie folgt näher erklären:
Unter **Schmerz** versteht man ein unangenehmes Sinnes- und Gefühlserlebnis, das mit aktueller oder potenzieller Gewebeschädigung verknüpft sein kann. Je nach Dauer wird zwischen akutem und chronischem Schmerz unterschieden. Schmerzäußerungen von Tieren können bspw. Klagelaute, Schweif- bzw. Schwanzschlagen, Zähneknirschen, Aufkrümmen des Rückens, Abwehrbewegungen wie Schlagen oder Treten und Beißen, Schweißausbruch, Unruhe und Wälzen, Fluchtversuche oder Apathie sein. Das Fehlen solcher Anzeichen ist allerdings allein kein zuverlässiger Beleg dafür, dass das Tier schmerzfrei ist, weil bestimmte Tierarten und -gruppen ausgesprochen still auf Schmerzen reagieren.
**Leiden** bezeichnet dagegen gesteigerte Unlustgefühle, die durch eine oder mehrere Einwirkungen unterschiedlicher Intensität bzw. Dauer hervorgerufen werden können. Sie können bis zu unerträglicher Qual gesteigert werden und dann auch mit zusätzlichem körperlichen Schmerz und organischen Störungen verbunden sein. Sie können schließlich sogar zum Tode führen. Leiden schließt alle seelischen Missbehagens-Empfindungen ein, die nicht vom Begriff des Schmerzes umfasst werden und ein gewisses Mindestmaß überschreiten. Auch Angst gehört zu den Missbehagens-Empfindungen, die Leiden bedeuten. Auf das Vorliegen von Leiden wird ähnlich wie bei Schmerz durch äußerliche Anzeichen geschlossen. Zu diesen Anzeichen zählen u. a. Zittern, häufiges Absetzen von Kot und Harn, weit geöffnete Augen und Nasenlöcher, aber auch das Ausfallen von Verhaltensweisen oder das Auftreten von Verhaltensstörungen.
Als **Schaden** wird schließlich die bleibende Beeinträchtigung der Unversehrtheit des Tieres bezeichnet, die sich organisch oder psychisch zeigen kann. Dazu gehören neben Verletzungen und Organveränderungen auch die Verhaltensstörungen, die u. a. multifaktorielle Phänomene wie Federpicken oder Schwanzbeißen und Stereotypien (Weben, Leerkauen u. Ä.) einschließen.

## 1.2 Tierhaltung

### *§ 2 (Allgemeine Vorschriften zur Tierhaltung oder -betreuung)*

*Wer ein Tier hält, betreut oder zu betreuen hat,*

1. *muss das Tier seiner Art und seinen Bedürfnissen entsprechend angemessen ernähren, pflegen und verhaltensgerecht unterbringen,*

2. *darf die Möglichkeit des Tieres zu artgemäßer Bewegung nicht so einschränken, dass ihm Schmerzen oder vermeidbare Leiden oder Schäden zugefügt werden,*
3. *muss über die für eine angemessene Ernährung, Pflege und verhaltensgerechte Unterbringung des Tieres erforderlichen Kenntnisse und Fähigkeiten verfügen.*

Dieser Paragraph nennt die positiven Pflichten des Menschen im Interesse des Tieres und stellt den grundlegenden Rechtsrahmen für eine tierschutzgerechte Tierhaltung unabhängig von Tierart oder Nutzungszweck dar. Nur wenn Spezialvorschriften – im Gesetz oder in Folgeverordnungen u. Ä. – den Regelungsgehalt dieser allgemeinen **Tierhaltungsnorm** vollständig ausfüllen, kann für Auslegungs- und Vollzugszwecke nicht mehr unmittelbar auf die Gebote in § 2 zurückgegriffen werden. In vielen Zusammenhängen können die Behörden deshalb trotz der Konkretisierungen in Verordnungen wie bspw. der TierSchNutztV oder der TierSchHuV zusätzliche Anordnungen treffen, wenn die Verordnung den Regelungsbedarf nach § 2 nicht ausschöpft.
Adressaten dieser hier formulierten allgemeinen Tierhaltungsnorm einschließlich behördlicher Maßnahmen, die sich darauf beziehen, sind Personen, die Tiere in einem weiten Sinne halten. Halter in diesem weiten Sinne ist jede natürliche oder juristische Person, die ständig oder vorübergehend für ein Tier verantwortlich ist oder das Tier tatsächlich versorgt. Wird dieser weite Begriff verwendet, dann ist damit jede Obhut bis hin zur kurzfristigen tatsächlichen Betreuung gemeint. Der Halter muss dabei nicht Eigentümer des Tieres sein; es reicht aus, dass er das Tier zu Trainingszwecken, als Händler in Kommission oder als Aushilfe übernommen hat. Neben natürlichen Personen können auch juristische Personen oder deren Zusammenschlüsse wie Vereine oder Firmen Tierhalter in diesem Sinne sein. Beispiele dafür sind Reitvereine, denen Reitschulpferde gehören, oder eine GbR, die gemeinsam die Haltung landwirtschaftlich genutzter Tiere betreibt. Halter in diesem weiten Sinne sind auch die Finder von Tieren, einschließlich Fundbüros, oder die Pfleger wildlebender oder verwilderter Tiere. Bei unklarer Sachlage im Hinblick auf die Haltereigenschaften dient die Pflicht zur Betreuung als Auffangregelung, wobei diese Pflicht sich bereits aus reinen Verabredungen (aushelfender Familienangehöriger o. Ä.) ergeben kann.
Nach der allgemeinen Tierhaltungsnorm muss eine tiergerechte Tierhaltung mindestens die folgenden drei Anforderungen erfüllen:

### 1.2.1 Tierart- und bedürfnisgerechte Ernährung, Pflege und verhaltensgerechte Unterbringung

Tierart- und bedürfnisgerechte Ernährung und Pflege schließt ein, was für die Versorgung der jeweiligen Tierart oder Tiergruppe, aber auch für das spezifische Tierindividuum, notwendig ist. Auf diese Weise wird klarge-

stellt, dass auch alters- und entwicklungsspezifische Anforderungen erfüllt werden müssen. Beispiele dafür sind die ggf. altersbedingt erforderliche Korrektur der Zähne bei Pferden oder besondere Stoffwechselbedürfnisse bei tragenden, laktierenden oder kranken Tieren. Bei der Beurteilung, was als tierart- und bedürfnisgerecht angesehen werden kann, sind praktische Erfahrung und wissenschaftliche Erkenntnisse zu berücksichtigen. Es genügt nicht, alleine die gängige Praxis als Maßstab heranzuziehen. Im Bedarfsfall muss durch Sachverständigengutachten geklärt werden, wie sich der Stand der Wissenschaft darstellt und wie dieser zur Erfüllung der Tierhaltungsnorm im konkreten Fall umzusetzen ist.
Unter tierart- und bedürfnisgerechter Ernährung muss vor diesem Hintergrund nicht nur eine ausreichende Nährstoffzufuhr verstanden werden, sondern bspw. bei Rindern oder Hühnern auch die Möglichkeit, gleichzeitig zu fressen. Mit dem Begriff „Pflege" wird der gesamte Umgang mit dem Tier gemeint, wozu neben der Fütterung auch das Tränken, das Sauberhalten von Tieren und Haltungseinrichtungen, die Gesundheitsfürsorge (z. B. Klauen- und Hufpflege) und auch der Schutz vor Witterungseinflüssen sowie geeignete Licht- und Luftverhältnisse gehören. Als verhaltensgerechte Unterbringung können Haltungsformen und -einrichtungen bezeichnet werden, die das Verhalten ermöglichen, das zu den einzelnen verhaltenskundlich definierten Funktionskreisen gehört. Dazu zählen neben dem schon erwähnten Nahrungsaufnahmeverhalten auch das Ruheverhalten, das sog. Komfortverhalten, das Sozialverhalten, das Erkundungsverhalten und das arttypische Ausscheidungsverhalten.
Durch den Begriff „angemessen" wird für das Gebot in Nr. 1 ein begrenzter Spielraum für einen Ausgleich mit dem Nutzungszweck und der Zumutbarkeit für den Halter oder Betreuer eröffnet. Dabei ist aber zu beachten, was unter **1.1** dargestellt wird: Bei der Abwägung muss geprüft werden, ob die Einschränkung der tierart- und bedürfnisgerechten Ernährung, Pflege und verhaltensgerechten Unterbringung noch dazu geeignet ist, den Nutzungszweck zu verfolgen oder sich gar als kontraproduktiv erweist. Die Belange des ethisch begründeten Tierschutzes dürfen nicht über die Grenze eines angemessenen Ausgleichs hinaus eingeschränkt werden. Die Einschränkungen können insbesondere nicht alleine mit wirtschaftlichen Gründen gerechtfertigt werden.
Vor diesem Hintergrund ist kritisch zu bewerten, dass bspw. bautechnische Sachzwänge (Entmistungstechnik) dafür angeführt werden, Mastschweinen häufig nur sehr geringe Mengen organischen Materials zur Stillung ihres Wühlbedürfnisses anzubieten und damit – neben anderen Faktoren – das Auftreten von Schwanzbeißen mit allen negativen Auswirkungen für die Tiergesundheit zu begünstigen.

### 1.2.2 Bewegungsmöglichkeit ohne Schmerzen und vermeidbare Leiden oder Schäden

Abweichend von Nr. 1 beinhaltet Nr. 2 eine absolute Grenze im Hinblick auf die Einschränkung der Bewegungsfreiheit. Die Grenze für die Beschränkung des Bewegungsverhaltens von Tieren ergibt sich nicht aus den Regeln für den o. g. angemessenen Ausgleich, sondern wird direkt an Schmerzen festgemacht. Durch die Bewegungseinschränkung dürfen keine Schmerzen entstehen; ein Abwägungsspielraum besteht hier nicht.
Weniger deutlich ist die Begrenzung der Belastung durch Bewegungseinschränkung im Hinblick auf Leiden und Schäden. Nur vermeidbare Leiden und Schäden müssen ausgeschlossen werden. Wie Leiden und Schäden allerdings als vermeidbar oder unvermeidbar eingestuft werden sollen, bleibt weitgehend offen. Die Frage, wie der konkrete Bewegungsspielraum der Tiere mindestens angelegt werden muss, beantwortet in einigen Fällen der Verordnungsgeber. Bei vielen Tierarten muss jedoch auf die einschlägigen Europaratsempfehlungen, hochrangige vorweggenommene Gutachten wie bspw. die Leitlinien des BMELV zur Beurteilung von Pferdehaltungen unter Tierschutzgesichtspunkten und die Rechtsprechung zurückgegriffen werden. Unklar bleibt auch, ob die Beschränkung der Bewegungsbedürfnisse bzw. -möglichkeiten nach Nr. 1 oder nach Nr. 2 weiter reicht.
Bekannte Modelle zur Abschätzung der erforderlichen Ernährung, Pflege, Unterbringung und Bewegungsmöglichkeit sind das sog. Bedarfsdeckungs- und Schadensvermeidungskonzept oder die bereits erwähnten „Fünf Freiheiten" einschließlich der damit zusammenhängenden tierbasierten Indikatoren. Selbst wenn in manchen Punkten suboptimale Haltungsbedingungen durch optimale Bedingungen in anderen Punkten kompensierbar sein mögen, so ist inzwischen doch klar, dass kein Grundbedürfnis vollständig zurückgedrängt werden darf. Dies schließt im Einklang mit dem Konzept der „Fünf Freiheiten" ein, dass grundlegende natürliche Verhaltensweisen nicht vollständig unterbunden werden dürfen, sondern im Wesentlichen ermöglicht werden müssen.

### 1.2.3 Kenntnisse und Fähigkeiten des Halters

Üblicherweise versteht man unter Kenntnissen das theoretische Wissen und unter Fähigkeiten die praktische Erfahrung eines Tierhalters. Beides wird häufig als Sachkunde zusammengefasst. Mangelnde Sachkunde ist oftmals Ursache für das Auftreten von Tierschutzverstößen. Deshalb wurde das Sachkundegebot in die allgemeine Tierhaltungsnorm aufgenommen. Die erforderliche Sachkunde bzw. die Notwendigkeit eines Sachkundenachweises beim Umgang mit Tieren wird auch in zahlreichen anderen Vorschriften des Tierschutzrechts verlangt und konkretisiert.

Werden die Bedingungen des § 2 nicht erfüllt, dann ist die für den Tierschutz zuständige Behörde berechtigt und im Regelfall verpflichtet, alle notwendigen Maßnahmen zu treffen, damit letztlich § 2 eingehalten wird, auch wenn dies ggf. durch andere Personen als dem ursprünglichen Tierhalter erfolgt.

### *§ 2a (Ermächtigungen zum Erlass von Rechtsverordnungen)*

*(1) Das Bundesministerium für Ernährung und Landwirtschaft (Bundesministerium) wird ermächtigt, durch Rechtsverordnung mit Zustimmung des Bundesrates, soweit es zum Schutz der Tiere erforderlich ist, die Anforderungen an die Haltung von Tieren nach § 2 näher zu bestimmen und dabei insbesondere Vorschriften zu erlassen über Anforderungen*

1. *hinsichtlich der Bewegungsmöglichkeit oder der Gemeinschaftsbedürfnisse der Tiere,*
2. *an Räume, Käfige, andere Behältnisse und sonstige Einrichtungen zur Unterbringung von Tieren sowie an die Beschaffenheit von Anbinde-, Fütterungs- und Tränkvorrichtungen,*
3. *hinsichtlich der Lichtverhältnisse und des Raumklimas bei der Unterbringung der Tiere,*
4. *an die Pflege einschließlich der Überwachung der Tiere; hierbei kann das Bundesministerium auch vorschreiben, dass Aufzeichnungen über die Ergebnisse der Überwachung zu machen, aufzubewahren und der zuständigen Behörde auf Verlangen vorzulegen sind,*
5. *an Kenntnisse und Fähigkeiten von Personen, die Tiere halten, betreuen oder zu betreuen haben und an den Nachweis dieser Kenntnisse und Fähigkeiten,*
6. *an Sicherheitsvorkehrungen im Falle technischer Störungen oder im Brandfall.*

*(1a) (…) bis (3) (…).*

Die in Absatz 1 formulierte sog. Ermächtigung für den Verordnungsgeber wird hier beispielhaft wiedergegeben. Auf solche Weise wird bestimmt, mit welchem Ziel, zu welchen Themen und mit wessen Beteiligung der Verordnungsgeber konkretisierende, vervollständigende und aktualisierende verbindliche Vorgaben durch eine Verordnung erstellen kann. Es wird also ein Spielraum festgelegt, wobei der Verordnungsgeber nicht dazu verpflichtet ist, die Ermächtigung zu nutzen.
Die hier nicht wiedergegebenen Absätze 1a bis 3 enthalten Ermächtigungen für den Verordnungsgeber, um konkretisierende Anforderungen im Hinblick auf die Ausbildung oder Kennzeichnung von Tieren und ihre Beförderung festzulegen. Es wird jeweils festgehalten, ob der Bundesrat und welche Bundesministerien ggf. beteiligt werden müssen. Die Ermächtigung in Absatz 1 b könnte als Grundlage für eine generelle Kennzeichnungspflicht bspw. für Hunde und Katzen genutzt werden, vorausgesetzt dass sie dem Schutz der Tiere dient.

Die in § 2a aufgeführten Ermächtigungen sind u. a. Grundlage für die TierSchNutztV (**2.1**), die TierSchTrV (**3.2**) und große Teile der TierSchVersV (**1.5**, **2.9**, **3.4**).
Wird gegen Inhalte solcher Verordnungen verstoßen, handelt es sich meistens um eine Ordnungswidrigkeit im Sinne von § 18 Abs. 1 Nr. 3 Buchstabe a) TierSchG, vorausgesetzt dass die Verordnung auf § 18 verweist und den jeweiligen Sachverhalt in ihrem Ordnungswidrigkeitenkatalog aufführt.

### *§ 3 (Verbote)*

*Es ist verboten,*

*1. einem Tier außer in Notfällen Leistungen abzuverlangen, denen es wegen seines Zustandes offensichtlich nicht gewachsen ist oder die offensichtlich seine Kräfte übersteigen,*

*1a. einem Tier, an dem Eingriffe und Behandlungen vorgenommen worden sind, die einen leistungsmindernden körperlichen Zustand verdecken, Leistungen abzuverlangen, denen es wegen seines körperlichen Zustandes nicht gewachsen ist,*

*1b. an einem Tier im Training oder bei sportlichen Wettkämpfen oder ähnlichen Veranstaltungen Maßnahmen, die mit erheblichen Schmerzen, Leiden oder Schäden verbunden sind und die die Leistungsfähigkeit von Tieren beeinflussen können, sowie an einem Tier bei sportlichen Wettkämpfen oder ähnlichen Veranstaltungen Dopingmittel anzuwenden,*

*2. ein gebrechliches, krankes, abgetriebenes oder altes, im Haus, Betrieb oder sonst in Obhut des Menschen gehaltenes Tier, für das ein Weiterleben mit nicht behebbaren Schmerzen oder Leiden verbunden ist, zu einem anderen Zweck als zur unverzüglichen schmerzlosen Tötung zu veräußern oder zu erwerben; dies gilt nicht für die unmittelbare Abgabe eines kranken Tieres an eine Person oder Einrichtung, der eine Genehmigung nach § 8 Absatz 1 Satz 1 und, wenn es sich um ein Wirbeltier handelt, erforderlichenfalls eine Genehmigung nach Vorschriften, die auf Grund des § 9 Absatz 3 Nummer 1 und 2 erlassen worden sind, für Versuche an solchen Tieren erteilt worden ist,*

*3. ein im Haus, Betrieb oder sonst in Obhut des Menschen gehaltenes Tier auszusetzen oder es zurückzulassen, um sich seiner zu entledigen oder sich der Halter- oder Betreuerpflicht zu entziehen,*

*4. ein gezüchtetes oder aufgezogenes Tier einer wildlebenden Art in der freien Natur auszusetzen oder anzusiedeln, das nicht auf die zum Überleben in dem vorgesehenen Lebensraum erforderliche artgemäße Nahrungsaufnahme vorbereitet und an das Klima angepasst ist; die Vorschriften des Jagdrechts und des Naturschutzrechts bleiben unberührt,*

*5. ein Tier auszubilden oder zu trainieren, sofern damit erhebliche Schmerzen, Leiden oder Schäden für das Tier verbunden sind,*

*6. ein Tier zu einer Filmaufnahme, Schaustellung, Werbung oder ähnlichen Veranstaltung heranzuziehen, sofern damit Schmerzen, Leiden oder Schäden für das Tier verbunden sind,*
*7. ein Tier an einem anderen lebenden Tier auf Schärfe abzurichten oder zu prüfen,*
*8. ein Tier auf ein anderes Tier zu hetzen, soweit dies nicht die Grundsätze weidgerechter Jagdausübung erfordern,*
*8a. ein Tier zu einem derartig aggressiven Verhalten auszubilden oder abzurichten, dass dieses Verhalten*
   *a) bei ihm selbst zu Schmerzen, Leiden oder Schäden führt oder*
   *b) im Rahmen jeglichen artgemäßen Kontaktes mit Artgenossen bei ihm selbst oder einem Artgenossen zu Schmerzen oder vermeidbaren Leiden oder Schäden führt oder*
   *c) seine Haltung nur unter Bedingungen zulässt, die bei ihm zu Schmerzen oder vermeidbaren Leiden oder Schäden führen,*
*9. einem Tier durch Anwendung von Zwang Futter einzuverleiben, sofern dies nicht aus gesundheitlichen Gründen erforderlich ist,*
*10. einem Tier Futter darzureichen, das dem Tier erhebliche Schmerzen, Leiden oder Schäden bereitet,*
*11. ein Gerät zu verwenden, das durch direkte Stromeinwirkung das artgemäße Verhalten eines Tieres, insbesondere seine Bewegung, erheblich einschränkt oder es zur Bewegung zwingt und dem Tier dadurch nicht unerhebliche Schmerzen, Leiden oder Schäden zufügt, soweit dies nicht nach bundes- oder landesrechtlichen Vorschriften zulässig ist,*
*12. ein Tier als Preis oder Belohnung bei einem Wettbewerb, einer Verlosung, einem Preisausschreiben oder einer ähnlichen Veranstaltung auszuloben,*
*13. ein Tier für eigene sexuelle Handlungen zu nutzen oder für sexuelle Handlungen Dritter abzurichten oder zur Verfügung zu stellen und dadurch zu artwidrigem Verhalten zu zwingen.*

*Satz 1 Nummer 12 gilt nicht, wenn das Tier auf einer in Satz 1 Nummer 12 bezeichneten Veranstaltung ausgelobt wird, bei der erwartet werden kann, dass die Teilnehmer der Veranstaltung im Falle des Gewinns als künftige Tierhalter die Einhaltung der Anforderungen des § 2 sicherstellen können.*

Der Bereich rechtlich zulässiger Tierhaltung wird einerseits durch die in § 2 formulierten Anforderungen und andererseits durch die in § 3 aufgeführten Verbote begrenzt. Die Verbote haben grobe Verletzungen der Anforderungen nach § 1 und § 2 zum Inhalt und gelten für alle Tiere, auch für wildlebende oder verwilderte Tiere und solche, die nicht zu den Wirbeltieren zählen.
Die aufgeführten Verbotstatbestände lassen sich nicht durch den vernünftigen Grund i. S. von § 1 Satz 2 rechtfertigen. Durch den Verbotskatalog in § 3 wird die Grenze der Rechtfertigungsmöglichkeit durch den Gesetzgeber konkretisiert. Abweichungen davon sind nur bei gesondert zu genehmigen-

den Vorhaben (Tierversuche) oder bei konkreter Gefahr für Leib und Leben von Menschen denkbar.
Alle vorsätzlichen oder fahrlässigen Verstöße gegen die in § 3 aufgeführten Verbote können nach § 18 Abs. 1 Nr. 4 als Ordnungswidrigkeit geahndet werden.

### 1.2.4 Das Überforderungsverbot

Durch dieses in Nr. 1 zunächst allgemein gehaltene Verbot wird jedem Tier zugebilligt, dass es eine Grenze für die Leistung gibt, die ihm abverlangt werden darf. Als Leistung der Tiere sind die Fähigkeiten und Kräfte der Tiere zu verstehen, die der Mensch für seine Zielsetzungen in Anspruch nimmt. Darunter fallen neben Zug-, Lauf- oder anderen Kraftleistungen auch die Milch-, Mast- und Legeleistung sowie die Fortpflanzungsleistungen (Anzahl der Jungtiere, Aufzuchtleistung u. Ä.). Auch die Lernfähigkeit von Tieren wird für Leistungen genutzt und unterliegt damit dem Überforderungsverbot.
Das Überforderungsverbot greift immer dann, wenn das Missverhältnis zwischen der Leistung, die dem einzelnen Tier abverlangt wird, und dessen Kapazität auch ohne Expertenwissen – also offensichtlich – zu erkennen ist. Es muss dabei noch nicht zu Schmerzen, Leiden oder Schäden bei dem betroffenen Tier gekommen sein. Wirtschaftliche Gründe oder sportlicher Ehrgeiz stellen keine rechtfertigenden Notfälle im Sinne dieser Vorschrift dar.
Das allgemeine Überforderungsverbot wird seit 1998 durch Nr. 1a und 1b ergänzt. Nr. 1a stellt klar, dass Tieren, die durch eine akute oder chronische Erkrankung in ihrer Leistungsfähigkeit eingeschränkt sind, nach Behandlungen oder Eingriffen, die diese Einschränkung kompensieren sollen, keine Leistungen abverlangt werden dürfen, zu denen sie in ihrem eigentlichen Zustand nicht in der Lage sind. Ein bekanntes Beispiel für einen Verstoß gegen dieses Verbot stellt die Vorstellung von Pferden bei Leistungsprüfungen dar, nachdem an ihnen ein Nervenschnitt (Neurektomie) vorgenommen wurde, der Lahmheiten aufgrund von schmerzhaften Prozessen im Gliedmaßenbereich verdeckt.
Von zunehmender Bedeutung ist die medikamentöse Behandlung von Pferden mit dem Ziel, Leistungsminderungen aufzuheben. Pferdesportverbände (FN, FEI u. a.) führen in mehreren Listen auf, welche Substanzen im Zusammenhang mit Turnieren bei Pferden nicht eingesetzt werden dürfen. Dazu zählen u. a. Schmerz- und Beruhigungsmittel. Verstöße gegen das Reglement der jeweiligen Pferdesportorganisation werden verbandsintern geahndet. Dass die *verbotene Medikation* tierschutzrelevant ist und einen Bußgeld bewehrten Verstoß gegen das TierSchG darstellt, spielt im allgemeinen Bewusstsein offenkundig eine untergeordnete Rolle, wie aktuelle Debatten über die Listen der verbotenen Substanzen verdeutlichen.

Das allgemeine Überforderungsverbot wird außerdem durch Nr. 1b im Hinblick auf den Einsatz von Tieren im Sport um das Verbot unerlaubter Trainingsmethoden und Hilfsmittel sowie um das Verbot von Dopingmitteln erweitert.
Über *verbotene Trainingsmethoden* und *unerlaubte Hilfsmittel* wird vor allem immer wieder aus Reitsportkreisen berichtet. Auch in den Leitlinien für den Tierschutz im Pferdesport werden Beispiele genannt. Unerlaubt sind demnach stromführende Sporen und Peitschen, präparierte Bandagen, das Blistern und Barren oder stromführende Drähte über Hindernissen.
Unter *Dopingmitteln* versteht man üblicherweise körperfremde oder körpereigene Substanzen, die die Leistungsfähigkeit von Menschen oder Tieren beeinflussen. Der Gesetzgeber hat jedoch darauf verzichtet, für den Sport mit Tieren entsprechende Substanzen konkret zu benennen. Als Dopingmittel sind aber zumindest diejenigen Substanzen anzusehen, die von den Pferde- oder Hundesportverbänden als solche geführt werden. Das Verbot im zweiten Satzteil von Nr. 1b, Dopingmittel zu verabreichen, gilt für die Leistungsprüfungen selbst. Werden dieselben Mittel während des Trainings oder bei Ausbildung von Tieren eingesetzt, ist zu erwägen, ob Verstöße gegen das allgemeine Überforderungsverbot oder eine verbotene Medikation bzw. der Einsatz unerlaubter Trainingsmethoden vorliegen.

### 1.2.5 Verbot der Eigentumsübertragung bei extrem leistungsbeeinträchtigten Tieren

Mit dem Verbot in Nr. 2 soll insbesondere verhindert werden, dass durch den Verkauf oder Kauf besonders stark beeinträchtigter Tiere, bei denen eine Linderung der Schmerzen und Leiden nicht zu erwarten ist, weitere Verbotstatbestände wie bspw. Nr. 1, aber auch Nr. 6, 7 oder 8 verwirklicht werden und auf diese Weise zudem wirtschaftlicher Nutzen entsteht. Das Verbot bezieht sich auf alle besonders stark beeinträchtigten Tiere, die sich in der Obhut von Menschen befinden, also auch aufgefundene Tiere, bei denen die Eigentumsverhältnisse unklar sind. Der weit gefasste Begriff der Obhut ermöglicht auch, das Veräußerungs- und Kaufverbot bei Viehmärkten und Tierbörsen zur Anwendung zu bringen, ohne die Eigentums- oder Besitzverhältnisse, aus denen das Tier stammt, im Einzelnen klären zu müssen.
Das Veräußerungsverbot kommt lediglich dann nicht zum Tragen, wenn der Erwerber das Tier unverzüglich im Einklang mit den Rechtsvorgaben zum Schlachten und Töten schmerzlos tötet oder töten lässt. Das Verbot nach Nr. 2 erhält in letzter Zeit neue Bedeutung, da immer wieder festzustellen ist, dass Tiere, deren Transportfähigkeit bereits sehr eingeschränkt oder nicht mehr gegeben ist (**3.2**), an Viehhändler und Transporteure abgegeben werden, die die Tiere zu teilweise weit entfernten Schlachthöfen transpor-

tieren. In einigen Fällen besteht der begründete Verdacht, dass sich der Tierhalter auf diese Weise der Entscheidung entledigt, das Tier vor Ort tierärztlich versorgen zu lassen oder schmerzlos zu erlösen. Der Transporteur oder Viehhändler verstößt in Fällen nach Nr. 2 zudem gegen die tierschutzrechtlichen Vorgaben für den Transport von Tieren (**3.2**).
Eine ausdrückliche Ausnahme vom Verbot nach Nr. 2 stellt die Abgabe eines kranken, nicht aber eines gebrechlichen, abgetriebenen oder alten Tieres für die Durchführung eines genehmigten Tierversuches dar. Diese Ausnahmeregelung kann allerdings hinterfragt werden: Kann eine Tierversuchsgenehmigung überhaupt erteilt worden sein für ein Vorhaben, das schwerkranke, nicht aus tierexperimentellen Zusammenhängen stammende Tiere geplant einbezieht? Diese Frage bezieht sich sowohl auf die ethische Abwägung im Rahmen des Genehmigungsverfahrens für Tierversuche (**1.5**) wie auch auf die Frage, ob Daten, die mithilfe schwerkranker, aus undefinierten Zusammenhängen stammenden Tieren überhaupt von wissenschaftlicher Aussagekraft sein können. Selbst bei Tieren, die aus einem tierexperimentellen Zusammenhang stammen und deren Wiederverwendung nach § 18 TierSchVersV zulässig sein kann, könnte hinterfragt werden, ob nicht in manchen Fällen faktisch die Grenze der Tierhaltung und -nutzung, die durch die Verbote in § 3 markiert ist, überschritten wird.

### 1.2.6 Das Aussetzungsverbot

Das Aussetzungsverbot, das auch ein bewusstes Entkommenlassen oder Zurücklassen einschließt, wenn sich der Betreuungspflichtige damit seiner Aufgabe entziehen will, bezieht sich auf alle Tiere, die regelmäßig von Menschen versorgt und betreut werden oder betreut werden müssten. Es gilt also auch für aufgefundene Tiere inklusive derjenigen Wildtiere, die sich rechtmäßig in menschlicher Obhut befinden (**2.5**, **3.5.3**).
Ob das Aussetzen von Tieren bedeutet, dass damit das Eigentum an ihnen aufgegeben wird und sie demzufolge herrenlos werden, ist umstritten. Es wird auch die Ansicht vertreten, dass das Aussetzungsverbot gerade einschließt, dass die Verpflichtungen gegenüber dem Tier, die sich letztlich aus § 2 ableiten, nicht aufgegeben werden dürfen und damit ein Eigentumsverzicht auf diesem Wege nicht möglich ist (sog. Dereliktionsverbot nach § 134 BGB).
Nahezu keine Erweiterung erfährt das Aussetzungsverbot nach Nr. 3 durch das Verbot in Nr. 4. Das Aussetzungsverbot wird hier im Wesentlichen für denjenigen Fall präzisiert, dass Tiere wildlebender Arten ohne ausreichende Vorbereitung ausgewildert und nicht nur in vertrauter Umgebung, sondern in der freien Natur sich selbst überlassen werden. Das Auswildern gezüchteter oder aufgezogener – bzw. dem Sinn der Regelung folgend auch anderweitig versorgter Wildtiere – setzt voraus, dass die Wildtiere über alle

Fähigkeiten verfügen, um eigenständig in der natürlichen Umgebung zu überleben. Dazu gehören u. a. selbstständiges Futtersuch- und -aufnahmeverhalten, neben Flucht- und Nestbauverhalten. Das auszuwildernde Tier muss auch in der Lage sein, seine Körpertemperatur zu regulieren (ausreichende Entwicklung des Feder- oder Haarkleids und Ernährungszustands).

### 1.2.7 Unzulässige Methoden und Ziele bei Ausbildung und Training

Das Verbot nach Nr. 5 ähnelt auf den ersten Blick dem Verbot nach Nr. 1a und setzt ebenfalls die Erheblichkeit der entstehenden Schmerzen, Leiden oder Schäden bei dem betroffenen Tier voraus. Das Verbot nach Nr. 5 geht aber in zweierlei Hinsicht über das Verbot nach Nr. 1a hinaus. Zum einen zielt es nicht alleine auf die sportliche Nutzung der Tiere, sondern jede Ausbildung, also das Erlernen von Verhaltensweisen, bzw. auf jede Form des weiteren Einübens der erlernten Verhaltensweisen (Training). Zum anderen beschränkt es sich nicht nur auf das Verbot bestimmter Manipulationen, also Maßnahmen am Tier, sondern lässt auch Spielraum dafür, die im Tier selbst liegenden Gründe für die Entstehung des Verstoßes zu berücksichtigen. Solche Gründe könnten sein, dass das Tier zu jung oder zu schwach für die Ausbildung ist, die kognitiven Fähigkeiten für die Zielsetzung der Ausbildung bzw. des Trainings nicht besitzt oder aufgrund seiner Spezies ungeeignet ist, die angestrebte Leistung zu erbringen. Die konkreten Ausbildungs- und Trainingsmethoden können dabei grundsätzlich der guten fachlichen Praxis entsprechen. Es ist vielmehr die unangemessene Zielsetzung, die zur Verwirklichung des Verbotstatbestands führt.

### 1.2.8 Grenzen für den Einsatz von Tieren

Bei den genannten Tätigkeiten, denen gemeinsam ist, dass das Tier zur Unterhaltung und zum Vergnügen von Menschen genutzt wird oder die Aufmerksamkeit von Menschen erregen soll, ist die Grenze für den zulässigen Einsatz von Tieren bereits durch Schmerzen, Leiden und Schäden unterhalb der Erheblichkeitsschwelle gegeben. Dieses Verbot spielt immer wieder im Zusammenhang mit Tiernummern im Zirkus, aber auch bei Rodeos, Theateraufführungen und Kunstausstellungen eine Rolle. Auch der Verweis auf die verfassungsrechtlich geschützte Freiheit der Kunst (Art. 5 Abs. 3 GG) legitimiert nicht zu Verstößen gegen dieses Verbot, da der in Art. 20a GG mit Verfassungsrang ausgestattete Tierschutz grundsätzlich in der Lage ist, das Recht der Kunstfreiheit einzuschränken.

### 1.2.9 Verbote zum Schutz von Tieren vor Tieren

Durch die inhaltlich eng aneinander grenzenden Verbote Nr. 7 und Nr. 8 sollen Tiere davor geschützt werden, auf Geheiß und zugunsten des Menschen durch andere Tiere verfolgt, gegriffen und eventuell verletzt oder getötet zu werden.

Das **Abrichten und die Prüfung auf Schärfe** an einem Tier beinhalten eine bestimmte Form der Ausbildung und nach gängiger Meinung den direkten Zugriff des auszubildenden oder zu prüfenden Tieres auf das andere. Das Abrichten eines Tieres stellt eine spezielle Form der Ausbildung dar, die zum Ziel hat, bestimmte Verhaltensweisen des Tieres nicht nur zu entwickeln und einzuüben, sondern nach Aufforderung durch den Menschen gezielt abzurufen, wobei auch Druckmittel zum Einsatz kommen können. Historischer Hintergrund des Verbotes war das sogenannte Katzenwürgen, also das gezielte Töten von angeblich wildernden Katzen durch Jagdhunde. Das Verbot, ein Tier an einem anderen auf Schärfe abzurichten oder zu prüfen, kann nach dem Wortlaut des Verbots – anders als das Hetzen nach Nr. 8 – nicht durch jagdliche Zielsetzungen relativiert werden.
Umstritten ist, ob die Ausbildung und Prüfung von Jagdhunden an lebenden Enten dem Verbot nach Nr. 7 entspricht. Theoretisch soll die Ente zwar erlegt worden sein, bevor der Hund sie erfasst und apportiert. Dies ist aber aufgrund von Fehlschüssen u. Ä. keineswegs sichergestellt. Trotzdem wurde die Ausbildung von Jagdhunden an lebenden, zudem häufig in unterschiedlicher Weise am Fliegen gehinderten Enten bislang meistens der Regelung nach Nr. 8 zugerechnet und für eine weidgerechte Jagd als notwendig eingestuft.
Als **Hetzen** i. S. der Nr. 8 wird verstanden, wenn ein Tier aufgefordert wird, ein anderes zu verfolgen. Das Hetzen schließt nicht automatisch ein, dass das verfolgte Tier erreicht und gefasst wird. Hetzen ist nicht gleichzusetzen mit der Abrichtung auf Schärfe an einem anderen Tier (Nr. 7); es ist aber stets Bestandteil von Nr. 7, weshalb die Abgrenzung nicht immer eindeutig gelingt.
An der aus dem Jagdprivileg in Nr. 8 abgeleiteten Zulässigkeit der Ausbildung bzw. Prüfung von Jagdhunden an lebenden Enten bestehen zunehmend Zweifel. Zwar soll durch die Ausbildung und Prüfung an lebenden Enten erreicht werden, dass beim späteren jagdlichen Einsatz des Hundes tierschutzwidrige Situationen vermieden werden. Im Rahmen der Abwägung ist allerdings fraglich, ob die herkömmliche Ausbildungsmethode so alternativlos ist, wie gelegentlich behauptet wird, und ob nicht ihre angebliche Zulässigkeit sogar die gebotene Weiterentwicklung von tierschonenderen Alternativen (Attrappen, Ausbildung durch Tradieren u. Ä.) behindert.
Eine weitere tierschutzrelevante Fragestellung bei dieser Ausbildung von Jagdhunden stellt der Verbleib nicht geschossener Enten dar. Da üblicherweise Geflügel aus Zucht- bzw. Mastbeständen und keine Wildtiere eingesetzt werden, ist davon auszugehen, dass sich die Tiere im natürlichen Habitat nicht ohne Weiteres zurechtfinden und aufgrund mangelnden Trainings Fressfeinden nur schwer entkommen können. In die Abwägung muss demnach auch das Aussetzungsverbot nach Nr. 3 einbezogen werden.

Auch die Ausbildung von Hunden in sogenannten Schliefanlagen wird zunehmend kontrovers diskutiert. Schliefanlagen sind künstliche, einem Fuchsbau nachempfundene Röhrensysteme, in denen hinter einer Abtrennung mit Schiebern ein Fuchs zu Ausbildungszwecken platziert wird. Selbst in Jägerkreisen wird die Bedeutung dieser Ausbildungsform als unterschiedlich relevant eingeschätzt und vielfach die Neigung des Hundes zur ohnehin umstrittenen, weil unfallträchtigen Baujagd als ausschlaggebend für einen entsprechenden jagdlichen Einsatz gewertet.
Hinzu kommt die häufig nicht in vollem Umfang diskutierte Problematik, welchen Belastungen der Fuchs trotz Absperrung durch die trainierenden Hunde ausgesetzt ist und wie er zwischen den Einsätzen gehalten wird. Für die Haltung, Betreuung und Versorgung ist wie bei der Haltung anderer Wildtiere in Gefangenschaft das Säugetiergutachten des BMEL ausschlaggebend. Es fordert u. a. eine Gehegegröße von 40 $m^2$ pro Fuchspaar, eine Schlafbox und erhöhte Liegeflächen neben anderen Anreicherungselementen.
In den letzten Jahren hat eine weitere Ausbildungsvariante für Jagdhunde, die das oben genannte Hetzen einschließt, an Bedeutung gewonnen. In mehreren Bundesländern werden inzwischen sog. Schwarzwildgewöhngatter betrieben und dabei zum einen unterstellt, dass diese Ausbildungsform durch das Jagdprivileg aus Nr. 8 gedeckt ist und zum anderen keine Erlaubnispflicht i. S. von § 11 (**1.7**) besteht. Zweck der Schwarzwildgewöhngatter ist, Jagdhunde, die bei der Jagd auf Wildschweine eingesetzt werden sollen, an lebenden Wildschweinen auf gefährliche Situationen vorzubereiten. Die Jagdhunde dürfen den Wildschweinen gegenüber nicht unkontrolliert reagieren und müssen stets durch den Hundehalter dirigierbar sein. Es darf nicht zu direkten Angriffen auf das Wildschwein kommen. Durch die Gegenwehr der Wildschweine entstehen in der Jagdpraxis immer wieder schwerste Verletzungen bei den Hunden. Die Ausbildung im Schwarzwildgewöhngatter soll deshalb vorrangig dem Schutz der Hunde dienen. Dies kann auch einschließen, dass sich ein Hund abschließend als ungeeignet für die Jagd auf Wildschweine erweist. Schwarzwildgewöhngatter sind einige hundert Quadratmeter bis mehrere Hektar groß und unterteilbar. Sie müssen Rückzugsmöglichkeiten für die eingesetzten Wildschweine bieten. Erste wissenschaftliche Untersuchungen weisen darauf hin, dass die Stressbelastung für die Wildschweine während der Trainingseinheiten mit Hunden gering sein soll.
Ein reines Auffinden oder Aufspüren eines Tieres durch ein anderes Tier erfüllt die Verbotstatbestände von Nr. 7 und Nr. 8 nicht.

### 1.2.10 Verbot der Ausbildung auf aggressives Verhalten

Dieses Verbot dient wie die Verbote Nr. 7 und Nr. 8 dem Schutz anderer Tiere vor einem Tier. Gleichzeitig schützt es das agierende Tier selbst vor den Folgen seiner überschießenden Angriffsbereitschaft, die durch Menschen so weiterentwickelt oder abrufbar gemacht wurde, dass sie nicht mehr als situationsangemessen eingestuft und dem normalen Sozialverhalten der jeweiligen Tierart zugerechnet werden kann. Das Verbot der Aggressionsausbildung soll insbesondere bewirken, dass Tiere nicht ständig daran gehindert werden müssen, ihre normalen artspezifischen Verhaltensweisen (z. B. Sozialkontakte zu Artgenossen, anderen Tierarten und Menschen) und Bedürfnisse (z. B. freie Bewegung u. Ä.) auszuleben, indem sie permanent angeleint, eingesperrt und abgetrennt werden müssen. Auch dieses Verbot macht deutlich, wo die Grenze der Zumutbarkeit für das Tier vor dem Hintergrund von § 1 Satz 2 liegt.

### 1.2.11 Fütterungsverbote

Die beiden Verbote Nr. 9 und Nr. 10 können wie die meisten dieses Verbotskatalogs als Bestandteil eines grundlegenden Überforderungsverbotes, also das Überschreiten der natürlichen Leistungsgrenzen des einzelnen Tieres, angesehen werden.
Das Verbot nach Nr. 9 setzt voraus, dass die Futteraufnahme durch die Tiere nicht freiwillig erfolgt. So bspw. bei der Zwangsmast von Geflügel unter Einsatz von Sonden, Trichtern oder automatischen Vorkehrungen, die in manchen Ländern nach wie vor zur Erzeugung der in Gourmet-Kreisen geschätzten „Foie gras“ praktiziert wird. Der Verbotstatbestand könnte aber auch erfüllt sein, wenn bspw. Schweine mit sog. Flüssigfütterung gemästet werden und die Deckung des Wasserbedarfs der Tiere mangels anderer Tränkemöglichkeiten nur in Verbindung mit Futteraufnahme stattfinden kann. Dadurch würde ebenfalls eine zwangsweise kalorische Überversorgung entstehen (s. dazu auch die rechtlich vorgeschriebene Ausstattung von Schweinehaltungen mit Tränkeeinrichtungen (**2.1.5**), die von der Futterstelle räumlich getrennt sein müssen).
Vom Verbot der Zwangsfütterung ist die zwangsweise Fütterung im therapeutischen Zusammenhang als unterstützende Maßnahme, die einen Genesungsprozess begünstigt, ausgenommen. Eine tiermedizinische Beratung erscheint allerdings angemessen wegen der nicht zu unterschätzenden Risiken durch das Verabreichen von Futter unter Zwang und um die prognostische Sinnhaftigkeit der Maßnahme abzuklären.
Unzulässig ist nach Nr. 10 darüber hinaus, Futter einzusetzen, das Fremdkörper oder andere Bestandteile wie Glaspartikel, Metallsplitter oder giftige Bestandteile enthält, die schwere innere Verletzungen oder Intoxikationen bei den Tieren verursachen. Auch wenn die konkrete Formulierung den Eindruck erweckt, dass diese Gefahr erst eingetreten sein muss, um den Verbotstatbestand zu erfüllen, so gilt doch generell, dass auch die naheliegende Möglichkeit für eine Ahndung ausreicht.

Es ist also nicht zulässig, bspw. durch toxische Bestandteile kontaminiertes Futter einzusetzen in der Erwartung, dies werde schon keine relevanten Auswirkungen haben. Zu den schwerwiegenden Auswirkungen sollte auch die Tötung von Tieren gezählt werden, die bspw. mit Futter gefüttert wurden, das Toxine in einem Ausmaß enthält, wodurch die Vermarktung der Tiere unmöglich wird (Dioxine o. Ä.). Der Tod der Tiere wäre in einem solchen Fall nicht auf die direkte Toxinwirkung zurückzuführen, sondern würde eine mittelbare Folge der Fütterung darstellen, weil die Tiere nicht mehr genutzt werden könnten.
Vermehrt diskutiert werden sollte zudem, ob das Fehlen bestimmter Futterbestandteile und damit kausal verbundene Schädigungen der Tiere unter das Verbot Nr. 10 fallen. So gilt bspw. ein zu geringer Rohfaseranteil bei Milchkühen als Auslöser verschiedener Erkrankungen bzw. beim Schwein als Ursache mangelnder Sattheit mit anschließender Unruhe, die wiederum zu Schwanzbeißen führen kann. Auch Magengeschwüre bei Mutterschweinen werden mit zu geringen Rohfaseranteilen in der Futterration in Zusammenhang gebracht. Bei allen resultierenden Phänomenen (Pansenazidose, Schwanzbeißen, Magengeschwüre) muss aus tiermedizinischer Sicht von erheblichen Schmerzen, Leiden und Schäden ausgegangen werden.

### 1.2.12 Verbot von Stromreizen

Durch dieses Verbot wird klargestellt, dass die Anwendung von Stromreizen an Tieren mit dem Ziel, ihr Verhalten gezielt zu beeinflussen, grundsätzlich nicht erlaubt ist, wenn dadurch die Erheblichkeitsschwelle überschritten (Verhaltens- und Bewegungseinschränkung) oder berührt (Schmerzen, Leiden, Schäden) wird. Vom Verbot ausgenommen sind nur diejenigen Anwendungen, die durch andere Rechtstexte ausdrücklich zugelassen sind (s. dazu Tierschutz beim Töten und Schlachten (**3.3**) sowie Tierschutz beim Transport (**3.2**)). Die dort vorgenommene Beschränkung der Anwendung von Elektroreizen auf bestimmte Rinder und Schweine unter klar definierten Bedingungen legt den Rückschluss nahe, dass für andere Tierarten (Pferde, Kameliden, Hunde u. a.) oder andere Zusammenhänge der Einsatz von Stromreizen ausgeschlossen werden kann. Der Einsatz von Stromreizen bei der Erziehung von Hunden (Halsbänder mit der Möglichkeit, Stromreize zu applizieren), die früher gebräuchlichen sogenannten Kuhtrainer, die ein bestimmtes Abkoteverhalten der Rinder in Anbindehaltung erzwingen sollten, sowie die neuerdings eingesetzten elektrifizierbaren Trennelemente bei maschinellen Führanlagen für Pferde sowie Gerten oder Sporen, die für elektrische Strafreize eingesetzt werden können, sind demnach nicht zulässig. Dass der Einsatz von Hundehalsbändern mit Elektroreizgeräten generell nicht zulässig ist, wurde inzwischen von verschiedenen Gerichten bestätigt. Alle genannten Hilfsmittel verbindet, dass sie eingesetzt werden, um den Tieren bestimmte Verhaltensweisen oder Bewegungsabläufe abzuverlangen

oder zu unterdrücken, und gleichzeitig nicht unerhebliche, also nicht vernachlässigbare Schmerzen, Schäden oder Leiden zufügen. Würde es sich tatsächlich um unerhebliche Wirkungen der Stromreize handeln, wäre ihr Einsatz zur Beeinflussung des Verhaltens der Tiere sinnlos.
Das Verbot schließt den sachgerechten Einsatz von elektrischen Weidezäunen nicht ein, vorausgesetzt, das eingezäunte Areal ist ausreichend groß, um die weiteren Merkmale des Verbots nicht zu erfüllen.

### 1.2.13 Keine Auslobung von Tieren als Preis

Mit diesem erst im Jahr 2013 eingeführten Verbot soll verhindert werden, dass Tiere in einem fachlich unspezifischen Zusammenhang an möglicherweise völlig unvorbereitete Personen abgegeben werden. Bei der Vergabe eines Tieres als Preis muss damit gerechnet werden, dass der Gewinner weder über ausreichende Kenntnisse und Erfahrungen für eine bedarfsgerechte Versorgung des Tieres noch über geeignete Unterbringungsmöglichkeiten verfügt. Daraus könnten sehr schnell Schmerzen, Schäden und Leiden für das Tier entstehen.
Ausdrücklich ausgenommen von diesem Verbot sind Veranstaltungen für Fachpublikum, von dem zu erwarten ist, dass der Gewinner des Tieres § 2 erfüllen kann. Beispiele könnten Viehauktionen oder Fachveranstaltungen für Klein- oder Heimtierzüchter sein, bei denen die Teilnahme nicht sachkundiger Personen an demjenigen Veranstaltungsteil, bei dem ein Tier ausgelobt wird, ausgeschlossen ist.

### 1.2.14 Sodomieverbot

Durch die Aufnahme dieses Verbots in den Verbotskatalog soll einerseits eine Lücke bei der Ahndung tierschutzwidriger Handlungen geschlossen werden. Bei sexuellen Übergriffen durch Menschen auf Tiere konnte bislang nur bei erfülltem, aber häufig schwierig zu belegendem Straftatbestand i. S. von § 17 eine Ahndung erfolgen. Durch die Aufnahme des Sodomieverbotes in § 3 ist nun eine Ahndung als Ordnungswidrigkeit bereits für das unethische Tun des oder der Menschen möglich, ohne dass es auf die konkreten Auswirkungen am Tier ankommt.
Zum anderen markiert das Sodomieverbot ganz i. S. der grundsätzlichen Bedeutung dieses Verbotskataloges eine Rechtfertigungsgrenze beim Umgang mit Tieren. Es ist damit auch ein klares Signal für das heutige gesellschaftliche Verständnis der Mensch-Tier-Beziehung und des eigenständigen Wertes des Tieres, das durch den Gesetzgeber aufgegriffen wurde.

## 1.3 Töten von Tieren

### *§ 4 (Tötung)*

*(1) Ein Wirbeltier darf nur unter wirksamer Schmerzausschaltung (Betäubung) in einem Zustand der Wahrnehmungs- und Empfindungslosigkeit oder sonst, soweit nach den gegebenen Umständen zumutbar, nur unter Vermeidung von Schmerzen getötet werden. Ist die Tötung eines Wirbeltieres ohne Betäubung im Rahmen weidgerechter Ausübung der Jagd oder auf Grund anderer Rechtsvorschriften zulässig oder erfolgt sie im Rahmen zulässiger Schädlingsbekämpfungsmaßnahmen, so darf die Tötung nur vorgenommen werden, wenn hierbei nicht mehr als unvermeidbare Schmerzen entstehen. Ein Wirbeltier töten darf nur, wer die dazu notwendigen Kenntnisse und Fähigkeiten hat.*

*(1a) Personen, die berufs- oder gewerbsmäßig regelmäßig Wirbeltiere zum Zweck des Tötens betäuben oder töten, haben gegenüber der zuständigen Behörde einen Sachkundenachweis zu erbringen. Wird im Rahmen einer Tätigkeit nach Satz 1 Geflügel in Anwesenheit einer Aufsichtsperson zum Zweck des Tötens betäubt oder getötet, so hat außer der Person, die die Tiere zum Zweck des Tötens betäubt oder tötet, auch die Aufsichtsperson den Sachkundenachweis zu erbringen. Werden im Rahmen einer Tätigkeit nach Satz 1 Fische in Anwesenheit einer Aufsichtsperson zum Zweck des Tötens betäubt oder getötet, so genügt es, wenn diese den Sachkundenachweis erbringt. Die Sätze 1 bis 3 gelten nicht für das Betäuben zum Zweck des Tötens und das Töten von Wirbeltieren, die zur Verwendung in Tierversuchen bestimmt sind oder deren Organe oder Gewebe dazu bestimmt sind, zu wissenschaftlichen Zwecken verwendet zu werden.*

*(2) Für das Schlachten eines warmblütigen Tieres gilt § 4a.*

*(3) Für das Töten von Wirbeltieren, ausschließlich um ihre Organe oder Gewebe zu wissenschaftlichen Zwecken zu verwenden, gilt § 7a Absatz 2 Nummer 1 entsprechend. Hunde, Katzen und Primaten dürfen zu wissenschaftlichen Zwecken nur getötet werden, soweit sie entweder für einen solchen Zweck oder für eine Verwendung in Tierversuchen gezüchtet worden sind. Abweichend von Satz 2 kann die zuständige Behörde, soweit es mit dem Schutz der Tiere vereinbar ist, das Töten von Tieren, die nicht nach Satz 2 gezüchtet worden sind, genehmigen, soweit*

1. *nach Satz 2 gezüchtete Tiere mit den Eigenschaften, die für den jeweiligen Zweck erforderlich sind, nicht zur Verfügung stehen oder*
2. *die jeweiligen wissenschaftlichen Zwecke die Verwendung von Tieren erforderlich machen, die nicht nach Satz 2 gezüchtet worden sind.*

Absatz 1 beinhaltet die sog. **Generalklausel für das „Wie" der Tötung von Wirbeltieren**. Oberste Maxime ist, dass Wirbeltiere – den sog. vernünftigen Grund vorausgesetzt – mit wenigen Ausnahmen nur unter Betäubung, in jedem Fall aber unter größtmöglicher Vermeidung von Schmerzen getötet werden dürfen. Eine wichtige Voraussetzung dafür ist, dass nur sachkundi-

gen Personen das Töten von Tieren gestattet ist. Unter Betäubung werden alle Verfahren verstanden, die zur Ausschaltung der Wahrnehmungs- und Empfindungsfähigkeit führen. Bei der Tötung von Tieren kann es sich dabei nicht um eine lokale Betäubung handeln. Die Wahrnehmungs- und Empfindungslosigkeit muss dadurch erreicht werden, dass die entsprechenden Funktionen des Gehirns vollständig ausgeschaltet werden.
In den Fällen, bei denen auf eine Betäubung verzichtet werden darf, wird die größtmögliche Vermeidung von Schmerzen dadurch erreicht, dass eine gewählte Vorgehensweise möglichst zum sofortigen Tod des Tieres führt. Dies ist bspw. bei der Beurteilung von Methoden zur Schädlingsbekämpfung (Fallen, Giftköder u. Ä.) zu beachten, soweit nicht ohnehin Vorgaben durch das Naturschutz- oder Jagdrecht (Verbote bestimmter Fang- und Tötungsverfahren in der BArtSchV, technische Vorgaben zu Fallen im Jagdrecht) bestehen.
Wird ein Tier unzulässigerweise ohne Betäubung getötet, dann handelt es sich um eine Ordnungswidrigkeit, es sei denn, dass die Merkmale einer Straftat nach § 17 oder nach Jagd- und Fischereirecht erfüllt sind.
In Absatz 1a wird geregelt, dass bestimmte Personen, die häufiger Tiere betäuben und töten oder diese Tätigkeiten beaufsichtigen, nicht nur sachkundig sein müssen, sondern ihre Kenntnisse und Fähigkeiten gegenüber der Behörde durch einen **Sachkundenachweis** belegen müssen. Von dieser Vorgabe sind keineswegs nur spezielle Berufsgruppen betroffen. Ein solcher Sachkundenachweis wird auch dann notwendig, wenn bspw. in einer Nutztierhaltung, in einer gewerbsmäßigen Reptilienzucht oder im Zoofachhandel regelmäßig, also absehbar wiederholt, Tiere getötet werden.
Regelungen zum Erwerb und den Inhalten dieses Sachkundenachweises enthalten die Verordnung (EG) Nr. 1099/2009 über den Schutz von Tieren zum Zeitpunkt der Tötung und die nationale TierSchlV. In Abschnitt **3.3** wird näher darauf eingegangen. Von dieser Sachkunderegelung ausgenommen ist der Bereich der Tierversuche und Tiertötungen zu wissenschaftlichen Zwecken, weil dafür eigene Rechtsvorgaben nach Abschnitt **1.5** bzw. nach der TierSchVersV bestehen.
Durch Absatz 3 wird das Töten von Tieren für die Organ- oder Gewebeentnahme zu wissenschaftlichen Zwecken zumindest methodisch unter dieselben Vorbehalte wie Versuche an Tieren gestellt. Das bedeutet, dass für das „Wie" der Tötung eine Ausrichtung am Stand der wissenschaftlichen Erkenntnisse erforderlich ist.
Für bestimmte in der öffentlichen Wahrnehmung besonders umstrittene Tierarten wird klargestellt, dass sie für den genannten Zweck nur getötet werden dürfen, wenn sie aus Versuchstierzuchten stammen. Mit dieser Regelung wird auch Befürchtungen in der Öffentlichkeit entgegengetreten, dass Tierfänger freilaufende oder streunende Tiere für wissenschaftliche Zwecke fangen und verkaufen könnten. Dies korrespondiert mit dem Erwä-

gungsgrund Nr. 21 der EU-Versuchstier-Richtlinie 2010/63/EU. Die im letzten Satz des dritten Absatzes eingeräumten Ausnahmen sind bei Beachtung von Art. 11 der Richtlinie bzw. § 21 TierSchVersV dahingehend beschränkt, dass auch im Ausnahmefall keine Streunertiere eingesetzt werden können, es sei denn, die wissenschaftliche Fragestellung erfordert dies zwingend oder bezieht sich auf solche Tiere. Die Ausnahmeregelung ließe allerdings zu, dass bspw. Hunde und Katzen aus privaten und gewerbsmäßigen Zuchten oder Primaten aus Zoos oder ähnlichen Einrichtungen eingesetzt werden könnten.

### *§ 4a (Schlachten warmblütiger Tiere)*

*(1) Ein warmblütiges Tier darf nur geschlachtet werden, wenn es vor Beginn des Blutentzugs zum Zweck des Schlachtens betäubt worden ist.*
*(2) Abweichend von Absatz 1 bedarf es keiner Betäubung, wenn*
1. *sie bei Notschlachtungen nach den gegebenen Umständen nicht möglich ist,*
2. *die zuständige Behörde eine Ausnahmegenehmigung für ein Schlachten ohne Betäubung (Schächten) erteilt hat; sie darf die Ausnahmegenehmigung nur insoweit erteilen, als es erforderlich ist, den Bedürfnissen von Angehörigen bestimmter Religionsgemeinschaften im Geltungsbereich dieses Gesetzes zu entsprechen, denen zwingende Vorschriften ihrer Religionsgemeinschaft das Schächten vorschreiben oder den Genuss von Fleisch nicht geschächteter Tiere untersagen oder*
3. *dies als Ausnahme durch Rechtsverordnung nach § 4b Nr. 3 bestimmt ist.*

Durch Absatz 1 wird verdeutlicht, dass alle Schlachtungen warmblütiger Tiere (Säugetiere und Vögel) unter den **Betäubungszwang** gestellt werden. Nach der TierSchlV gilt der Betäubungszwang darüber hinaus auch für Fische, außer beim Massenfang. Außerdem gilt der Betäubungszwang unabhängig vom Ort des Schlachtens, also auch für Hausschlachtungen und das Schlachten im Herkunftsbestand (**3.3.7**). Unter Schlachten versteht man üblicherweise das Töten eines vom Menschen gehaltenen Tieres durch Blutentzug mit dem Ziel der Nahrungsmittelgewinnung.
Ausnahmen vom Betäubungszwang bestehen nach Absatz 2 nur für Notschlachtungen (**3.3.10**), das Schächten (**3.3.8**) und bestimmte Fallkonstellationen bei der Geflügelschlachtung. Die dritte Ausnahmemöglichkeit, wonach per Verordnung der Betäubungszwang aufgehoben werden kann, wurde durch die TierSchlV lange Zeit umfassender als derzeit für bestimmte Geflügelschlachtungen genutzt. Die Regelung, wonach Geflügel für den Eigenbedarf durch Abtrennen des Kopfes ohne vorherige Betäubung geschlachtet werden durfte, besteht allerdings inzwischen nicht mehr. Die TierSchlV lässt nur noch zu, dass bei Hühnern, Perlhühnern, Tauben und Wachteln, wenn die reguläre Betäubung während der Bandschlachtung bei einzelnen Tieren versagt hat, auf eine weitere Betäubung verzichtet werden

kann, soweit das Schlachten oder Töten durch rasches und vollständiges Abtrennen des Kopfes erfolgt. Der erste Satz von § 12 Abs. 4 TierSchlV wird dabei in Verbindung mit dem zweiten Satz so verstanden, dass anderes im Wasserbad fehlbetäubtes Geflügel von Hand betäubt werden muss.

***§ 4b (Ermächtigung zum Erlass von Rechtsverordnungen)***

*Das Bundesministerium wird ermächtigt, (...)*

*1. a) das Schlachten von Fischen und anderen kaltblütigen Tieren zu regeln,*
*b) bestimmte Tötungsarten und Betäubungsverfahren näher zu regeln, vorzuschreiben, zuzulassen oder zu verbieten, (...)*

Die hier nur teilweise wiedergegebene Ermächtigung ist wesentliche Grundlage für die TierSchlV, auf die in Abschnitt **3.3** näher eingegangen wird. Auch Teile der TierSchVersV stützen sich auf diese Ermächtigung.

## 1.4 Eingriffe an Tieren

***§ 5 (Betäubung von Wirbeltieren)***

*(1) An einem Wirbeltier darf ohne Betäubung ein mit Schmerzen verbundener Eingriff nicht vorgenommen werden. Die Betäubung warmblütiger Wirbeltiere sowie von Amphibien und Reptilien ist von einem Tierarzt vorzunehmen. Dies gilt nicht, soweit die Betäubung ausschließlich durch äußerliche Anwendung eines Tierarzneimittels erfolgt, das nach arzneimittelrechtlichen Vorschriften zugelassen ist, um eine örtliche Schmerzausschaltung zu erreichen, und nach dem Stand von Wissenschaft und Technik zum Zweck der Durchführung des jeweiligen Eingriffs geeignet ist. Dies gilt ferner nicht für einen Eingriff im Sinne des § 6 Absatz 1 Satz 2 Nummer 2a, soweit die Betäubung ohne Beeinträchtigung des Zustandes der Wahrnehmungs- und Empfindungsfähigkeit, ausgenommen die Schmerzempfindung, durch ein Tierarzneimittel erfolgt, das nach arzneimittelrechtlichen Vorschriften für die Schmerzausschaltung bei diesem Eingriff zugelassen ist. Für die Betäubung mit Betäubungspatronen kann die zuständige Behörde Ausnahmen von Satz 2 zulassen, sofern ein berechtigter Grund nachgewiesen wird. Ist nach den Absätzen 2, 3 und 4 Nr. 1 eine Betäubung nicht erforderlich, sind alle Möglichkeiten auszuschöpfen, um die Schmerzen oder Leiden der Tiere zu vermindern.*

*(2) Eine Betäubung ist nicht erforderlich,*

*1. wenn bei vergleichbaren Eingriffen am Menschen eine Betäubung in der Regel unterbleibt oder der mit dem Eingriff verbundene Schmerz geringfügiger ist als die mit einer Betäubung verbundene Beeinträchtigung des Befindens des Tieres,*
*2. wenn die Betäubung im Einzelfall nach tierärztlichem Urteil nicht durchführbar erscheint.*

*(3) Eine Betäubung ist ferner nicht erforderlich*

*1. für das Kastrieren von unter vier Wochen alten männlichen Rindern, Schafen und Ziegen, sofern kein von der normalen anatomischen Beschaffenheit abweichender Befund vorliegt,*

*1a. (aufgehoben)*

*2. für das Enthornen oder das Verhindern des Hornwachstums bei unter sechs Wochen alten Rindern,*

*3. für das Kürzen des Schwanzes von unter vier Tage alten Ferkeln sowie von unter acht Tage alten Lämmern,*

*4. für das Kürzen des Schwanzes von unter acht Tage alten Lämmern mittels elastischer Ringe,*

*5. für das Abschleifen der Eckzähne von unter acht Tage alten Ferkeln, sofern dies zum Schutz des Muttertieres oder der Wurfgeschwister unerlässlich ist,*

*6. für das Absetzen des krallentragenden letzten Zehengliedes bei Masthahnenküken, die als Zuchthähne Verwendung finden sollen, während des ersten Lebenstages.*

*7. für die Kennzeichnung*

*a) durch implantierten elektronischen Transponder,*

*b) von Säugetieren außer Schweinen, Schafen, Ziegen und Kaninchen durch Ohr- oder Schenkeltätowierung innerhalb der ersten zwei Lebenswochen,*

*c) von Schweinen, Schafen, Ziegen und Kaninchen durch Ohrtätowierung,*

*d) von Schweinen durch Schlagstempel und*

*e) von landwirtschaftlichen Nutztieren durch Ohrmarke oder Flügelmarke.*

*(4) Das Bundesministerium wird ermächtigt, durch Rechtsverordnung mit Zustimmung des Bundesrates*

*1. über Absatz 3 hinaus weitere Maßnahmen von der Betäubungspflicht auszunehmen, soweit dies mit § 1 vereinbar ist,*

*2. Verfahren und Methoden zur Durchführung von Maßnahmen nach Absatz 3 sowie auf Grund einer Rechtsverordnung nach Nummer 1 bestimmter Maßnahmen vorzuschreiben, zuzulassen oder zu verbieten, soweit dies zum Schutz der Tiere erforderlich ist.*

Durch Absatz 1 werden alle schmerzhaften Eingriffe bei Wirbeltieren dem **Grundsatz der Betäubungspflicht** unterstellt, während alle weiteren Absätze Ausnahmen davon beschreiben. Zur Klarstellung wird darauf hingewiesen, dass es völlig unabhängig von der Betäubungspflicht diverse Eingriffe gibt, die nicht zulässig sind, weil sie nach § 3 oder § 6 verboten sind. Unter Betäubung versteht man alle Verfahren, die allgemeine Bewusstlosigkeit oder lokal begrenzte Wahrnehmungslosigkeit erzeugen und damit das bewusste Schmerzempfinden ausschalten. Zur Betäubung i. S. dieses Gesetzes zählen auch Verfahren, von denen inzwischen bekannt ist, dass sie zwar Bewusstlosigkeit hervorrufen, aber das Schmerzempfinden nicht ausschalten. Solche Verfahren (z. B. reine Isoflurannarkose) bewirken immerhin, dass die Empfindung von Schmerz nicht in das bewusste Erleben vordringt. Beim Grundsatz der Betäubungspflicht wird erneut die Sonderstellung der Wirbeltiere in diesem Gesetz deutlich. Für die Betäubung, lokal wie allgemein, besteht nahezu ausnahmslos der Vorbehalt, dass sie durch einen Tierarzt durchgeführt werden muss. Grund dafür ist, dass alle Betäubungsverfahren erhebliche Nebenwirkungen entfalten können, auf die ggf. sehr schnell und sachkundig reagiert werden muss. Dieser **Tierarztvorbehalt** schließt auch Amphibien und Reptilien ein. Bis zur Novellierung des TierSchG im Jahr 2013 bestand lediglich eine Ausnahme vom Tierarztvorbehalt, die auch weiterhin vorgesehen ist: Für die Betäubung mit Betäubungspatronen kann bei ausreichender Begründung eine Ausnahmegenehmigung erteilt werden.

Durch die neue Version von Absatz 1 erfolgt jedoch in zweierlei Hinsicht eine Lockerung des bisherigen Tierarztgebots. Die Durchführung der Betäubung ist nicht mehr zwingend durch einen Tierarzt vorzunehmen, wenn eine lokale Schmerzausschaltung durch ein rein äußerlich anwendbares, für diesen Zweck zugelassenes Arzneimittel erzielt wird. Die Betäubung muss ebenfalls dann nicht durch einen Tierarzt vorgenommen werden, wenn eine Schmerzausschaltung im Zusammenhang mit der Kastration von unter acht Tage alten männlichen Ferkeln stattfindet, ein dafür zugelassenes Arzneimittel eingesetzt wird und keine Beeinträchtigung der sonstigen Wahrnehmungs- und Empfindungsfähigkeit stattfindet.

Als ausschließlich äußerlich anwendbares betäubendes Arzneimittel sind im Humanbereich derzeit lidocain- und prilocainhaltige Salben und Sprays zugelassen. Prilocain ist jedoch nach tierarzneimittelrechtlichen Vorgaben keine für Lebensmittel liefernde Tiere zulässige pharmakologische Substanz. Lediglich durch Aufnahme in die sog. „Positivliste“ im Tierarzneimittelrecht wäre eine Verwendung bei bestimmten Pferden im Therapienotstand und unter Einhaltung der verlängerten Wartezeit möglich. Dies bedeutet, dass diese zusätzliche Ausnahme vom Tierarztvorbehalt derzeit mangels geeigneter Tierarzneimittel nicht zum Tragen kommen kann.

Im Hinblick auf die zweite Lockerung des Tierarztvorbehalts wird darauf verwiesen, dass sich mehrere als Tierarzneimittel zugelassene Lokalanästhetika auf dem Markt befinden. Ob deren Anwendung bei der Ferkelkastration lege artis ist und tatsächlich eine Verminderung der Belastung für die Tiere bedeutet, wird kontrovers diskutiert. Praxisüblich ist eine solche Vorgehensweise jedenfalls bislang nicht.

Beide neu geschaffenen Ausnahmen vom Tierarztgebot sind im direkten Zusammenhang mit den Änderungen in § 6 zu sehen, zum einen also mit der Privilegierung des Schenkelbrandes und zum anderen mit dem bevorstehenden Ende der betäubungslosen chirurgischen Kastration von Ferkeln.

Ausdrücklich wird an dieser Stelle auf den letzten Satz in Absatz 1 hingewiesen, dessen Bedeutung jahrelang vonseiten der Tierhalter, der betreuenden Tierärzte und den Behörden offenkundig verkannt wurde. Für alle im Folgenden aufgeführten Ausnahmen von der Betäubungspflicht gilt nämlich die Verpflichtung, dass alle – und nicht nur irgendwelche üblichen – Möglichkeiten ausgeschöpft werden müssen, um die Schmerzen und Leiden der Tiere zu vermindern. Dieses eindeutige Gebot bedeutet, dass bspw. eine angemessene Sedierung von Kälbern beim Enthornen stattfinden muss. Auch die prä- und postoperative Verabreichung von schmerzhemmenden Mitteln beim Enthornen, Kastrieren und den anderen genannten Eingriffen ist damit zwingend vorzusehen, wenn sich daraus eine Entlastung für die Tiere ergibt.

Absatz 2 definiert allgemeine Ausnahmen von der Betäubungspflicht, während durch Absatz 3 bestimmte Eingriffe unter bestimmten Bedingungen davon ausgenommen werden. Absatz 2 Nr. 1 spiegelt damit den Verhältnismäßigkeitsgrundsatz bei diesem Gebot wider und Nr. 2 stellt eine Einzelfallregelung dar, über die allerdings nur durch einen Tierarzt entschieden werden darf.

Die aus dem Jahr 2013 stammenden Änderungen in Absatz 3 stellen zum einen redaktionelle Klarstellungen, zum anderen Anpassungen an die heute gängige Praxis dar. So wird bspw. die Kennzeichnung durch Mikrochip für alle Tierarten an erster Stelle bei den betäubungsfreien Kennzeichnungsmethoden genannt und schließt auch das bislang ausgenommene Geflügel ein. Aus dem Katalog der betäubungslos durchführbaren Eingriffe in Absatz 3 wurde die Kastration von unter acht Tage alten Ferkeln zwar herausgenommen. Aufgrund der Übergangsbestimmung in § 21 Abs. 1 bleibt die davor bestehende Regelung aber bis zum 31. Dezember 2018 bestehen.

Entgegen der ursprünglichen Ankündigung der Bundesregierung wurde der Schenkelbrand bei Pferden nicht ersatzlos aus § 5 gestrichen, sondern als Ausnahme vom Verbot der Amputation und Gewebezerstörung in § 6 Abs. 1 neu und explizit verankert. Zudem besteht auch für diesen Eingriff eine Übergangsregelung nach § 21 Abs. 2 bis zum 31. Dezember 2018, womit die betäubungslose Durchführung bis dahin erlaubt bleibt.

Für beide Eingriffe muss während der Übergangsfrist selbstverständlich das bereits erläuterte Gebot gelten, alle Möglichkeiten auszuschöpfen, um die Belastungen für die Tiere zu minimieren. Auch beim Fohlenbrennen muss deshalb eine Sedierung und Versorgung mit Schmerzmitteln eingeplant werden.

Von der Ermächtigung in Absatz 4 wurde bislang kein Gebrauch gemacht.

### *§ 6 (Amputation von Körperteilen, Organentnahme)*

*(1) Verboten ist das vollständige oder teilweise Amputieren von Körperteilen oder das vollständige oder teilweise Entnehmen oder Zerstören von Organen oder Geweben eines Wirbeltieres. Das Verbot gilt nicht, wenn*

*1. der Eingriff im Einzelfall*
*a) nach tierärztlicher Indikation geboten ist oder*
*b) bei jagdlich zu führenden Hunden für die vorgesehene Nutzung des Tieres unerlässlich ist und tierärztliche Bedenken nicht entgegenstehen,*
*1a. eine nach artenschutzrechtlichen Vorschriften vorgeschriebene Kennzeichnung vorgenommen wird,*
*1b. eine Kennzeichnung von Pferden durch Schenkelbrand vorgenommen wird,*
*2. ein Fall des § 5 Abs. 3 Nr. 1 oder 7 vorliegt,*
*2a. unter acht Tage alte männliche Schweine kastriert werden,*
*3. ein Fall des § 5 Abs. 3 Nr. 2 bis 6 vorliegt und der Eingriff im Einzelfall für die vorgesehene Nutzung des Tieres zu dessen Schutz oder zum Schutz anderer Tiere unerlässlich ist,*
*4. das vollständige oder teilweise Entnehmen von Organen oder Geweben erforderlich ist, um zu anderen als zu wissenschaftlichen Zwecken die Organe oder Gewebe zu transplantieren, Kulturen anzulegen oder isolierte Organe, Gewebe oder Zellen zu untersuchen,*
*5. zur Verhinderung der unkontrollierten Fortpflanzung oder – soweit tierärztliche Bedenken nicht entgegenstehen – zur weiteren Nutzung oder Haltung des Tieres eine Unfruchtbarmachung vorgenommen wird.*

*Eingriffe nach Satz 2 Nummer 1 und 5 sind durch einen Tierarzt vorzunehmen; im Falle eines Eingriffs nach Satz 2 Nummer 2a gilt dies auch, sofern ein von der normalen anatomischen Beschaffenheit abweichender Befund vorliegt. Eingriffe nach*

*1. Satz 2 Nummer 1a, 1b, 2 und 3,*
*2. Nummer 2a, die nicht durch einen Tierarzt vorzunehmen sind, sowie*
*3. Absatz 3*

*dürfen auch durch eine andere Person vorgenommen werden, die die dazu notwendigen Kenntnisse und Fähigkeiten hat. Im Anschluss an die Kastration eines über sieben Tage alten Schweines sind schmerzstillende Arzneimittel einschließlich Betäubungsmittel bei dem Tier anzuwenden.*

*(1a) Für die Eingriffe nach Absatz 1 Satz 2 Nummer 4 gelten*

*1. § 7 Absatz 1 Satz 2 Nummer 1 und Satz 3, § 7a Absatz 2 Nummer 1, 4 und 5 und § 9 Absatz 5 Satz 1, jeweils auch in Verbindung mit § 9 Absatz 6 Satz 1, sowie*
*2. Vorschriften in Rechtsverordnungen, die auf Grund des*
*a) § 7 Absatz 3 oder*
*b) § 9 Absatz 1, 2 und 3 Nummer 2, Absatz 4 Satz 1 Nummer 3 und Satz 2 und Absatz 5 Satz 2, jeweils auch in Verbindung mit Absatz 6 Satz 2, erlas-*

*sen worden sind, soweit dies in einer Rechtsverordnung, die das Bundesministerium mit Zustimmung des Bundesrates erlassen hat, vorgesehen ist, entsprechend. Derjenige, der einen Eingriff nach Absatz 1 Satz 2 Nummer 4 durchführen will, hat den Eingriff spätestens zwei Wochen vor Beginn der zuständigen Behörde anzuzeigen. Die Frist braucht nicht eingehalten zu werden, wenn in Notfällen eine sofortige Durchführung des Eingriffes erforderlich ist; die Anzeige ist unverzüglich nachzuholen. Die in Satz 2 genannte Frist kann von der zuständigen Behörde bei Bedarf auf bis zu vier Wochen verlängert werden. In der Anzeige sind anzugeben:*

1. *der Zweck des Eingriffs,*
2. *die Art und die Zahl der für den Eingriff vorgesehenen Tiere,*
3. *die Art und die Durchführung des Eingriffs einschließlich der Betäubung,*
4. *Ort, Beginn und voraussichtliche Dauer des Vorhabens,*
5. *Name, Anschrift und Fachkenntnisse des verantwortlichen Leiters des Vorhabens und seines Stellvertreters sowie der durchführenden Person und die für die Nachbehandlung in Frage kommenden Personen,*
6. *die Begründung für den Eingriff.*

*(2) Verboten ist, beim Amputieren oder Kastrieren elastische Ringe zu verwenden; dies gilt nicht im Falle des Absatzes 3 Nr. 3 oder des § 5 Abs. 3 Nr. 4.*

*(3) Abweichend von Absatz 1 Satz 1 kann die zuständige Behörde*

1. *das Kürzen der Schnabelspitzen von Legehennen bei unter zehn Tage alten Küken,*
2. *das Kürzen von Schnabelspitzen bei Nutzgeflügel, das nicht unter Nummer 1 fällt,*
3. *das Kürzen des bindegewebigen Endstückes des Schwanzes von unter drei Monate alten männlichen Kälbern mittels elastischer Ringe*

*erlauben. Die Erlaubnis darf nur erteilt werden, wenn glaubhaft dargelegt wird, dass der Eingriff im Hinblick auf die vorgesehene Nutzung zum Schutz der Tiere unerlässlich ist. Die Erlaubnis ist zu befristen und hat im Falle der Nummer 1 Bestimmungen über Art, Umfang und Zeitpunkt des Eingriffs und die durchführende Person zu enthalten.*

*(4) Das Bundesministerium wird ermächtigt, durch Rechtsverordnung mit Zustimmung des Bundesrates die dauerhafte Kennzeichnung von Tieren, an denen nicht offensichtlich erkennbare Eingriffe vorgenommen worden sind, vorzuschreiben, wenn dies zum Schutz der Tiere erforderlich ist.*

*(5) Der zuständigen Behörde ist im Falle des Absatzes 1 Satz 2 Nr. 3 auf Verlangen glaubhaft darzulegen, dass der Eingriff für die vorgesehene Nutzung unerlässlich ist.*

*(6) Das Bundesministerium wird ermächtigt, durch Rechtsverordnung mit Zustimmung des Bundesrates für Eingriffe im Sinne des Absatzes 1 Satz 2 Nummer 2a abweichend von § 5 Absatz 1 Satz 2 zuzulassen, dass die Betäubung von bestimmten anderen Personen vorgenommen werden darf, soweit es mit dem Schutz der Tiere vereinbar ist. In der Rechtsverordnung nach Satz 1 sind die*

*Anforderungen zu regeln, unter denen diese Personen die Betäubung vornehmen dürfen; dabei können insbesondere*

1. *Verfahren und Methoden einschließlich der Arzneimittel und der Geräte zur Durchführung der Betäubung sowie des Eingriffes nach Satz 1 vorgeschrieben oder verboten werden,*
2. *vorgesehen werden, dass die Person, die die Betäubung durchführt, die für diese Tätigkeit erforderliche Zuverlässigkeit und die erforderlichen Kenntnisse und Fähigkeiten zu besitzen und diese nachzuweisen hat, und*
3. *nähere Vorschriften über die Art und den Umfang der nach Nummer 2 erforderlichen Kenntnisse und Fähigkeiten erlassen sowie Anforderungen an den Nachweis und die Aufrechterhaltung der erforderlichen Kenntnisse und Fähigkeiten festgelegt und das Verfahren des Nachweises geregelt werden.*

Ähnlich wie in § 5 wird auch in § 6 zunächst ein Grundsatz aufgestellt – hier ein Verbot – der im Folgenden durch diverse Ausnahmen relativiert wird. Auch durch § 6 wird im Übrigen die hervorgehobene Stellung von Wirbeltieren im Tierschutzrecht verdeutlicht.

Neben den tierärztlich indizierten Einzelfällen werden in Absatz 1 jeweils ganze Gruppen von Amputationen oder Gewebezerstörungen vom grundsätzlichen Verbot ausgenommen.

Die Zielsetzungen der aufgeführten Eingriffe stehen bis auf den tierärztlich indizierten Einzelfall stets im Zusammenhang mit der Nutzung der Tiere und lassen sich im Wesentlichen in vier Gruppen einteilen: Kastrationen, Amputationen von Schwänzen, Amputationen von Schnäbeln bei Geflügel und Eingriffe zu Kennzeichnungszwecken. Im Vordergrund steht dabei weniger das Tierindividuum oder dessen kurative Versorgung. Es handelt sich bei der Mehrzahl dieser Eingriffe um managementbedingte, präventive Eingriffe, die meistens flächendeckend und routinemäßig durchgeführt werden, auch wenn dies im Widerspruch zu den Europaratsempfehlungen für die jeweilige Tierart steht. Lediglich die unter Nr. 5 aufgeführten Eingriffe zur Verhinderung der unkontrollierten Vermehrung hängen nicht hauptsächlich mit der Nutzung des Tieres zusammen.

Für die Amputationen von Schwänzen bei Ferkeln und Lämmern, das Abschleifen der Eckzähne bei Ferkeln, das Enthornen von Kälbern und das Absetzen des Hahnensporns bei bestimmten Hühnern wird zwar zur Bedingung gemacht, dass die Eingriffe auch zum Schutz der Tiere unerlässlich sein müssen, gleichwohl handelt es sich um Eingriffe, die sowohl durch § 5 wie auch durch § 6 privilegiert werden. Zur Klarstellung wird betont, dass das Abkneifen, anders als das Abschleifen, der Eckzähne bei Ferkeln nicht zu den privilegierten Eingriffen zählt.

Im Gegensatz zu den o. g. Eingriffen, deren Unerlässlichkeit der Behörde nach Absatz 5 auf Verlangen lediglich darzulegen ist, werden für das Amputieren von Schnabelspitzen bei Nutzgeflügel und das Amputieren des

Schwanzes von männlichen Kälbern nach Absatz 3 zumindest **Ausnahmegenehmigungen** benötigt, die nach der AVV auf höchstens fünf Jahre befristet werden.

Die Ausnahmegenehmigungen zum Kupieren von Legehühner-Küken und anderem Nutzgeflügel werden i. d. R. den Brütereien erteilt, die in diesem Zusammenhang als Tierhalter angesehen werden. Selten werden im Zusammenhang mit akuten Ausbrüchen von Kannibalismus Ausnahmegenehmigungen für Halter älterer Hühner notwendig. Die Ausnahmegenehmigung darf nur bei Unerlässlichkeit der Amputationsmaßnahme erteilt werden. Dies setzt voraus, dass die nach dem jeweiligen Stand der wissenschaftlichen Erkenntnisse und feststehenden praktischen Erfahrungen (mit)ursächlichen Faktoren für Federpicken und Kannibalismus so weit wie möglich ausgeschlossen worden sind, aber dennoch mit diesem Verhalten und seinen tierbelastenden Auswirkungen gerechnet werden muss. Als Beleg für diese Vorbedingung verlangt die AVV eine tierärztliche Bescheinigung oder schriftliche Erklärung des künftigen Tierhalters, aus der hervorgeht, welche Maßnahmen der künftige Tierhalter anwendet, um die bekannten Ursachen von Federpicken und Kannibalismus in der Tierhaltung weitestgehend auszuschließen. Für den Fall, dass die Ausnahmegenehmigung an die Brüterei gehen soll, fordert die AVV, dass die Erlaubnis unter der Auflage erteilt wird, dass sich der Antragsteller in der oben beschriebenen Weise vom Vorliegen der genannten Voraussetzungen vergewissert, der Behörde auf Verlangen die betreffenden Unterlagen des künftigen Tierhalters vorlegt und diese plausibel sind. In den Erlaubnisbescheid werden Bestimmungen über Art, Umfang, Zeitpunkt und Methode der Eingriffe aufgenommen. In der AVV werden die noch vertretbaren Methoden aufgeführt. Bemerkenswert ist allerdings, dass es sich zwar formal um eine Ausnahme vom Grundsatz des Amputationsverbots handelt, das Kupieren der Schnabelspitzen bei Nutzgeflügel außer bei Masthühnern und in der ökologischen Tierhaltung jedoch faktisch der Regelfall war. Durch eine freiwillige Vereinbarung der Geflügelwirtschaft mit der Bundesregierung wurde das routinemäßige Kupieren der Schnabelspitze bei Legehennenküken seit August 2016 beendet. Praktiziert wird es aber weiterhin bei Puten.

Für die Erlaubnis zum Kürzen des bindegewebigen Endstücks des Schwanzes von unter drei Monate alten männlichen Kälbern mittels elastischer Ringe muss ebenfalls glaubhaft gemacht werden, dass der Eingriff im Einzelfall unerlässlich ist. Hierzu sind nach der AVV mindestens folgende Angaben erforderlich: Bestätigung, dass die Schwanzspitzenentzündung in dem Betrieb des künftigen Halters auftritt; Bestätigung, welche der folgenden Maßnahmen dort ergriffen worden sind, um die Ursachen der Schwanzspitzenentzündung abzustellen: Verringerung der Besatzdichte, Verbesserung des Stallklimas, Erhöhung des Raufutteranteils in der Fütterung, Ausbesserung bzw. Ersatz schadhafter Teile des Spaltenbodens, Bekämpfung von

Schadnagern u. a. Insbesondere aufgrund der Weiterentwicklung unterschiedlichster Bodenbeläge und Gummimatten einschließlich möglicher Perforierung, die auch für die Mastbullenhaltung eingesetzt werden können, sollte es keine Notwendigkeit für eine solche Ausnahmegenehmigung mehr geben. In Einzelfällen könnten auf der Grundlage einer tierärztlichen Indikation dennoch Amputationen durchgeführt werden.
Die Verwendung von elastischen Ringen für Amputationen oder zum Kastrieren ist im Übrigen nach Absatz 2 verboten, außer für die bereits genannten privilegierten Eingriffe an den Schwänzen von Kälbern und Lämmern im vorgeschriebenen Alter.
Die Privilegierung durch § 5 bzw. § 6 wird vielfach dahingehend interpretiert, dass wegen dieser Spezialnormen ein ausreichend vernünftiger Grund i. S. von § 1 unterstellt werden müsse. Dies kann fachlich zumindest im Hinblick auf den Schenkelbrand bei Pferden und die Ausnahmeregelung für Amputationen bei jagdlich geführten Hunden bezweifelt werden. Einer Amputation von Ohren und Schwänzen bei jagdlich geführten Hunden sollten ohnehin tierärztliche Bedenken entgegenstehen. Treten tatsächlich im Einzelfall vermehrt Verletzungen an Ohren und Ruten bei entsprechend eingesetzten Hunden auf, könnten eventuell erforderliche Eingriffe tierärztlich indiziert sein. Dies macht aber die Privilegierung durch Absatz 1 Nr. 1 Buchstabe b überflüssig.
Ausdrücklich hinzuweisen ist darauf, dass – entgegen der Handhabung in der Praxis – das Enthornen von Ziegen nicht zu den Ausnahmen vom Amputationsverbot zählt. Dieser Eingriff kann ausschließlich im Einzelfall durch eine tierärztliche Indikation nach Absatz 1 Nr. 1 Buchstabe a legitimiert werden, die dann auch den vernünftigen Grund i. S. von § 1 darstellt.
Auch das Flugunfähigmachen von Vögeln durch Amputation oder Gewebezerstörung ist kein zulässiger Eingriff. Es besteht dafür keine Ausnahmeregelung nach § 6. Es ist auch keine Möglichkeit dafür vorgesehen, solche Eingriffe durch Ausnahmegenehmigung zu erlauben.
Ob Amputation bzw. Gewebezerstörung – wie häufig in diesem Zusammenhang diskutiert – nur auf lebendes oder auch auf totes Gewebe wie Schwungfedern zu beziehen ist, kann dahingestellt bleiben. Wenn man nämlich das Beschneiden der Schwungfedern nicht als Gewebezerstörung i. S. von § 6 betrachtet, dann ist entscheidend, ob es zu so weitreichenden Funktionsverlusten kommt, dass eine anhaltende Beeinträchtigung der Tiere entsteht, die vor dem Hintergrund von § 1 und § 2 gerechtfertigt werden müsste. Ob sich Eingriffe an totem Gewebe, die bspw. beim Flügelstutzen zum Totalausfall einer angeborenen Verhaltensweise führen, durch einen ausreichenden vernünftigen Grund rechtfertigen lassen, ist derzeit umstritten. Ein vernünftiger Grund kann aber keinesfalls verallgemeinert unterstellt werden, weil das Flugunfähigmachen eben gerade nicht durch

eine Spezialnorm beschrieben wird und insofern der Einzelfallprüfung im konkreten Zusammenhang bedarf.
Bei der Novellierung des Tierschutzgesetzes im Jahr 2013 wurde ein Sachverhalt neu formuliert und um zusätzliche Bestimmungen erweitert. Gemeint sind die in Absatz 1 Satz 2 Nr. 4 genannten Organ- oder Gewebeentnahmen zu nicht-wissenschaftlichen Zwecken, für die zudem die Bestimmungen nach Absatz 1a (ähnliche Bedingungen wie bei Tierversuchen, Anzeigepflicht) zu beachten sind. Welche Eingriffe vom Gesetzgeber mit dieser Passage erfasst werden sollen, nachdem die Eingriffe an Tieren zu wissenschaftlichen Zwecken anderweitig geregelt werden, ist unklar. Die Entnahme von Bioptaten oder Gewebe zur Herstellung von Auto- bzw. stallspezifischen Impfstoffen wird durch die tierärztliche Indikation für den Einzelfall abgedeckt und fällt damit nicht unter diese neue Regelung. Bluttransfusionen könnten zu den Eingriffen nach Absatz 1 Satz 2 Nr. 4 zählen. Wie die Erfüllung der Regelungen nach Absatz 1a in der Praxis erfolgen sollte, ist aber nicht zu erkennen.
Mit der Novellierung von 2013 wurde außerdem als Ausnahme vom Amputationsverbot und dem Verbot der Gewebezerstörung eine artenschutzrechtlich vorgeschriebene Kennzeichnung in Absatz 1 eingeführt, die allerdings nicht von der Betäubungspflicht ausgenommen ist. Ein Verzicht auf eine Betäubung ist demnach nur möglich, wenn die dafür erforderlichen Bedingungen aus § 5 Abs. 2 oder Abs. 3 Nr. 7 erfüllt werden.
Absatz 4 steht in direktem Zusammenhang zum Verbot nach § 3 Nr. 1a. Von der Ermächtigung in Absatz 6 wurde bislang kein Gebrauch gemacht.

#### *§ 6a (Geltungsbereich)*

*Die Vorschriften dieses Abschnittes gelten nicht für Tierversuche nach § 7 Absatz 2 Satz 1, auch in Verbindung mit Satz 2.*

Vom Geltungsbereich des § 6 werden alle Eingriffe an Tieren in Tierversuchen im Sinne dieses Gesetzes ausgenommen. Für diese Eingriffe gelten stattdessen alle in den Abschnitten **1.5, 1.6** und **3.4** erläuterten Regelungen.

## 1.5 Tierversuche

#### *§ 7 (Allgemeines)*

*(1) Die Vorschriften dieses Abschnitts dienen dem Schutz von Tieren, die zur Verwendung in Tierversuchen bestimmt sind oder deren Gewebe oder Organe dazu bestimmt sind, zu wissenschaftlichen Zwecken verwendet zu werden. Dazu sind*
*1. Tierversuche im Hinblick auf*
   *a) die den Tieren zuzufügenden Schmerzen, Leiden und Schäden,*
   *b) die Zahl der verwendeten Tiere,*

*c) die artspezifische Fähigkeit der verwendeten Tiere, unter den Versuchseinwirkungen zu leiden,*
*auf das unerlässliche Maß zu beschränken und*
*2. die Tiere, die zur Verwendung in Tierversuchen bestimmt sind oder deren Gewebe oder Organe dazu bestimmt sind, zu wissenschaftlichen Zwecken verwendet zu werden, so zu halten, zu züchten und zu pflegen, dass sie nur in dem Umfang belastet werden, der für die Verwendung zu wissenschaftlichen Zwecken unerlässlich ist.*

*Tierversuche dürfen nur von Personen geplant und durchgeführt werden, die die dafür erforderlichen Kenntnisse und Fähigkeiten haben. § 1 bleibt unberührt.*

*(2) Tierversuche im Sinne dieses Gesetzes sind Eingriffe oder Behandlungen zu Versuchszwecken*
*1. an Tieren, wenn sie mit Schmerzen, Leiden oder Schäden für diese Tiere verbunden sein können,*
*2. an Tieren, die dazu führen können, dass Tiere geboren werden oder schlüpfen, die Schmerzen, Leiden oder Schäden erleiden, oder*
*3. am Erbgut von Tieren, wenn sie mit Schmerzen, Leiden oder Schäden für die erbgutveränderten Tiere oder deren Trägertiere verbunden sein können.*

*Als Tierversuche gelten auch Eingriffe oder Behandlungen, die nicht Versuchszwecken dienen, und*
*1. die zur Herstellung, Gewinnung, Aufbewahrung oder Vermehrung von Stoffen, Produkten oder Organismen vorgenommen werden,*
*2. durch die Organe oder Gewebe ganz oder teilweise entnommen werden, um zu wissenschaftlichen Zwecken*
*a) die Organe oder Gewebe zu transplantieren,*
*b) Kulturen anzulegen oder*
*c) isolierte Organe, Gewebe oder Zellen zu untersuchen,*
*oder*
*3. die zu Aus-, Fort- oder Weiterbildungszwecken vorgenommen werden,*
*soweit eine der in Satz 1 Nummer 1 bis 3 genannten Voraussetzungen vorliegt. Nicht als Tierversuch gilt das Töten eines Tieres, soweit dies ausschließlich erfolgt, um dessen Organe oder Gewebe zu wissenschaftlichen Zwecken zu verwenden.*

*(3) Das Bundesministerium wird ermächtigt, im Einvernehmen mit dem Bundesministerium für Bildung und Forschung durch Rechtsverordnung mit Zustimmung des Bundesrates die näheren Einzelheiten zu den Anforderungen nach Absatz 1 Satz 2 Nummer 2 zu regeln.*

Einer der wichtigsten Auslöser für die Überarbeitung des TierSchG im Jahr 2013 war die Verpflichtung, die EU-Tierversuchs-Richtlinie 2010/63/EU in nationales Recht umzusetzen. Im Abschnitt 5 des Gesetzes mussten deshalb relativ umfassende Veränderungen vorgenommen werden, die zudem durch

die nationale und vollständig neu erlassene TierSchVersV konkretisiert werden.
In den Erwägungsgründen, die der Richtlinie vorangestellt werden, wird einerseits eingeräumt, dass derzeit Tierversuche notwendig seien, um die Gesundheit von Mensch und Tier sowie der Umwelt zu schützen. Im Weiteren heißt es allerdings beachtenswerterweise: *Diese Richtlinie stellt einen wichtigen Schritt zur Erreichung des letztendlichen Ziels dar, Verfahren mit lebenden Tieren für wissenschaftliche Zwecke und Bildungszwecke vollständig zu ersetzen, sobald dies wissenschaftlich möglich ist.* Daraus ergeben sich mehrere grundlegende Zielsetzungen, denen die Richtlinie bzw. ihre Umsetzung in nationales Recht dient. Die Pflege und Verwendung lebender Tiere für wissenschaftliche Zwecke wird von den international anerkannten Prinzipien der Vermeidung, Verminderung und Verbesserung bestimmt. Diese Prinzipien werden sonst häufig nach der englischsprachigen Version als **3-R-Prinzip** zusammengefasst. Die 3 R stehen für die Aufforderungen „replace", „reduce" und „refine" aus einem Konzept von zwei britischen Wissenschaftlern aus den späten 1950er-Jahren. Außerdem zielt die Richtlinie darauf ab, die Weiterentwicklung alternativer Ansätze zu erleichtern und zu fördern. Ein weiteres Ziel ist der höhere Schutz für Föten von Säugetieren und für bestimmte Entwicklungsstadien von anderen Wirbeltieren.
Nach Ansicht der EU müssen Tierschutzerwägungen im Zusammenhang mit der Haltung, Zucht und Verwendung von Tieren oberste Priorität erhalten. Deshalb wird durch die Richtlinie ein zusätzliches Tierschutzgremium in den Tierversuchseinrichtungen etabliert. Im Weiteren wird betont, dass die umfassende Projektbewertung, bei der ethische Überlegungen im Zusammenhang mit der Verwendung von Tieren berücksichtigt werden, den Kern der Genehmigungsverfahren bildet und die Berücksichtigung der 3 R gewährleisten muss. Darüber hinaus ist es nach Ansicht der EU sowohl aus moralischen als auch aus wissenschaftlichen Gründen von großer Bedeutung zu gewährleisten, dass jede Verwendung von Tieren sorgfältig hinsichtlich der wissenschaftlichen oder bildungsrelevanten Gültigkeit, Zweckmäßigkeit und Relevanz des erwarteten Ergebnisses dieser Verwendung bewertet wird. Die voraussichtliche Schädigung des Tieres sollte gegen den erwarteten Nutzen des Projektes abgewogen werden. Außerdem wird als wichtig eingestuft, dass objektive Informationen über Projekte, bei denen Versuchstiere verwendet werden, öffentlich zugänglich gemacht werden. Deshalb werden die sog. Verwender dazu aufgefordert, anonyme nicht technische Zusammenfassungen der Projekte zu erstellen, die dann von den Mitgliedstaaten veröffentlicht werden. Schließlich führt die EU noch die rückblickende Bewertung bestimmter Projekte ein.
Ob die EU-Richtlinie vollständig und zutreffend in nationales Recht umgesetzt wurde, ist umstritten. Auch für diese Richtlinie gilt analog zu den EU-

Vorgaben für das Töten und Schlachten, dass die Mitgliedstaaten keine neuen rechtlichen Standards etablieren dürfen, die über das Schutzniveau der Richtlinie hinausgehen. Lediglich bereits bestehende weitergehende Regelungen dürften beibehalten werden (Art. 2).

Die Vorschriften in § 7 verdeutlichen fast wie eine Präambel für diesen Gesetzesabschnitt die **Grundsätze**, die für alle Fragestellungen im Zusammenhang mit Versuchstieren bzw. Tierversuchen gelten. Geschützt werden die Tiere nicht nur während der Durchführung eines Tierversuchs, sondern auch bei der Zucht und Haltung, die in irgendeiner Weise im Zusammenhang mit einem Tierversuch steht. Absatz 1 beinhaltet dabei das Prinzip der 3 R aus Art. 4 der EU-Richtlinie, indem Tierversuche in jeglicher Hinsicht auf das unerlässliche Maß beschränkt werden. Das unerlässliche Maß schließt dabei nicht nur das „Wie“ von Tierversuchen, sondern auch das „Ob“ ein. Unerlässlich bedeutet, dass etwas geeignet und gleichzeitig zwingend notwendig, also alternativlos ist. Das dritte Element des Verhältnismäßigkeitsgrundsatzes – die Angemessenheit oder Verhältnismäßigkeit im engeren Sinne – findet sich schließlich in der ethischen Vertretbarkeit nach § 7a Abs. 2 Nr. 3 wieder.

Die Beschränkung der Belastungen für die Tiere in Tierversuchen auf das unerlässliche Maß gilt nach Absatz 1 Nr. 2 auch für ihre Zucht, die Haltung und den gesamten Umgang mit ihnen. Grundprinzip ist zudem, dass nur sachkundige Personen an Tierversuchen beteiligt sein dürfen.

Erst im zweiten Absatz wird definiert, was als Tierversuch i. S. dieses Gesetzes zu verstehen ist. Charakteristisch für Tierversuche ist, dass es sich um Eingriffe oder Behandlungen handelt, die den in § 7a Abs. 1 genannten Zwecken dienen müssen und zu Belastungen bei den Tieren oder ihren Nachkommen führen können, aber nicht müssen. Es entspricht dem experimentellen Charakter von Tierversuchen, dass die Möglichkeit von Schmerzen, Leiden und Schäden durch die jeweiligen Manipulationen zu Versuchszwecken bereits ausreicht, um alle weiteren Bedingungen einhalten zu müssen.

Als Eingriff werden Maßnahmen bezeichnet, die physiologische Abläufe auf Zeit oder dauerhaft verändern oder die zu einer mehr oder weniger weitgehenden Störung der Unversehrtheit des Tieres führen. Das Spektrum reicht von der Injektion bis zu großen operativen Eingriffen. Unter Behandlung versteht man alle unblutigen Maßnahmen, die das Befinden der Tiere beeinflussen können. Dazu zählen keineswegs nur die Applikation von Medikamenten, sondern ggf. auch Untersuchungen der Tiere zur Erhebung von Daten, Fütterungsversuche, aber auch Besenderungen oder andere verhaltenskundliche Untersuchungen, die über reine Beobachtungen hinausgehen. Zu den Tierversuchen gehört auch die Zucht genetisch veränderter Tiere, wenn dadurch Belastungen bei den Tieren auftreten können.

Der Tierversuchsbegriff wird durch Satz 2 gegenüber früheren Versionen erweitert und umfasst nun auch Herstellungsverfahren wie bspw. die Erzeu-

gung monoklonaler Antikörper unter Einsatz von Tieren, Organentnahmen an lebenden Tieren und Vorhaben mit Tieren zu Aus-, Fort- und Weiterbildungszwecken.
Das Töten von Tieren zur Entnahme von Organen oder Geweben zu wissenschaftlichen Zwecken wird auch weiterhin nicht als Tierversuch eingestuft und bleibt damit von Genehmigung- oder Anzeigepflichten nach § 8 bzw. § 8a ausgenommen.
Die Ermächtigungsgrundlage in Absatz 3 wurde eingeführt, um zur pflichtgemäßen Umsetzung der Richtlinie 2010/63/EU in nationales Recht auch die TierSchVersV erlassen zu können, durch die die Regelungen des Gesetzes konkretisiert werden.

### *§ 7a (Voraussetzungen und Verbote)*

*(1) Tierversuche dürfen nur durchgeführt werden, soweit sie zu einem der folgenden Zwecke unerlässlich sind:*
1. *Grundlagenforschung,*
2. *sonstige Forschung mit einem der folgenden Ziele:*
   a) *Vorbeugung, Erkennung oder Behandlung von Krankheiten, Leiden, Körperschäden oder körperlichen Beschwerden bei Menschen oder Tieren,*
   b) *Erkennung oder Beeinflussung physiologischer Zustände oder Funktionen bei Menschen oder Tieren.*
   c) *Förderung des Wohlergehens von Tieren oder Verbesserung der Haltungsbedingungen von landwirtschaftlichen Nutztieren,*
3. *Schutz der Umwelt im Interesse der Gesundheit oder des Wohlbefindens von Menschen oder Tieren,*
4. *Entwicklung und Herstellung sowie Prüfung der Qualität, Wirksamkeit oder Unbedenklichkeit von Arzneimitteln, Lebensmitteln, Futtermitteln oder anderen Stoffen oder Produkten mit einem der in Nummer 2 Buchstabe a bis c oder Nummer 3 genannten Ziele,*
5. *Prüfung von Stoffen oder Produkten auf ihre Wirksamkeit gegen tierische Schädlinge,*
6. *Forschung im Hinblick auf die Erhaltung der Arten,*
7. *Aus-, Fort- oder Weiterbildung,*
8. *gerichtsmedizinische Untersuchungen.*

*Tierversuche zur Aus-, Fort- oder Weiterbildung nach Satz 1 Nummer 7 dürfen nur durchgeführt werden*
1. *an einer Hochschule, einer anderen wissenschaftlichen Einrichtung oder einem Krankenhaus oder*
2. *im Rahmen einer Aus-, Fort- oder Weiterbildung für Heil- oder Heilhilfsberufe oder naturwissenschaftliche Hilfsberufe.*

*(2) Bei der Entscheidung, ob ein Tierversuch unerlässlich ist, sowie bei der Durchführung von Tierversuchen sind folgende Grundsätze zu beachten:*
1. *Der jeweilige Stand der wissenschaftlichen Erkenntnisse ist zugrunde zu legen.*

*2. Es ist zu prüfen, ob der verfolgte Zweck nicht durch andere Methoden oder Verfahren erreicht werden kann.*
*3. Versuche an Wirbeltieren oder Kopffüßern dürfen nur durchgeführt werden, wenn die zu erwartenden Schmerzen, Leiden oder Schäden der Tiere im Hinblick auf den Versuchszweck ethisch vertretbar sind.*
*4. Schmerzen, Leiden oder Schäden dürfen den Tieren nur in dem Maße zugefügt werden, als es für den verfolgten Zweck unerlässlich ist; insbesondere dürfen sie nicht aus Gründen der Arbeits-, Zeit- oder Kostenersparnis zugefügt werden.*
*5. Versuche an Tieren, deren artspezifische Fähigkeit, unter den Versuchseinwirkungen zu leiden, stärker entwickelt ist, dürfen nur durchgeführt werden, soweit Tiere, deren derartige Fähigkeit weniger stark entwickelt ist, für den verfolgten Zweck nicht ausreichen.*

*(3) Tierversuche zur Entwicklung oder Erprobung von Waffen, Munition und dazugehörigem Gerät sind verboten.*

*(4) Tierversuche zur Entwicklung von Tabakerzeugnissen, Waschmitteln und Kosmetika sind grundsätzlich verboten. Das Bundesministerium wird ermächtigt, durch Rechtsverordnung mit Zustimmung des Bundesrates Ausnahmen zu bestimmen, soweit es erforderlich ist, um*
*1. konkrete Gesundheitsgefährdungen abzuwehren, und die notwendigen neuen Erkenntnisse nicht auf andere Weise erlangt werden können, oder*
*2. Rechtsakte der Europäischen Gemeinschaft oder der Europäischen Union durchzuführen.*

*(5) Ein Tierversuch gilt als abgeschlossen, wenn*
*1. keine weiteren Beobachtungen mehr für den Tierversuch anzustellen sind oder,*
*2. soweit genetisch veränderte, neue Tierlinien verwendet werden,*
   *a) an der Nachkommenschaft keine weiteren Beobachtungen mehr anzustellen sind und*
   *b) nicht mehr erwartet wird, dass die Nachkommenschaft auf Grund der biotechnischen oder gentechnischen Veränderungen Schmerzen oder Leiden empfindet oder dauerhaft Schäden erleidet.*

*(6) Das Bundesministerium wird ermächtigt, im Einvernehmen mit dem Bundesministerium für Bildung und Forschung durch Rechtsverordnung mit Zustimmung des Bundesrates*
*1. Vorschriften dieses Gesetzes oder*
*2. auf Grund dieses Gesetzes erlassene Rechtsverordnungen zur Durchführung, Genehmigung und Anzeige von Tierversuchen*

*auf Versuche an Tieren in einem Entwicklungsstadium vor der Geburt oder dem Schlupf zu erstrecken, soweit dies zum Schutz dieser Tiere auf Grund ihrer Fähigkeit, Schmerzen oder Leiden zu empfinden oder Schäden zu erleiden, und zur Durchführung von Rechtsakten der Europäischen Union erforderlich ist.*

Durch diesen Paragraphen werden wichtige **Bedingungen für die Genehmigung und Durchführung** von Tierversuchen festgelegt. Dazu werden bestimmte Versuchszwecke als zulässig erklärt (Absatz 1), andere generell (Absatz 3) oder grundsätzlich verboten (Absatz 4). Der zulässige Versuchszweck legitimiert das Versuchsvorhaben jedoch nicht alleine. Der Tierversuch muss außerdem unerlässlich sein für die Beantwortung einer Fragestellung oder Aufgabe, die sich den zulässigen Versuchszwecken zuordnen lässt. Für Tierversuche zu Aus-, Fort-, und Weiterbildungszwecken gilt zudem die Einschränkung, dass sie nur an bestimmten Einrichtungen und nur für bestimmte Personengruppen durchgeführt werden dürfen.
In Absatz 2 wird ein Katalog von Prüfkriterien für die Verhältnismäßigkeitsprüfung von Tierversuchen aufgestellt, der gleichzeitig Maßstab für die Durchführung des Vorhabens ist. So wird ausdrücklich gefordert, dass der jeweilige aktuelle Erkenntnisstand ausschlaggebend ist. Es muss also sichergestellt sein, dass die jeweilige wissenschaftliche Frage nicht schon beantwortet ist. Außerdem muss systematisch abgeklärt werden, ob es Alternativen zur geplanten Vorgehensweise im Sinne der 3 R gibt. Laut amtlicher Begründung ist insbesondere bei Tierversuchen zu Aus-, Fort- und Weiterbildungszwecken zu prüfen, ob der beabsichtigte Zweck nicht auch durch Filmdarstellungen, Computersimulationen, harmlose Selbstversuche, lebensechte Modelle o. Ä. erreicht werden kann.
Absatz 2 Nr. 1 und 2 betreffen die **Unerlässlichkeit** eines Tierversuchs im engeren Sinne, während der gesamte Absatz die Unerlässlichkeit in einem weiteren Sinne umfasst. Durch Nr. 3 wird die **ethische Abwägung**, eine Nutzen-Schaden-Analyse, eingefordert. Dies ist der dritte Aspekt jeder Verhältnismäßigkeitsprüfung, nämlich die Verhältnismäßigkeit im engeren Sinne. Sie ist nur gewahrt, wenn der zu erwartende Nutzen die Belastungen bei den Tieren überwiegt. Die beiden anderen zum Verhältnismäßigkeitsprinzip gehörenden Aspekte, also die Geeignetheit und die Erforderlichkeit einer Maßnahme (hier des Tierversuchs), sind im Begriff der Unerlässlichkeit enthalten.
Bei der ethischen Abwägung, die sowohl von den Forschenden wie auch von der für die Genehmigung von Tierversuchen zuständigen Behörde und der beratenden Kommission nach § 15 geleistet werden muss, werden die Belastungen für die Tiere mit dem möglichen Nutzen des Vorhabens für den Versuchszweck verglichen. Daraus ergibt sich die Schwierigkeit, dass aufgrund der Versuchsplanung weitgehend feststehende Belastungen bei den Tieren zu einem oft nur schwierig abzuschätzenden möglichen, aber nicht sicheren wissenschaftlichen Erkenntnisgewinn ins Verhältnis gesetzt werden müssen. Vor diesem Hintergrund wird i. d. R. der sog. angewandten klinischen Forschung mit ihrem fassbareren Nutzen ein höheres Potenzial zugesprochen, um große Belastungen bei Tieren zu rechtfertigen, als der Grundlagenforschung, bei der naturgemäß mögliche Nutzanwendungen

schwer vorherzusagen sind. Die EU scheint dies allerdings anders zu sehen, was man Art. 8 bzw. dem Erwägungsgrund Nr. 17 der EU-Richtlinie entnehmen könnte. Dort wird bemerkenswerterweise gerade die Grundlagenforschung als legitimer Zweck für den Einsatz von sehr hoch entwickelten Spezies, den nicht-menschlichen Primaten, in Tierversuchen angeführt. Die Verwendung dieser Tiere in der angewandten Forschung wird dagegen auf diejenigen Fragestellungen eingeschränkt, die sich auf potenziell lebensbedrohliche Zustände oder schwerste Belastungen beim Menschen beziehen.
Eine weitere Schwierigkeit bei der ethischen Abwägung ergibt sich daraus, dass nach der Rechtsprechung durch das OVG Bremen vom Dezember 2012 die Bedeutung eines Vorhabens, also die Nutzenabschätzung, zwar wissenschaftlich begründet dargelegt werden muss. Diese Nutzenabschätzung unterliegt laut Gericht aber lediglich einer qualifizierten Plausibilitätskontrolle durch die Behörde bzw. die beratende Kommission. In den Rechtstexten selbst wird allerdings keine solche Einschränkung formuliert.
Unstreitig ist, dass die **Belastungseinschätzung** in vollem Umfang durch die Behörde einschließlich der Kommission geprüft wird und auch für die ethische Abwägung insgesamt keine Beschränkung des Prüfauftrags besteht. Für die Einschätzung der Belastungen bei den Tieren wurde üblicherweise auf verschiedene Belastungskataloge zurückgegriffen. Durch Anhang VIII der EU-Richtlinie wird nun ein einheitlicher Rahmen für die Schweregradeinstufung von Tierversuchen vorgegeben. Er bietet allerdings keine Anleitung dafür, wie sehr lange anhaltende und wiederholte Belastungen bei der Schweregradeinstufung angemessen berücksichtigt werden können, wenn angenommen werden muss, dass eine Belastungssteigerung im Sinne eines kumulativen Effektes entsteht. Auf die Belastungseinschätzung wird auch in Abschnitt **3.4** eingegangen.
Die beiden weiteren in Absatz 2 genannten Prüfkriterien wiederholen die Grundsätze aus § 7 Abs. 1, unterstreichen damit ihre Bedeutung und führen sie weiter aus. Schmerzen, Leiden oder Schäden auf das unerlässliche Maß zu beschränken, führt auch zu der Verpflichtung, wann immer nötig und möglich, die Tiere bei Belastungen zu betäuben und ausreichend Schmerzmittel einzusetzen (Betäubungsgebot in § 17 TierSchVersV). Auch die Verpflichtung, sinnesphysiologisch möglichst weniger weit entwickelte Tierarten einzusetzen, entspricht dem Grundprinzip der 3 R, auch wenn es ethisch begründete Zweifel an einer damit verbundenen Hierarchisierung von Tierarten gibt.
Durch Absatz 5 wird Art. 17 der EU-Richtlinie umgesetzt. Diese Regelung wirkt sich v. a. im Zusammenhang mit der Versuchstierstatistik nach der VersTierMeldV (**3.4.8**) aus, weil bei der Zucht transgener Linien alle Tiere erfasst werden müssen, die genetisch bedingt Belastungen aufweisen, selbst wenn sie nicht in einem Versuchsvorhaben eingesetzt werden. Diese Rege-

lung entspricht damit auch dem Grundgedanken aus § 7, die Tiere nicht nur während eines Tierversuchs zu schützen.

Die Ermächtigung in Absatz 6 findet ihren Niederschlag in § 14 TierSchVersV. Darin wird festgelegt, dass die §§ 7 bis 9 TierSchG auch für Versuchsvorhaben gelten, in denen Larven von Wirbeltieren, soweit diese in der Lage sind, selbstständig Nahrung aufzunehmen, oder Föten von Säugetieren ab dem letzten Drittel ihrer normalen Entwicklung vor der Geburt verwendet werden oder verwendet werden sollen. Gleiches gilt für Versuchsvorhaben, in denen andere Wirbeltiere in einem Entwicklungsstadium vor der Geburt oder dem Schlupf verwendet werden oder verwendet werden sollen, wenn die Tiere über dieses Entwicklungsstadium hinaus weiterleben sollen und nach der Geburt oder dem Schlupf infolge der Verwendung voraussichtlich Schmerzen oder Leiden empfinden oder Schäden erleiden werden.

### *§ 8 (Genehmigung)*

*(1) Wer Versuche an Wirbeltieren oder Kopffüßern durchführen will, bedarf der Genehmigung des Versuchsvorhabens durch die zuständige Behörde. Die Genehmigung eines Versuchsvorhabens ist zu erteilen, wenn*

1. *wissenschaftlich begründet dargelegt ist, dass*
   a) *die Voraussetzungen des § 7a Absatz 1 und 2 Nummer 1 bis 3 vorliegen,*
   b) *das angestrebte Ergebnis trotz Ausschöpfens der zugänglichen Informationsmöglichkeiten nicht hinreichend bekannt ist oder die Überprüfung eines hinreichend bekannten Ergebnisses durch einen Doppel- oder Wiederholungsversuch unerlässlich ist,*
2. *der verantwortliche Leiter des Versuchsvorhabens und sein Stellvertreter die erforderliche fachliche Eignung insbesondere hinsichtlich der Überwachung der Tierversuche haben und keine Tatsachen vorliegen, aus denen sich Bedenken gegen ihre Zuverlässigkeit ergeben,*
3. *die erforderlichen Räumlichkeiten, Anlagen und anderen sachlichen Mittel den Anforderungen entsprechen, die in einer auf Grund des § 9 Absatz 4 Satz 1 Nummer 1 erlassenen Rechtsverordnung festgelegt sind,*
4. *die personellen und organisatorischen Voraussetzungen für die Durchführung der Tierversuche einschließlich der Tätigkeit des Tierschutzbeauftragten gegeben sind,*
5. *die Haltung der Tiere den Anforderungen des § 2 und den in einer auf Grund des § 2a Absatz 1 Nummer 1 bis 4, auch in Verbindung mit § 11 Absatz 3, oder des § 2a Absatz 2 Satz 1 erlassenen Rechtsverordnung festgelegten Anforderungen entspricht und ihre medizinische Versorgung sichergestellt ist,*
6. *die Einhaltung der Vorschriften des § 7 Absatz 1 Satz 2 Nummer 1 und des § 7a Absatz 2 Nummer 4 und 5 erwartet werden kann,*
7. *die Einhaltung von*
   a) *Sachkundeanforderungen,*

*b) Vorschriften zur Schmerzlinderung und Betäubung von Tieren,*
*c) Vorschriften zur erneuten Verwendung von Tieren,*
*d) Verwendungsverboten und -beschränkungen,*
*e) Vorschriften zur Vermeidung von Schmerzen, Leiden und Schäden nach Erreichen des Zwecks des Tierversuches,*
*f) Vorschriften zur Verhinderung des Todes eines Tieres unter der Versuchseinwirkung oder zur Vermeidung von Schmerzen und Leiden beim Tod eines Tieres und*
*g) Vorschriften zu der Vorgehensweise nach Abschluss des Tierversuchs,*
*die in einer auf Grund des § 2a Absatz 1 Nummer 5 oder des § 4b Satz 1 Nummer 1 Buchstabe b, jeweils auch in Verbindung mit § 11 Absatz 3, oder des § 9 Absatz 1 bis 3 und 4 Satz 1 Nummer 2 oder 3 oder Satz 2 erlassenen Rechtsverordnung festgelegt sind, erwartet werden kann und*

*8. das Führen von Aufzeichnungen nach § 9 Absatz 5 Satz 1 in Verbindung mit den in einer auf Grund des § 9 Absatz 5 Satz 2 erlassenen Rechtsverordnung festgelegten Anforderungen erwartet werden kann.*

*(2) Wird die Genehmigung einer Hochschule oder anderen Einrichtung erteilt, so müssen die Personen, die die Tierversuche durchführen, bei der Einrichtung beschäftigt oder mit Zustimmung des verantwortlichen Leiters zur Benutzung der Einrichtung befugt sein.*

*(3) (...) bis (6) (...).*

Durch Absatz 1 wird die bereits zuvor bestehende grundsätzliche **Genehmigungspflicht für Tierversuche** erneuert und damit Art. 36 der EU-Richtlinie umgesetzt. Alle Tierversuchsvorhaben im Sinne von § 7 Abs. 2 benötigen eine behördliche Genehmigung, es sei denn, es kann ein vereinfachtes Verfahren durchgeführt werden. Das nach Art. 42 der EU-Richtlinie mögliche vereinfachte Verfahren wird in § 8a näher bestimmt.

Der zweite Satz in Absatz 1 macht allerdings auch deutlich, dass ein Anspruch auf die Genehmigung eines Versuchsvorhabens besteht, wenn alle gesetzlichen Bedingungen erfüllt sind. Werden alle Anforderungen erfüllt, muss die Behörde eine Genehmigung erteilen.

Im Rahmen des Genehmigungsverfahrens muss vom Antragsteller deshalb wissenschaftlich begründet dargelegt werden, dass das geplante Vorhaben

- einem oder mehreren der zulässigen Zwecke zugeordnet werden kann,
- unerlässlich für die Beantwortung einer noch offenen wissenschaftlichen Fragestellung ist, also auch
- nicht durch eine andere Herangehensweise ersetzt werden kann (Rechtsgedanke der Erforderlichkeit des Tierversuchs) und dass bei dem geplanten Tierversuch zudem
- die Belastungen der Tiere durch den wissenschaftlichen Erkenntnisgewinn gerechtfertigt werden (Rechtsgedanke der Verhältnismäßigkeit i. e. S.).

Daneben müssen im Genehmigungsverfahren die Sachkunde des Versuchsleiters und seines Stellvertreters, ihre Zuverlässigkeit sowie die räumlichen, technischen, personellen und organisatorischen Voraussetzungen, die in der TierSchVersV ausgeführt werden, belegt werden. Genehmigungsvoraussetzung ist zudem, dass die rechtlich vorgegebenen Haltungsbedingungen für die Versuchstiere (**2.9**) erfüllt werden. Außerdem muss davon ausgegangen werden können, dass die Grundprinzipien und Bedingungen aus den §§ 7 bzw. 7a und die Regelungen der TierSchVersV erfüllt werden.
Die Regelung nach Absatz 2 wurde nicht neu eingeführt, sondern lediglich anders beziffert. Sie bezweckt, dass sich die Einrichtung im Falle von Verstößen nicht dadurch entlasten kann, dass sie keine Kenntnisse über die Tätigkeit o. Ä. gehabt habe.
Durch die hier nicht abgebildeten Absätze 3 bis 6 wird das für den Tierschutz zuständige Bundesministerium umfassend ermächtigt, im Einvernehmen mit dem Bundesministerium für Bildung und Forschung durch Rechtsverordnung mit Zustimmung des Bundesrates weitere Vorgaben für das Genehmigungsverfahren zu erlassen, die ebenfalls auf Kapitel IV Abschnitt 3 der EU-Richtlinie basieren. Neben formalen Elementen werden die Schweregradeinstufung, die rückblickende Bewertung und die sog. nichttechnische Zusammenfassung als Regelungsinhalte genannt. Die TierSchVersV greift die genannten Punkte auf (**3.4**).

### *§ 8a (Anzeigepflicht)*

*(1) Wer ein Versuchsvorhaben, in dem Wirbeltiere oder Kopffüßer verwendet werden, durchführen will,*

*1. das ausschließlich Tierversuche zum Gegenstand hat, deren Durchführung ausdrücklich*
   *a) durch Gesetz oder Rechtsverordnung, durch das Arzneibuch oder durch unmittelbar geltenden Rechtsakt der Europäischen Gemeinschaft oder der Europäischen Union vorgeschrieben ist,*
   *b) in einer von der Bundesregierung oder einem Bundesministerium erlassenen allgemeinen Verwaltungsvorschrift vorgesehen ist oder*
   *c) auf Grund eines Gesetzes oder einer Rechtsverordnung oder eines unmittelbar anwendbaren Rechtsaktes der Europäischen Gemeinschaft oder der Europäischen Union behördlich oder gerichtlich angeordnet oder im Einzelfall als Voraussetzung für eine behördliche Entscheidung gefordert wird,*

*2. das ausschließlich Tierversuche zum Gegenstand hat, die als Impfungen, Blutentnahmen oder sonstige diagnostische Maßnahmen nach bereits erprobten Verfahren an Tieren vorgenommen werden und*
   *a) der Erkennung von Krankheiten, Leiden, Körperschäden oder körperlichen Beschwerden bei Menschen oder Tieren oder*

*b) der Prüfung von Seren, Blutzubereitungen, Impfstoffen, Antigenen oder Testallergenen im Rahmen von Zulassungsverfahren oder Chargenprüfungen dienen,*

*3. das ausschließlich Tierversuche nach § 7 Absatz 2 Satz 2 Nummer 1 oder 2 zum Gegenstand hat, die nach bereits erprobten Verfahren*

*a) zur Herstellung, Gewinnung, Aufbewahrung oder Vermehrung von Stoffen, Produkten oder Organismen oder*

*b) zu diagnostischen Zwecken vorgenommen werden, oder*

*4. das ausschließlich Tierversuche zum Gegenstand hat, die zur Aus-, Fort- oder Weiterbildung nach bereits erprobten Verfahren durchgeführt werden,*

*hat das Versuchsvorhaben der zuständigen Behörde anzuzeigen.*

*(2) Absatz 1 gilt nicht für Versuchsvorhaben,*

*1. in denen Primaten verwendet werden oder*

*2. die Tierversuche zum Gegenstand haben, die nach Maßgabe des Artikels 15 Absatz 1 in Verbindung mit Anhang VIII der Richtlinie 2010/63/EU als „schwer" einzustufen sind.*

*(3) Wer ein Versuchsvorhaben, in dem Zehnfußkrebse verwendet werden, durchführen will, hat das Versuchsvorhaben der zuständigen Behörde anzuzeigen.*

*(4) Das Bundesministerium wird ermächtigt, im Einvernehmen mit dem Bundesministerium für Bildung und Forschung durch Rechtsverordnung mit Zustimmung des Bundesrates vorzusehen, dass Versuche an anderen wirbellosen Tieren als Kopffüßern und Zehnfußkrebsen der zuständigen Behörde anzuzeigen sind, soweit diese Tiere über eine den Wirbeltieren entsprechende artspezifische Fähigkeit verfügen, unter den Versuchseinwirkungen zu leiden, und es zu ihrem Schutz erforderlich ist.*

*(5) Das Bundesministerium wird ermächtigt, im Einvernehmen mit dem Bundesministerium für Bildung und Forschung durch Rechtsverordnung mit Zustimmung des Bundesrates Vorschriften zu erlassen über*

*1. die Form und den Inhalt der Anzeige nach Absatz 1 oder 3,*

*2. das Verfahren der Anzeige nach Absatz 1 oder 3 einschließlich der für die Anzeige geltenden Fristen,*

*3. den Zeitpunkt, ab dem oder bis zu dem die Durchführung angezeigter Versuchsvorhaben nach Absatz 1 oder 3 zulässig ist, und*

*4. das Verfahren im Falle nachträglicher Änderungen der im Rahmen der Anzeige nach Absatz 1 oder 3 mitgeteilten Sachverhalte.*

Nach Art. 42 der EU-Richtlinie 2010/63/EU ist es zulässig, für bestimmte Tierversuche ein vereinfachtes Verfahren anstelle des ansonsten erforderlichen Genehmigungsverfahrens durchzuführen. Dies wird durch die **Anzeige** nach § 8a umgesetzt, wodurch auch die zuvor bestehenden Anzeigepflichten fortgeführt werden. Die Möglichkeit für dieses vereinfachte Verfahren wird bereits in der EU-Richtlinie auf ganz bestimmte Arten von Vorhaben beschränkt, die zudem weder Primaten einschließen noch den

Schweregrad „schwer“ erreichen dürfen. Diese Regelung spiegelt sich in Absatz 2 wider.
Es wird betont, dass auch bei lediglich anzeigepflichtigen Vorhaben die Behörde gemäß § 38 TierSchVersV Prüfspielraum für alle Bedingungen analog zum Genehmigungsverfahren hat und im Bedarfsfall das angezeigte Vorhaben untersagen kann.
Für die Vorhaben, die nach Absatz 1 nur anzeigepflichtig sind, ist kennzeichnend, dass sie vorgeschrieben sind. Das beeinflusst die Verhältnismäßigkeitsprüfung, macht sie aber nicht automatisch überflüssig. Die zweite Gruppe lediglich anzeigepflichtiger Vorhaben (Nr. 2 und 3) darf ausschließlich erprobte Methoden in Verbindung mit ganz bestimmten Zielsetzungen beinhalten. Es wird unterstellt, dass solche Methoden in Verbindung mit den jeweiligen Aufgabenstellungen nur zu gut einschätzbaren, minder schweren Belastungen bei den Tieren führen.
Das vereinfachte Verfahren allerdings auch für Versuche zur Aus-, Fort- und Weiterbildung (Nr. 4) einzuräumen, entspricht nicht den Vorgaben der EU-Richtlinie. Diese Diskrepanz wurde von der EU jedoch bisher nicht beanstandet.
Die Vorstellung, dass abgesehen von den vorgeschriebenen Vorhaben nur minder belastende Versuche der Anzeigepflicht unterstellt werden, setzt sich in Absatz 3 bei Versuchen mit Zehnfußkrebsen fort. Durch die Anzeigepflicht wird Zehnfußkrebsen neben den Kopffüßern einerseits eine herausgehobene Stellung unter den Wirbellosen zugestanden, andererseits wird an der Vorstellung festgehalten, dass sinnesphysiologisch weniger weit entwickelte Tiere auch weniger unter den Versuchseinwirkungen leiden. Dies kommt bereits in der Verpflichtung nach § 7a Abs. 2 Nr. 5 zum Ausdruck, wonach das sinnesphysiologisch am wenigstens weit entwickelte Tier für ein Vorhaben eingesetzt werden muss, wenn dies für die Fragestellung ausreicht.
Die Ermächtigung nach Absatz 4 wurde bislang nicht genutzt. Die weiteren Vorgaben zur Anzeigepflicht im Sinne von Absatz 5 finden sich in der TierSchVersV und werden in Abschnitt **3.4** vorgestellt.

### *§ 9 (Verordnungsermächtigungen; Aufzeichnungspflicht)*

*(1) Das Bundesministerium wird ermächtigt, im Einvernehmen mit dem Bundesministerium für Bildung und Forschung durch Rechtsverordnung mit Zustimmung des Bundesrates nähere Vorschriften über die Art und den Umfang der nach § 7 Absatz 1 Satz 3 erforderlichen Kenntnisse und Fähigkeiten der Personen, die Tierversuche planen oder durchführen, (…) festzulegen. ….*
*(2) Das Bundesministerium wird ermächtigt, im Einvernehmen mit dem Bundesministerium für Bildung und Forschung durch Rechtsverordnung mit Zustimmung des Bundesrates*
*1. das Betäuben von Tieren, (…) vorzuschreiben und*

*2. die Gabe von Mitteln, die das Äußern von Schmerzen verhindern oder beeinträchtigen, zu verbieten oder zu beschränken.*

*(3) Das Bundesministerium wird ermächtigt, im Einvernehmen mit dem Bundesministerium für Bildung und Forschung und, soweit artenschutzrechtliche Belange berührt sind, dem Bundesministerium für Umwelt, Naturschutz, Bau und Reaktorsicherheit durch Rechtsverordnung mit Zustimmung des Bundesrates zur Durchführung von Rechtsakten der Europäischen Union Versuche*

*1. an Primaten,*

*2. an Tieren bestimmter Herkunft,*

*3. die besonders belastend sind,*

*zu verbieten oder zu beschränken, insbesondere von einer Genehmigung oder der Erfüllung weiterer, über § 8 Absatz 1 Satz 2 Nummer 2 bis 8 hinausgehender Anforderungen abhängig zu machen.*

*(4) Das Bundesministerium wird ermächtigt, (...)*

*(5) Über die Tierversuche sind Aufzeichnungen zu machen. Das Bundesministerium wird ermächtigt, (...)*

*(6) Der Leiter des Versuchsvorhabens oder im Falle seiner Verhinderung sein Stellvertreter haben die Einhaltung*

*1. der Vorschriften*
   *a) des § 7 Absatz 1 Satz 2 Nummer 1, des § 7a Absatz 2 Nummer 1, 4 und 5 und des § 9 Absatz 5 Satz 1 sowie*
   *b) des § 7 Absatz 1 Satz 3 und*

*2. der Vorschriften der auf Grund der Absätze 1 bis 5 erlassenen Rechtsverordnungen*

*sicherzustellen. Das Bundesministerium wird ermächtigt, im Einvernehmen mit dem Bundesministerium für Bildung und Forschung durch Rechtsverordnung mit Zustimmung des Bundesrates das Nähere zu der Verpflichtung nach Satz 1 zu regeln.*

Alle hier genannten Ermächtigungen sind Grundlage für Regelungen in der TierSchVersV zur Sachkunde der Personen, die an Tierversuchen beteiligt sind, zur Betäubung und Schmerzausschaltung bei den Tieren, den Grenzen der Belastungen u. a. einschließlich der Aufzeichnungspflichten.
Der sechste Absatz unterstreicht zudem die **Gesamtverantwortlichkeit eines Versuchsleiters** bzw. seines Stellvertreters für die korrekte Durchführung eines Tierversuchs. Weiter ausgeführt wird dies in § 30 der TierSchVersV. Darin heißt es: „Der Leiter des Versuchsvorhabens (oder im Falle von dessen Verhinderung sein Stellvertreter) hat sicherzustellen, dass auch die Vorschriften der Verordnung zur Durchführung von Tierversuchen eingehalten werden." Außerdem wird ausgeführt, dass die beiden genannten Personen sicherstellen müssen, dass, sobald bei der Durchführung des Versuchsvorhabens vermeidbare Schmerzen, Leiden oder Schäden bei einem Tier verursacht werden, dies unverzüglich unterbunden wird. Sie müssen darüber

hinaus sicherstellen, dass das Versuchsvorhaben entsprechend der Genehmigung oder entsprechend den Angaben in der Anzeige und unter Beachtung aller im Hinblick auf das Versuchsvorhaben getroffenen Anordnungen, Auflagen oder sonstiger Nebenbestimmungen durchgeführt wird. Andernfalls müssen geeignete Abhilfemaßnahmen ergriffen und über die Abweichungen und die ergriffenen Abhilfemaßnahmen Aufzeichnungen geführt werden.
Wegen der konkreten Verantwortlichkeit empfiehlt es sich, nicht wie vielfach üblich die Leiterinnen und Leiter von forschenden Einrichtungen routinemäßig als Versuchsleiter zu benennen. Zielführender ist, die als Versuchsleiter bzw. Stellvertreter auftretende Person so auszuwählen, dass sie die Verantwortung für das Versuchsvorhaben tatsächlich übernehmen kann, indem sie neben der Planung des Vorhabens u. a. auch ausreichend Präsenz während der Versuchsdurchführung gewährleisten kann.

## 1.6 Tierschutzbeauftragte

### *§ 10 (Aufgaben)*

*(1) Einrichtungen und Betriebe, in denen Wirbeltiere oder Kopffüßer,*

*1. die dazu bestimmt sind, in Tierversuchen verwendet zu werden, oder*
*2. deren Organe oder Gewebe dazu bestimmt sind, zu wissenschaftlichen Zwecken verwendet zu werden,*

*gehalten oder verwendet werden, müssen über Tierschutzbeauftragte sowie, soweit dies in einer Rechtsverordnung, die das Bundesministerium im Einvernehmen mit dem Bundesministerium für Bildung und Forschung mit Zustimmung des Bundesrates erlassen hat, bestimmt ist, weitere Personen verfügen, die verpflichtet sind, in besonderem Maße auf den Schutz der Tiere zu achten. Satz 1 gilt auch für Einrichtungen und Betriebe, in denen die dort genannten Tiere gezüchtet oder zum Zwecke der Abgabe an Dritte gehalten werden. Einrichtungen und Betriebe,*

*1. in denen Wirbeltiere nach § 4 Absatz 3 zu wissenschaftlichen Zwecken getötet werden oder*
*2. in denen Eingriffe nach § 6 Absatz 1 Satz 2 Nummer 4 vorgenommen werden,*

*müssen ebenfalls über Tierschutzbeauftragte nach Satz 1 verfügen.*

*(2) Die Tierschutzbeauftragten und die weiteren Personen nehmen ihre Aufgaben insbesondere durch Beratung der Einrichtung oder des Betriebes, für die oder für den sie tätig sind, und der dort beschäftigten Personen sowie durch die Abgabe von Stellungnahmen wahr. Das Bundesministerium wird ermächtigt, im Einvernehmen mit dem Bundesministerium für Bildung und Forschung durch Rechtsverordnung mit Zustimmung des Bundesrates das Nähere über die Tierschutzbeauftragten und weiteren Personen zu regeln und dabei Vorschriften über*

*1. das Verfahren ihrer Bestellung,*
*2. ihre Sachkunde,*

*3. ihre Aufgaben und Verpflichtungen, insbesondere im Hinblick auf die Sicherstellung einer sachkundigen und tiergerechten Haltung, Tötung und Verwendung der Tiere, und*
*4. innerbetriebliche Maßnahmen und Vorkehrungen zur Sicherstellung einer wirksamen Wahrnehmung der in Nummer 3 genannten Aufgaben und Verpflichtungen*

*zu erlassen. Dabei kann das Bundesministerium*

*1. bestimmen, dass die Tierschutzbeauftragten und weiteren Personen im Rahmen von Beiräten zusammenwirken,*
*2. das Nähere über die Aufgaben und die Zusammensetzung, einschließlich der Leitung, der Beiräte nach Nummer 1 regeln und*
*3. vorschreiben, dass über die Tätigkeit der Beiräte nach Nummer 1 Aufzeichnungen zu machen, aufzubewahren und der zuständigen Behörde auf Verlangen vorzulegen sind.*

Die im zweiten Absatz formulierte Ermächtigung wurde dazu genutzt, durch die §§ 5 und 6 der TierSchVersV weitere Bestimmungen dafür festzulegen, dass und wie in allen Versuchstierhaltungen, einschließlich der Einrichtungen für Zucht und Handel mit Versuchstieren, ein Tierschutzbeauftragter – im Bedarfsfall auch mehrere – bestellt werden muss. Der zuständigen Behörde – i. d. R. die Behörde, die auch für die Genehmigung der Versuche und der Versuchstierhaltung zuständig ist – muss mitgeteilt werden, wer bestellt wurde, welche Qualifikation die Person besitzt und welche Stellung bzw. welche Befugnisse sie hat. Ziel ist, die Unabhängigkeit und Weisungsfreiheit des bzw. der Tierschutzbeauftragten bei ihrer Aufgabenwahrnehmung sicherzustellen.

Für den Regelfall ist laut TierSchVersV vorgesehen, dass der Tierschutzbeauftragte nicht gleichzeitig die i. S. von § 11 verantwortliche Person für die Zucht und Haltung von Versuchstieren, also nicht der sog. Tierhausleiter, sein darf. Ausnahmen von dieser Regel sind allerdings möglich.

Geregelt ist zudem, dass bei Tierversuchen, die von Tierschutzbeauftragten selbst durchgeführt werden, ein anderer Tierschutzbeauftragter die Aufgaben der Beratung, Stellungnahme gegenüber der Behörde etc. übernehmen muss.

Rechtlich vorgesehen ist, dass Tierärzte für die Funktion der Tierschutzbeauftragten eingesetzt werden sollen, wobei auch davon Abweichungen möglich sind. Unabhängig von der ursprünglichen beruflichen Qualifikation muss sichergestellt werden, dass die Tierschutzbeauftragten faktisch die notwendigen Kenntnisse und Fähigkeiten für ihre Aufgabe besitzen und sich regelmäßig fortbilden.

In § 6 der TierSchVersV wird zudem geregelt, dass ein Tierschutzbeauftragter mit der Leitung des Tierschutzausschusses der jeweiligen Einrichtung beauftragt werden muss. Wie dieser Ausschuss zusammengestellt ist und welche Aufgaben er hat, wird ebenfalls durch § 6 der TierSchVersV klargestellt (**3.4.1**)

## 1.7 Zucht, Halten von Tieren, Handel mit Tieren

***§ 11 (Erlaubnis für Zucht, Halten von oder Handel mit Tieren)***

*(1) Wer*

1. *Wirbeltiere oder Kopffüßer*
   a) *die dazu bestimmt sind, in Tierversuchen verwendet zu werden, oder*
   b) *deren Organe oder Gewebe dazu bestimmt sind, zu wissenschaftlichen Zwecken verwendet zu werden, züchten oder, auch zum Zwecke der Abgabe dieser Tiere an Dritte, halten,*
2. *Wirbeltiere zu den in § 6 Absatz 1 Satz 2 Nummer 4 genannten Zwecken züchten oder halten,*
3. *Tiere in einem Tierheim oder in einer ähnlichen Einrichtung halten,*
4. *Tiere in einem Zoologischen Garten oder einer anderen Einrichtung, in der Tiere gehalten und zur Schau gestellt werden, halten,*
5. *Wirbeltiere, die nicht Nutztiere sind, zum Zwecke der Abgabe gegen Entgelt oder eine sonstige Gegenleistung in das Inland verbringen oder einführen oder die Abgabe solcher Tiere, die in das Inland verbracht oder eingeführt werden sollen oder worden sind, gegen Entgelt oder eine sonstige Gegenleistung vermitteln,*
6. *für Dritte Hunde zu Schutzzwecken ausbilden oder hierfür Einrichtungen unterhalten,*
7. *Tierbörsen zum Zwecke des Tausches oder Verkaufes von Tieren durch Dritte durchführen oder*
8. *gewerbsmäßig, außer in den Fällen der Nummer 1,*
   a) *Wirbeltiere, außer landwirtschaftliche Nutztiere und Gehegewild, züchten oder halten,*
   b) *mit Wirbeltieren handeln,*
   c) *einen Reit- oder Fahrbetrieb unterhalten,*
   d) *Tiere zur Schau stellen oder für solche Zwecke zur Verfügung stellen,*
   e) *Wirbeltiere als Schädlinge bekämpfen oder*
   f) *für Dritte Hunde ausbilden oder die Ausbildung der Hunde durch den Tierhalter anleiten*

   *will, bedarf der Erlaubnis der zuständigen Behörde. Für das Zurschaustellen von Tieren an wechselnden Orten darf die Erlaubnis nach Satz 1 Nummer 4 oder nach Satz 1 Nummer 8 Buchstabe d nur insoweit erteilt werden, als die Tiere nicht einer Art angehören, deren Zurschaustellen an wechselnden Orten auf Grund einer Rechtsverordnung nach Absatz 4 verboten ist.*

*(2) Das Bundesministerium wird ermächtigt, durch Rechtsverordnung mit Zustimmung des Bundesrates in den Fällen des Absatzes 1 Satz 1*

*1. das Nähere zu der Form und dem Inhalt des Antrags auf Erteilung einer Erlaubnis nach Absatz 1 Satz 1,*
*2. die Voraussetzungen und das Verfahren für die Erteilung der Erlaubnis,*
*3. den Inhalt der Erlaubnis, im Falle des Absatzes 1 Satz 1 Nummer 1 nur, soweit dies zur Durchführung von Rechtsakten der Europäischen Union erforderlich ist, sowie*
*4. das Verfahren im Falle nachträglicher Änderungen der für die Erlaubniserteilung wesentlichen Sachverhalte, einschließlich der Pflicht zur Anzeige solcher Änderungen,*

*zu regeln. Rechtsverordnungen nach Satz 1 bedürfen, soweit sie das Züchten oder Halten von Tieren nach Absatz 1 Satz 1 Nummer 1 oder 2 betreffen, des Einvernehmens des Bundesministeriums für Bildung und Forschung.*

*(3) In Rechtsverordnungen nach § 2a Absatz 1 oder § 4b können, soweit dies zur Durchführung von Rechtsakten der Europäischen Union erforderlich ist, über die dort genannten Anforderungen hinaus Anforderungen an die Haltung von Tieren nach Absatz 1 Satz 1 Nummer 1 oder an das Töten von Tieren nach Absatz 1 Satz 1 Nummer 1 vorgeschrieben werden, insbesondere*
*1. Anforderungen an innerbetriebliche Abläufe zum Zwecke der Vermeidung, Feststellung und Beseitigung von Mängeln,*
*2. Maßnahmen zum Zwecke der Gewöhnung und des Trainings solcher Tiere im Hinblick auf ihre Haltung und Verwendung und*
*3. Anforderungen an den Erwerb und die Aufrechterhaltung der für die Betreuung und Pflege und das Töten erforderlichen Kenntnisse und Fähigkeiten; hierbei kann auch vorgeschrieben werden, dass Aufzeichnungen über die Maßnahmen, die zum Zwecke des Erwerbs und der Aufrechterhaltung der Kenntnisse und Fähigkeiten ergriffen werden, zu machen, aufzubewahren und der zuständigen Behörde auf Verlangen vorzulegen sind.*

*(4) Das Bundesministerium wird ermächtigt, durch Rechtsverordnung mit Zustimmung des Bundesrates das Zurschaustellen von Tieren wildlebender Arten an wechselnden Orten zu beschränken oder zu verbieten, soweit die Tiere der jeweiligen Art an wechselnden Orten nur unter erheblichen Schmerzen, Leiden oder Schäden gehalten oder zu den wechselnden Orten nur unter erheblichen Schmerzen, Leiden oder Schäden befördert werden können. Eine Rechtsverordnung nach Satz 1*
*1. darf nur erlassen werden, soweit den in Satz 1 bezeichneten erheblichen Schmerzen, Leiden oder Schäden durch andere Regelungen, insbesondere solche mit Anforderungen an die Haltung oder Beförderung der Tiere, nicht wirksam begegnet werden kann,*
*2. muss vorsehen, dass Tiere, die zum Zeitpunkt des Erlasses der Verordnung gehalten werden, von dem Verbot nur dann erfasst werden, wenn keine Möglichkeiten bestehen, die erheblichen Schmerzen, Leiden oder Schäden bei diesen Tieren auf ein vertretbares Maß zu vermindern.*

*(5) Mit der Ausübung der Tätigkeit nach Absatz 1 Satz 1 darf erst nach Erteilung der Erlaubnis begonnen werden. Die zuständige Behörde entscheidet schriftlich oder elektronisch über den Antrag auf Erteilung einer Erlaubnis innerhalb einer Frist von vier Monaten ab Eingang des Antrags. Die in Satz 2 genannte Frist kann von der zuständigen Behörde um bis zu zwei Monate verlängert werden, soweit der Umfang und die Schwierigkeit der Prüfung des Vorliegens der Voraussetzungen der Erlaubnis dies rechtfertigen. Der Antragsteller ist über die Fristverlängerung vor Ablauf der in Satz 2 genannten Frist unter Angabe von Gründen zu unterrichten. Bei der Berechnung der Frist bleiben die Zeiten unberücksichtigt, während derer der Antragsteller trotz schriftlicher oder elektronischer Aufforderung der Behörde den Anforderungen in einer auf Grund des Absatzes 2 Satz 1 Nummer 1 erlassenen Rechtsverordnung nicht nachgekommen ist. Die zuständige Behörde soll demjenigen die Ausübung der Tätigkeit untersagen, der die Erlaubnis nicht hat.*

*(6) Wer gewerbsmäßig Gehegewild halten will, hat dies vier Wochen vor Aufnahme der Tätigkeit der zuständigen Behörde anzuzeigen. Das Bundesministerium wird ermächtigt, durch Rechtsverordnung mit Zustimmung des Bundesrates*

1. *die Form und den Inhalt der Anzeige,*
2. *die Voraussetzungen, unter denen die Tätigkeit nach Satz 1 untersagt werden kann, und*
3. *das Verfahren im Falle nachträglicher Änderungen der angezeigten Sachverhalte*

*zu regeln.*

*(7) Die Ausübung der nach Absatz 5 Satz 6 oder auf Grund einer Rechtsverordnung nach Absatz 6 Satz 2 Nummer 2 untersagten Tätigkeit kann von der zuständigen Behörde auch durch Schließung der Betriebs- oder Geschäftsräume verhindert werden.*

*(8) Wer Nutztiere zu Erwerbszwecken hält, hat durch betriebliche Eigenkontrollen sicherzustellen, dass die Anforderungen des § 2 eingehalten werden. Insbesondere hat er zum Zwecke seiner Beurteilung, dass die Anforderungen des § 2 erfüllt sind, geeignete tierbezogene Merkmale (Tierschutzindikatoren) zu erheben und zu bewerten.*

Allen Tierhaltungen und Tätigkeiten, die eine Erlaubnis nach diesem Paragraphen benötigen, ist gemeinsam, dass ihre Wirkung über den reinen Privatbereich hinausgeht und es sich nicht um die Zucht und Haltung landwirtschaftlicher Nutztiere handelt.

Die landwirtschaftliche Tierzucht und Tierhaltung wird traditionell von der Genehmigungspflicht ausgenommen, weil sie ursprünglich zum üblichen Alltag dazugehörte und vorausgesetzt wurde, dass im Allgemeinen Kenntnisse und Fähigkeiten im Umgang mit den betreffenden Tierarten vorliegen. Dass diese Annahme heute nicht mehr zutrifft, spiegelt sich nicht zuletzt in den Sachkundenachweisen wider, die in den jüngeren Abschnitten der Tier-

SchNutzV gefordert werden. Gewerbsmäßiger Handel mit landwirtschaftlichen Nutztieren unterliegt allerdings der Erlaubnispflicht.
Erlaubnispflichten dienen ganz grundsätzlich dazu, den Überblick der Behörden über relevante Tierhaltungen zu verbessern und – wie hier in Verbindung mit § 16 – die Kontrollmöglichkeiten zu erweitern. Vor diesem Hintergrund ist die Auflistung erlaubnispflichtiger Tätigkeiten nachvollziehbar. In Anbetracht erheblicher tierschutzrelevanter Verstöße in Haltungen mit landwirtschaftlich genutzten Tieren und der Erfahrung, dass das Wissen über diese Tierarten nicht mehr vorausgesetzt werden kann, darf man allerdings die Frage stellen, ob die Auflistung umfassend genug ist. Nicht zuletzt mit Blick auf große Nutztierhaltungen, bei denen viel externes Personal eingesetzt wird, aber auch bei Hobbytierhaltungen unerfahrener Tierhalter, wäre gelegentlich wünschenswert, eine höhere Hürde vor Aufnahme der Tätigkeit und einen besseren Einblick der Behörden sicherstellen zu können. Zur erlaubnispflichtigen Zucht und zum gewerbsmäßigen Handel finden sich weitere Hinweise in den Abschnitten **3.1** und **3.4**.
Bei der Novellierung des TierSchG im Jahr 2013 haben sich verschiedene Veränderungen gegenüber den früher erlaubnispflichtigen Tierhaltungen und Tätigkeiten ergeben.
So wurde die Einschränkung aufgehoben, wonach nur Einrichtungen nach Nr. 3, die Tiere *für andere* halten, erlaubnispflichtig sind. Daraus resultiert, dass nun jeder, der ein Tierheim oder eine ähnliche Einrichtung betreibt, eine Erlaubnis benötigt. Unter Beachtung des weit gefassten Begriffs des Haltens von Tieren, wie bei § 2 (**1.2**) dargestellt, sind auch Gnadenhöfe (**3.5.2**) und Auffangstationen (**3.5.3**) erlaubnispflichtig. Diese Erlaubnispflicht für Tierheime und ähnliche Einrichtungen ist wie bisher nicht davon abhängig, ob es sich um eine gewerbsmäßige Tätigkeit handelt.
Der Erlaubnispflicht wurde nach Nr. 5 außerdem unterstellt, wer Wirbeltiere außer Nutztiere gegen irgendeine Gegenleistung nach Deutschland einführt oder verbringt.
Darüber hinaus muss künftig nicht nur derjenige, der für Dritte Hunde zu Schutzzwecken ausbilden oder hierfür Einrichtungen unterhalten will, sondern jeder, der nach Nr. 8 gewerbsmäßig für Dritte Hunde ausbilden oder die Ausbildung der Hunde durch den Tierhalter anleiten will, eine Erlaubnis vorweisen können. Ein Grund für diese neue Erlaubnispflicht ist, dass sich Fehler bei der Ausbildung oder Erziehung von Hunden auf das Wohlergehen der Tiere, aber auch auf das Zusammenleben von Hund und Mensch auswirken können. Deshalb soll sichergestellt werden, dass Personen, die gewerbsmäßig Hunde ausbilden oder die Ausbildung anleiten, die dazu notwendigen Kenntnisse und Fähigkeiten haben.
Auf die Erlaubnispflicht für weitere Tierhaltungen und Tätigkeiten wird bei den einzelnen Tierarten in Teil zwei dieses Buches bzw. den jeweiligen Tätigkeitsfeldern im dritten Teil eingegangen.

In § 11 Abs. 2 und 6 wird das zuständige Bundesministerium ermächtigt, die Einzelheiten für das Antrags- bzw. Anzeigeverfahren auf dem Verordnungswege zu regeln. Da eine entsprechende Verordnung allerdings nicht vorliegt, kann der Eindruck entstehen, dass die zuvor am Ende von Absatz 1 und 2 bzw. in Absatz 5 und 6 aufgeführten Voraussetzungen für eine Erlaubnis (Sachkunde, Zuverlässigkeit u. a.) hinfällig geworden sein könnten. Zutreffend ist jedoch, dass nach den Übergangsvorschriften in § 21 Abs. 5 bis zum Erlass einer solchen Rechtsverordnung § 11 Abs. 1 Satz 2 und 3, Abs. 2, 2a, 5 und 6 in der bis zum 13. Juli 2013 geltenden Fassung weiter anzuwenden ist. Darin heißt es:

*(1) (...) In dem Antrag auf Erteilung der Erlaubnis sind anzugeben:*

1. *die Art der betroffenen Tiere,*
2. *die für die Tätigkeit verantwortliche Person,*
3. *in den Fällen des Satzes 1 Nr. 1 bis 3 Buchstabe a bis d die Räume und Einrichtungen und im Falle des Satzes 1 Nr. 3 (jetzt 8) Buchstabe e die Vorrichtungen sowie die Stoffe und Zubereitungen, die für die Tätigkeit bestimmt sind.*

*Dem Antrag sind Nachweise über die Sachkunde im Sinne des Absatzes 2 Nr. 1 beizufügen.*

*(2) Die Erlaubnis darf nur erteilt werden, wenn*

1. *mit Ausnahme der Fälle des Absatzes 1 Satz 1 Nr. 2c die für die Tätigkeit verantwortliche Person auf Grund ihrer Ausbildung oder ihres bisherigen beruflichen oder sonstigen Umgangs mit Tieren die für die Tätigkeit erforderlichen fachlichen Kenntnisse und Fähigkeiten hat; der Nachweis hierüber ist auf Verlangen in einem Fachgespräch bei der zuständigen Behörde zu führen,*
2. *die für die Tätigkeit verantwortliche Person die erforderliche Zuverlässigkeit hat,*
3. *die der Tätigkeit dienenden Räume und Einrichtungen eine den Anforderungen des § 2 entsprechende Ernährung, Pflege und Unterbringung der Tiere ermöglichen und*
4. *in den Fällen des Absatzes 1 Satz 1 Nr. 3 Buchstabe e die zur Verwendung vorgesehenen Vorrichtungen und Stoffe oder Zubereitungen für eine tierschutzgerechte Bekämpfung der betroffenen Wirbeltierarten geeignet sind; dies gilt nicht für Vorrichtungen, Stoffe oder Zubereitungen, die nach anderen Vorschriften zu diesem Zweck zugelassen oder vorgeschrieben sind.*

*(2a) Die Erlaubnis kann, soweit es zum Schutz der Tiere erforderlich ist, unter Befristungen, Bedingungen und Auflagen erteilt werden. Insbesondere kann angeordnet werden*

1. *die Verpflichtung zur Kennzeichnung der Tiere sowie zur Führung eines Tierbestandsbuches,*
2. *eine Beschränkung der Tiere nach Art, Gattung oder Zahl,*
3. *die regelmäßige Fort- und Weiterbildung,*
4. *das Verbot, Tiere zum Betteln zu verwenden,*

*5. bei Einrichtungen mit wechselnden Standorten die unverzügliche Meldung bei der für den Tätigkeitsort zuständigen Behörde,*
*6. die Fortpflanzung der Tiere zu verhindern.*
*(3) (...) bis (4) (...).*
*(5) Wer gewerbsmäßig mit Wirbeltieren handelt, hat sicherzustellen, dass die für ihn im Verkauf tätigen Personen, mit Ausnahme der Auszubildenden, ihm gegenüber vor Aufnahme dieser Tätigkeit den Nachweis ihrer Sachkunde auf Grund ihrer Ausbildung, ihres bisherigen beruflichen oder sonstigen Umgangs mit Tieren oder ihrer entsprechenden Unterrichtung erbracht haben.*
*(6) Wer gewerbsmäßig Gehegewild halten will, hat dies vier Wochen vor Aufnahme der Tätigkeit der zuständigen Behörde anzuzeigen. In der Anzeige sind anzugeben:*
*1. Art, Zahl und Geschlecht der zu haltenden Tiere,*
*2. die für die Tätigkeit verantwortliche Person,*
*3. Angaben über Größe und Ausgestaltung des zu errichtenden Geheges,*
*4. Angaben über die Sachkunde der verantwortlichen Person.*
*Die zuständige Behörde hat die Tätigkeit zu untersagen, wenn Tatsachen die Annahme rechtfertigen, dass die Einhaltung der Vorschriften des § 2 nicht sichergestellt ist, und diesem Mangel nicht innerhalb einer von der zuständigen Behörde gesetzten Frist abgeholfen worden ist. Die Ausübung der nach Satz 3 untersagten Tätigkeit kann von der zuständigen Behörde auch durch Schließung der Betriebs- oder Geschäftsräume verhindert werden.*

Flankiert werden diese Regelungen durch die AVV, die den Behörden als Richtschnur bei der Bearbeitung von Anträgen auf Erteilung einer Erlaubnis dient. So wird in der AVV bspw. definiert, dass eine Tätigkeit gewerbsmäßig ausführt, *wer die genannten Tätigkeiten selbstständig, planmäßig, fortgesetzt und mit der Absicht der Gewinnerzielung* ausübt. Die Gewinnerzielungsabsicht setzt allerdings nicht voraus, dass tatsächlich Gewinn entsteht. Es genügt, dass eine Art Kostendeckungsbeitrag erhoben wird. Der Begriff „gewerbsmäßig" im Tierschutzrecht ist **nicht** gleichbedeutend mit dem steuerrechtlichen Begriff „gewerblich".
Die AVV stellt auch klar, ab welcher Größenordnung der Handel mit landwirtschaftlichen Nutztieren als gewerbsmäßig einzustufen ist und damit erlaubnispflichtig wird (Nr. 12.2.1.5.2). Die AVV äußert sich außerdem zu gewerbsmäßigen Reit- und Fahrbetrieben (Nr. 12.2.1.5.3) dahingehend, dass eine Erlaubnispflicht besteht, wenn *mehr als ein Tier regelmäßig gegen Entgelt für Reit- oder Fahrzwecke bereitgehalten wird.*
Große Wirkung entfaltet die AVV auch im Hinblick auf erforderliche Darstellung der Sachkunde und Zuverlässigkeit der sog. verantwortlichen Person. Es werden verschiedene berufliche oder sonstige Qualifikationen benannt, aufgrund derer die Sachkunde für eine entsprechende Tätigkeit vorausge-

setzt werden kann. Außerdem wird erläutert, was ein Fachgespräch enthalten und wie es durchgeführt werden sollte.
Zur Prüfung der Zuverlässigkeit kann nach der AVV u. a. auf ein Führungszeugnis zurückgegriffen werden. Man muss sich allerdings vor Augen führen, dass ein Führungszeugnis nur einen begrenzten Zeitraum abdeckt und bspw. einschlägige verwaltungsrechtliche Maßnahmen nicht widerspiegelt. Die Aussagekraft des Führungszeugnisses ist dann hoch, wenn tierschutzrechtliche Verstöße, Betrug, Körperverletzung o. Ä. aufgeführt werden.
Zusammengefasst bestehen also keine Einbußen hinsichtlich der bisherigen Voraussetzungen und Bedingungen für eine Erlaubnis. Ein Verfahren zur Erteilung einer Erlaubnis beinhaltet auch die behördliche Überprüfung der räumlichen und technischen Voraussetzungen vor Ort. Durch die Übergangsvorschriften wird die Notwendigkeit von Kenntnissen und Fähigkeiten zum Erhalt einer Erlaubnis auch auf Tierbörsenbetreiber ausgedehnt, die diese Nachweise bisher nicht erbringen mussten. Durch Absatz 4 wurde 2013 eine zusätzliche komplexe Ermächtigung für Regelungen zu Zirkustieren eingeführt.
Die Sonderstellung der Gehegewildhaltung wird durch Absatz 6 fortgesetzt. Eine erlaubnispflichtige Tätigkeit ohne Erlaubnis durchzuführen, stellt im Übrigen eine Ordnungswidrigkeit nach § 18 Abs. 1 Nr. 20 TierSchG dar und kann mit einer Geldbuße bis fünfundzwanzigtausend Euro geahndet werden.
Ein neues Element, das im Jahr 2013 ins TierSchG eingefügt wurde, stellen die nach Absatz 8 verpflichtenden Eigenkontrollen in Nutztierhaltungen dar. Mit dem Ziel, die Eigenverantwortung des Tierhalters zu stärken, wird erstmals eine Verpflichtung zu tierschutzbezogenen betrieblichen Eigenkontrollen für Nutztierhaltungen eingeführt. Es sollen ausdrücklich sog. Tierschutzindikatoren einbezogen werden. Die ursprünglich vorgesehene Ermächtigung der Bundesregierung, zusätzliche Vorgaben zur Ausgestaltung der Eigenkontrolle zu erlassen, wurde allerdings nicht in die novellierte Fassung des Gesetzes aufgenommen. Was unter Tierschutzindikatoren zu verstehen ist, wurde in mehreren EU-Projekten (z. B. dem Welfare Quality® Project) und anderen Forschungsvorhaben aufgearbeitet.

### *§ 11a (Aufzeichnungs- und Kennzeichnungspflicht; Einfuhrgenehmigung)*

*(1) Wer*

1. *eine nach § 11 Absatz 1 Satz 1 Nummer 1 erlaubnispflichtige Tätigkeit ausübt oder*
2. *Wirbeltiere zu den in § 6 Absatz 1 Satz 2 Nummer 4 genannten Zwecken züchtet oder hält oder mit solchen Wirbeltieren handelt,*

*hat über die Herkunft und den Verbleib sowie im Falle von Hunden, Katzen und Primaten über die Haltung und Verwendung der Tiere Aufzeichnungen zu machen. Dies gilt nicht, soweit entsprechende Aufzeichnungspflichten auf Grund jagdrechtlicher oder naturschutzrechtlicher Vorschriften bestehen.*

*(2) Das Bundesministerium wird ermächtigt, im Einvernehmen mit dem Bundesministerium für Bildung und Forschung durch Rechtsverordnung mit Zustimmung des Bundesrates Vorschriften über die Art, die Form und den Umfang der Aufzeichnungen nach Absatz 1 zu erlassen. Es kann dabei bestimmen, dass*

1. *die Aufzeichnungen zu einem bestimmten Zeitpunkt vorzunehmen sind,*
2. *die Aufzeichnungen aufzubewahren und der zuständigen Behörde auf Verlangen vorzulegen sind,*
3. *die Aufzeichnungen oder deren Inhalt an Dritte weiterzugeben sind und*
4. *Aufzeichnungen auf Grund anderer Rechtsvorschriften als Aufzeichnungen nach Satz 1 gelten.*

*(3) Wer Hunde, Katzen oder Primaten,*

1. *die zur Verwendung in Tierversuchen bestimmt sind oder deren Gewebe oder Organe dazu bestimmt sind, zu wissenschaftlichen Zwecken verwendet zu werden, oder*
2. *die zur Verwendung zu einem der in § 6 Absatz 1 Satz 2 Nummer 4 genannten Zwecke bestimmt sind,*

*züchtet, hat diese zum Zwecke der Feststellung der Identität des jeweiligen Tieres zu kennzeichnen. Sonstige Kennzeichnungspflichten bleiben unberührt. Das Bundesministerium wird ermächtigt, im Einvernehmen mit dem Bundesministerium für Bildung und Forschung durch Rechtsverordnung mit Zustimmung des Bundesrates*

1. *Vorschriften über die Art und Weise und den Zeitpunkt der Kennzeichnung nach Satz 1 zu erlassen und dabei vorzusehen, dass diese unter behördlicher Aufsicht vorzunehmen ist, und*
2. *vorzuschreiben, dass im Falle des Erwerbs von Hunden, Katzen oder Primaten zu den in Satz 1 Nummer 1 oder 2 genannten Zwecken der Erwerber zur Kennzeichnung nach Satz 1 verpflichtet ist und den Nachweis zu erbringen hat, dass es sich um für die genannten Zwecke gezüchtete Tiere handelt.*

*(4) Andere Wirbeltiere als Pferde, Rinder, Schweine, Schafe, Ziegen, Hühner, Tauben, Puten, Enten, Gänse und Fische, ausgenommen Zebrabärblinge, dürfen*

1. *zur Verwendung in Tierversuchen,*
2. *zu dem in § 4 Absatz 3 genannten Zweck oder*
3. *zu den in § 6 Absatz 1 Satz 2 Nummer 4 genannten Zwecken*

*aus Drittländern nur mit Genehmigung der zuständigen Behörde eingeführt werden. Die Genehmigung ist zu erteilen, soweit nachgewiesen wird, dass es sich um Tiere handelt, die zu einem der in Satz 1 Nummer 1 bis 3 genannten Zwecke gezüchtet worden sind. Andernfalls kann die Genehmigung nur erteilt werden, soweit*

1. *nach Satz 2 gezüchtete Tiere mit den Eigenschaften, die für den jeweiligen Zweck erforderlich sind, nicht zur Verfügung stehen oder*

*2. der jeweilige Zweck die Verwendung von Tieren erforderlich macht, die nicht nach Satz 2 gezüchtet worden sind.*

*Sonstige Einfuhrvorschriften bleiben unberührt.*

*(5) Das Bundesministerium wird ermächtigt, im Einvernehmen mit dem Bundesministerium für Bildung und Forschung und, soweit artenschutzrechtliche Belange berührt sind, dem Bundesministerium für Umwelt, Naturschutz, Bau und Reaktorsicherheit durch Rechtsverordnung mit Zustimmung des Bundesrates bei Tieren, die zur Verwendung in Tierversuchen bestimmt waren oder deren Organe oder Gewebe dazu bestimmt waren, zu wissenschaftlichen Zwecken verwendet zu werden, bei denen diese Bestimmung jedoch entfallen ist, die dauerhafte Unterbringung außerhalb eines Betriebes oder einer Einrichtung nach § 10 Absatz 1 Satz 1 oder 2 oder die Freilassung solcher Tiere zu verbieten oder zu beschränken.*

Bei der Zucht und Haltung von Tieren, die entweder in Tierversuchen oder für Eingriffe nach § 6 Abs. 1 Satz 2 Nr. 4 eingesetzt werden sollen, gelten zusätzliche Regeln, die den Behörden den Weg dieser Tiere transparent machen sollen.

Für alle diese Tiere müssen **Aufzeichnungen** über Herkunft und Verbleib angefertigt werden. Bei Hunden, Katzen und Primaten müssen zusätzlich Aufzeichnungen zu ihrer Haltung und Verwendung erstellt werden. Formvorgaben dafür bestehen jenseits der Regelungen nach der TierSchVersV (§§ 7 und 8) nicht, weil die Ermächtigung nach Absatz 2 bisher nicht umfassender genutzt wurde.

Eine Verpflichtung zur tierindividuellen **Kennzeichnung** besteht nach Absatz 3 für Hunde, Katzen und Primaten. Sie müssen so gekennzeichnet werden, dass ihre Identität jederzeit feststellbar ist. Methode der Wahl für diese Zielstellung ist derzeit die Kennzeichnung mithilfe eines Mikrochips. Die Bundesregierung hat allerdings auch – hier abgesehen von § 9 TierSchVersV – bislang auf weitere Konkretisierungen verzichtet.

Durch Absatz 4 zur **Einfuhr** wird klargestellt, dass Tiere für die Zwecke, um die sich dieser Paragraph dreht, nur eingeführt werden dürfen, wenn sie für diese Zwecke gezüchtet wurden. Ausnahmen von dieser Regelung sind nur unter ganz bestimmten Bedingungen möglich. Dies soll auch verhindern, dass immer wieder der Verdacht aufkommt, dass Streunertiere und Wildfänge aus Drittländern für Tierversuche eingesetzt werden. Die Regelung korrespondiert mit Art. 11 der EU-Tierversuchs-Richtlinie 2010/63/EU und den §§ 20 bis 22 TierSchVersV.

Auf die im fünften Absatz eröffnete Möglichkeit für Restriktionen auf dem Verordnungsweg zum **letztendlichen Verbleib** von Versuchstieren wurden Regelungen in § 10 TierSchVersV gestützt. Darin wird bestimmt, dass vor einer anderweitigen Unterbringung oder Auswilderung von ehemaligen Versuchstieren bestimmte Bedingungen erfüllt sein müssen, um die Tiere nicht zu überfordern und Gefährdungen für Menschen und Tiere auszuschließen. Eine Auswilderung darf bspw. nur im Rahmen von Auswilderungsprogrammen stattfinden.

### *§ 11b (Qualzüchtungen)*

*(1) Es ist verboten, Wirbeltiere zu züchten oder durch biotechnische Maßnahmen zu verändern, soweit im Falle der Züchtung züchterische Erkenntnisse oder im Falle der Veränderung Erkenntnisse, die Veränderungen durch biotechnische Maßnahmen betreffen, erwarten lassen, dass als Folge der Zucht oder Veränderung*

1. *bei der Nachzucht, den biotechnisch veränderten Tieren selbst oder deren Nachkommen erblich bedingt Körperteile oder Organe für den artgemäßen Gebrauch fehlen oder untauglich oder umgestaltet sind und hierdurch Schmerzen, Leiden oder Schäden auftreten oder*
2. *bei den Nachkommen*
   a) *mit Leiden verbundene erblich bedingte Verhaltensstörungen auftreten,*
   b) *jeder artgemäße Kontakt mit Artgenossen bei ihnen selbst oder einem Artgenossen zu Schmerzen oder vermeidbaren Leiden oder Schäden führt oder*
   c) *die Haltung nur unter Schmerzen oder vermeidbaren Leiden möglich ist oder zu Schäden führt.*

*(2) Die zuständige Behörde kann das Unfruchtbarmachen von Wirbeltieren anordnen, soweit züchterische Erkenntnisse oder Erkenntnisse, die Veränderungen durch biotechnische Maßnahmen betreffen, erwarten lassen, dass deren Nachkommen Störungen oder Veränderungen im Sinne des Absatzes 1 zeigen werden.*

*(3) Die Absätze 1 und 2 gelten nicht für durch Züchtung oder biotechnische Maßnahmen veränderte Wirbeltiere, die für wissenschaftliche Zwecke notwendig sind.*

*(4) Das Bundesministerium wird ermächtigt, durch Rechtsverordnung mit Zustimmung des Bundesrates*

1. *die erblich bedingten Veränderungen und Verhaltensstörungen nach Absatz 1 näher zu bestimmen,*
2. *das Züchten mit Wirbeltieren bestimmter Arten, Rassen und Linien zu verbieten oder zu beschränken, wenn dieses Züchten zu Verstößen gegen Absatz 1 führen kann.*

Auch dieser Abschnitt wurde bei der Novellierung 2013 modifiziert. Die bisherigen Regelungen zur sog. **Qualzucht** hatten sich als schwierig vollziehbar erwiesen. Insbesondere bereitete es Schwierigkeiten klarzustellen, über welche Kenntnisse ein Züchter verfügen muss, damit sein Handeln oder sein Vorhaben einen Verstoß gegen das Qualzuchtverbot darstellt. Die vom Hessischen Verwaltungsgerichtshof in seinem Urteil vom 05.02.2009 zugrunde gelegte „realistische Möglichkeit“ für das Auftreten nachteiliger organischer Veränderungen beziehungsweise Schäden infolge der Zucht reichte dem Bundesverwaltungsgericht in seiner Entscheidung am 17.12.2009 nicht aus. Es verlangte, dass das Auftreten des fraglichen Merkmals nach dem Stand der Wissenschaft „überwiegend wahrscheinlich" sein müsse.

In der nun vorliegenden Formulierung des Qualzuchtverbots wird deshalb die Voraussetzung *wenn damit gerechnet werden muss* durch *soweit (...) züchterische Erkenntnisse oder Erkenntnisse, die Veränderungen durch bio- oder gentechnische Maßnahmen betreffen, erwarten lassen* ersetzt. Damit soll der Wahrscheinlichkeitsmaßstab für das Auftreten von Qualzuchtmerkmalen so definiert werden, dass das Verbot der Qualzucht tatsächlich wirksam werden kann. Als Maßstab sollen laut amtlicher Begründung bei der Zucht solche wissenschaftlich begründeten Erkenntnisse dienen, die von einem *durchschnittlich sachkundigen* Züchter erwartet werden können. Analoges gilt für bio- oder gentechnische Maßnahmen. Die Veränderungen oder Störungen müssen jeweils wissenschaftlich reproduzierbar sein. Wenn diese Erkenntnisse die Erwartung begründen, dass als Folge der Zucht oder Veränderung bei der Nachzucht, den veränderten Tieren selbst oder deren Nachkommen Störungen oder Veränderungen nach § 11b Abs. 1 Nr. 1 oder 2 auftreten werden, ist die Zucht oder Veränderung verboten.

Da eine Verordnung nach Absatz 4 nicht existiert, dient weiterhin das Gutachten zur Auslegung von § 11b des TierSchG der Sachverständigengruppe Tierschutz und Heimtierzucht beim Bundesministerium, das sog. Qualzuchtgutachten, als Orientierungshilfe. Das Gutachten bezieht sich allerdings nur auf den Heimtierbereich. Es benennt folgende Merkmalsgruppen als problematische Zuchtziele: Riesen- und Zwergwuchs, Brachyzephalie (Kurzköpfigkeit, Kurzschädeligkeit, Mopskopfbildung mit Hydrozephalie), bestimmte Augen- und Ohrenformen, diverse Haut-, Haar- und Federkleidveränderungen wie Pigmentmangel, sowie unphysiologische Gelenkstellungen und Kurzschwänzigkeit oder Schwanzlosigkeit. Im zweiten Teil des Gutachtens werden tierart- und rassespezifische genetisch bedingte Merkmale einschließlich der damit verbundenen Auswirkungen vorgestellt und Empfehlungen zur Zuchtplanung oder im Hinblick auf ein Zuchtverbot ausgesprochen.

Auch im Europäischen Übereinkommen zum Schutz von Heimtieren ist die Zucht von Heimtieren reglementiert. Im dortigen Art. 5 heißt es: *Wer ein Heimtier zur Zucht auswählt, ist gehalten, die anatomischen, physiologischen und ethologischen Merkmale zu berücksichtigen, die Gesundheit und Wohlbefinden der Nachkommenschaft oder des weiblichen Elternteils gefährden könnten.*

In der Debatte über mögliche Qualzuchten wurde der Bereich der landwirtschaftlich genutzten Tiere lange nahezu ausgeblendet, obwohl die hier vor-

liegende Regelung grundsätzlich alle Wirbeltiere einschließt. Versuchstierzuchten sind dagegen nach Absatz 3 von den Regelungen zur Qualzucht ausgenommen.
Für das Anordnen des Unfruchtbarmachens durch die zuständige Behörde wird in § 11b Abs. 2 derselbe Wahrscheinlichkeitsgrad für Störungen und Veränderungen bei Nachkommen wie für das Verbot in Absatz 1 zugrunde gelegt.

***§ 11c (Abgabe von Wirbeltieren an Kinder oder Jugendliche)***

*Ohne Einwilligung der Erziehungsberechtigten dürfen Wirbeltiere an Kinder oder Jugendliche bis zum vollendeten 16. Lebensjahr nicht abgegeben werden.*

Diese Vorschrift betrifft neben dem Zoofachhandel alle Züchter und Händler von Tieren einschließlich Anbietern auf Tierbörsen oder im Internet. Dies gilt unabhängig davon, ob sie ihrer Tätigkeit gewerbsmäßig oder nicht gewerbsmäßig nachgehen. Die Regelung soll dazu beitragen, dass Tiere vor tierschutzwidrigen Haltungsbedingungen geschützt werden, weil Kinder und Jugendliche ohne Zustimmung der Erziehungsberechtigten und deren daraus resultierender Mitverantwortung mit der Haltung und Versorgung der Tiere überfordert sein können. Beachtet die abgebende Person dieses Verbot nicht, handelt sie ordnungswidrig. Die betroffenen Tiere können nach § 19 TierSchG eingezogen werden. Im Falle eines Kaufs ist dieser nach zivilrechtlichen Regeln nichtig (§ 134 BGB).

## 1.8 Verbringungs-, Verkehrs- und Haltungsverbot

***§ 12 (Verbringungs-, Verkehrs- und Haltungsverbot)***

*(1) Wirbeltiere, an denen Schäden feststellbar sind, von denen anzunehmen ist, dass sie durch tierschutzwidrige Handlungen verursacht worden sind, dürfen nicht gehalten oder ausgestellt werden, soweit dies durch Rechtsverordnung nach Absatz 2 Nr. 4 oder 5 bestimmt ist.*
*(2) Das Bundesministerium wird ermächtigt, durch Rechtsverordnung mit Zustimmung des Bundesrates, soweit es zum Schutz der Tiere erforderlich ist,*

1. *das Verbringen von Tieren oder Erzeugnissen tierischer Herkunft aus einem Staat, der nicht der Europäischen Union angehört, in das Inland (Einfuhr) von der Einhaltung von Mindestanforderungen hinsichtlich der Tierhaltung oder des Tötens von Tieren und von einer entsprechenden Bescheinigung abhängig zu machen sowie deren Inhalt, Form, Ausstellung und Aufbewahrung zu regeln,*
2. *die Einfuhr bestimmter Tiere von einer Genehmigung abhängig zu machen,*
3. *das Verbringen bestimmter Tiere aus dem Inland in einen anderen Staat zu verbieten,*

*4. das Verbringen von Wirbeltieren in das Inland oder das Halten, insbesondere das Ausstellen von Wirbeltieren im Inland zu verbieten, wenn an den Tieren tierschutzwidrige Amputationen vorgenommen worden sind oder die Tiere erblich bedingte körperliche Defekte, Verhaltensstörungen oder Aggressionssteigerungen im Sinne des § 11b Absatz 1 Nummer 1 oder 2 Buchstabe a aufweisen oder soweit ein Tatbestand nach § 11b Absatz 1 Nummer 2 Buchstabe b oder c erfüllt ist,*

*5. das Halten von Wirbeltieren, an denen Schäden feststellbar sind, von denen anzunehmen ist, dass sie den Tieren durch tierschutzwidrige Handlungen zugefügt worden sind, zu verbieten, wenn das Weiterleben der Tiere nur unter Leiden möglich ist,*

*6. vorzuschreiben, dass Tiere oder Erzeugnisse tierischer Herkunft nur über bestimmte Zollstellen mit zugeordneten Überwachungsstellen eingeführt oder ausgeführt werden dürfen, die das Bundesamt für Verbraucherschutz und Lebensmittelsicherheit im Einvernehmen mit dem Bundesministerium der Finanzen im Bundesanzeiger bekannt gemacht hat; das Bundesministerium der Finanzen kann die Erteilung des Einvernehmens auf die Generalzolldirektion übertragen.*

*Eine Rechtsverordnung nach Satz 1 Nr. 1 bis 5 kann nicht erlassen werden, soweit Unionsrecht oder völkerrechtliche Verpflichtungen entgegenstehen.*

Im ersten Absatz dieses Paragrafen wird weder ein Ge- noch ein Verbot, sondern eine Konsequenz daraus festgehalten, wenn zuvor formulierte Regeln gebrochen wurden. Diese sogenannte Rechtsfolge, bestimmte Tiere weder halten noch ausstellen zu dürfen, wird allerdings nur wirksam, wenn die Bundesregierung dies in einer entsprechenden Verordnung ausdrücklich regelt. Einer solchen Verordnung muss nach Absatz 2 vom Bundesrat zugestimmt werden und sie muss zum Schutz der Tiere erforderlich sein, bspw. indem der Anreiz, entsprechende Schäden bei Tieren zu erzeugen oder zu dulden, durch ein Ausstellungsverbot reduziert wird.
Schäden, die zu einem nachfolgenden Haltungs- oder Ausstellungsverbot führen könnten, wären bspw. unzulässigerweise durchgeführte Amputationen wie das Kupieren von Schwänzen und Ohren bei Hunden ohne tierärztliche Indikation, das routinemäßige Flugunfähigmachen von Zoovögeln, aber auch Schäden, die durch verbotene Trainingsmethoden entstanden sind. Die im zweiten Absatz aufgeführten Ermächtigungsgrundlagen, bestimmte Tätigkeiten mit Tieren, die nach Absatz 1 vorgeschädigt sind, zu verbieten, wurde bislang vom Verordnungsgeber lediglich dazu verwendet, in der TierSchHuV (§ 10) das Ausstellen rechtswidrig kupierter Hunde zu verbieten. Vorstellbar und tierschutzfachlich wünschenswert wäre u. a. ein Verbot, Tiere aus Qualzuchten auszustellen.

Der Spielraum, Verbote i. S. von Absatz 1 durch Verordnung einzuführen, wird allerdings dadurch beschränkt, dass EU- oder Völkerrecht nicht verletzt werden darf.

## 1.9 Sonstige Bestimmungen zum Schutz der Tiere

***§ 13 (Sonstige Bestimmungen zum Schutz der Tiere)***

*(1) Es ist verboten, zum Fangen, Fernhalten oder Verscheuchen von Wirbeltieren Vorrichtungen oder Stoffe anzuwenden, wenn damit die Gefahr vermeidbarer Schmerzen, Leiden oder Schäden für Wirbeltiere verbunden ist; dies gilt nicht für die Anwendung von Vorrichtungen oder Stoffen, die auf Grund anderer Rechtsvorschriften zugelassen sind. Vorschriften des Jagdrechts, des Naturschutzrechts, des Pflanzenschutzrechts und des Seuchenrechts bleiben unberührt.*
*(2) Das Bundesministerium wird ermächtigt, durch Rechtsverordnung mit Zustimmung des Bundesrates zum Schutz des Wildes Maßnahmen anzuordnen, die das Wild vor vermeidbaren Schmerzen oder Schäden durch land- oder forstwirtschaftliche Arbeiten schützen.*
*(3) Das Bundesministerium wird ermächtigt, im Einvernehmen mit dem Bundesministerium für Wirtschaft und Energie und dem Bundesministerium für Umwelt, Naturschutz, Bau und Reaktorsicherheit durch Rechtsverordnung mit Zustimmung des Bundesrates, soweit es zum Schutz der Tiere erforderlich ist, das Halten von Tieren wildlebender Arten, den Handel mit solchen Tieren sowie ihre Einfuhr oder ihre Ausfuhr aus dem Inland in einen Staat, der der Europäischen Union nicht angehört (Ausfuhr) zu verbieten, zu beschränken oder von einer Genehmigung abhängig zu machen. Als Genehmigungsvoraussetzung kann insbesondere gefordert werden, dass der Antragsteller die für die jeweilige Tätigkeit erforderliche Zuverlässigkeit und die erforderlichen fachlichen Kenntnisse und Fähigkeiten besitzt und nachweist sowie dass eine den Anforderungen des § 2 entsprechende Ernährung, Pflege und Unterbringung der Tiere sichergestellt ist. In der Rechtsverordnung können ferner Anforderungen an den Nachweis der erforderlichen Zuverlässigkeit und der erforderlichen fachlichen Kenntnisse und Fähigkeiten nach Satz 2 festgelegt sowie das Verfahren des Nachweises geregelt werden.*

Das in Absatz 1 formulierte Verbot schließt alle Wirbeltiere ein, beschränkt sich gleichzeitig aber auf bestimmte Zielsetzungen, nämlich das Fangen, Fernhalten oder Verscheuchen. Zu denken ist in diesem Zusammenhang insbesondere an Lebend- und Totfangfallen oder an sogenannte Vergrämungsmethoden (Spikes zum Fernhalten von Tauben an Gebäuden, Gerätschaften zum Verscheuchen von Katzen u. Ä.). Abgewogen werden muss, ob durch die jeweiligen Maßnahmen oder Gerätschaften vermeidbare Schmerzen, Leiden oder Schäden entstehen, weil andere, die Tiere weniger belastende Vorgehensweisen möglich sind. Außerdem muss die Abwägung erge-

ben, dass der Nutzen der Maßnahme die Schmerzen, Leiden und Schäden überwiegt.
Der Verweis auf andere Rechtsgebiete verdeutlicht allerdings die Grenzen des Verbots. Sind bspw. im Jagdrecht bestimmte Fallentypen ausdrücklich zugelassen, greift Absatz 1 nicht unmittelbar; die geschilderte Abwägung muss aber vor dem Hintergrund der Staatszielbestimmung Tierschutz in Art. 20a GG im Rahmen der anderen Vorschrift vollzogen werden, wenn bspw. neue Fallentypen jagdrechtlich zugelassen werden sollen.
Hingewiesen wird an dieser Stelle im Übrigen auf die tierschutzrelevanten Verbote in § 4 BArtSchV, wonach Schlingen, Netze, Leimfallen, Begasung sowie diverse andere Methoden nicht zum Fangen oder Töten von wildlebenden Tieren eingesetzt werden dürfen. Dies muss auch bei der der sog. Schädlingsbekämpfung berücksichtigt werden.
Wird gegen das Verbot aus Absatz 1 verstoßen, handelt es sich um eine Ordnungswidrigkeit, die mit einer Geldbuße bis zu fünfundzwanzigtausend Euro geahndet werden kann, oder ggf. um eine Straftat.
Der zweite Absatz dieses Paragraphen bezieht sich auf Wild, womit nicht alle wildlebenden Tierarten gemeint sind, sondern diejenigen, die dem Jagdrecht unterliegen. Regelungen nach diesem Absatz dürften zudem lediglich forst- und landwirtschaftliche Arbeiten betreffen und nicht andere Ursachen für vermeidbare Schmerzen oder Schäden bei Wildtieren wie bspw. fehlende Querungshilfen an Straßen. Die bislang nicht genutzte Ermächtigung würde jedoch ermöglichen, durch Rechtsverordnung zumutbare Maßnahmen vorzuschreiben, um bspw. Verletzungen von Rehkitzen durch Mäharbeiten zu vermeiden. Dies könnte beinhalten, dass vor dem Mähen von Wiesen während der sogenannten Setzzeit von Rehen zwingend ein Durchstreifen der Wiesen stattfinden muss. Außerdem könnte der Einsatz technischer Geräte zur rechtzeitigen Erkennung solcher Tiere während des Mähens vorgeschrieben und entsprechende Unterlassungen mit einer Sanktion belegt werden.
Die BWildSchV, die tierschutzrechtlich relevante Regelungen beinhaltet, beruht nicht auf der in Absatz 2 formulierten Ermächtigungsgrundlage, sondern auf dem BJagdG.
Absatz 3 eröffnet der Bundesregierung die Möglichkeit, die von Tierschutzkreisen seit Langem geforderten Mindeststandards für alle Varianten des Umgangs mit wildlebenden Tieren – heimischen oder exotischen – festzulegen. Dabei bestünde die Möglichkeit, Mindestbedingungen für die Sachkunde und Zuverlässigkeit, aber auch für die konkreten Haltungsbedingungen zu definieren. Auch generelle Verbote oder eine Erlaubnispflicht insbesondere bei bestimmten Tierarten wären denkbar. Bislang besteht lediglich durch § 11 TierSchG die Möglichkeit, beim gewerbsmäßigen Zurschaustellen oder Züchten bzw. beim gewerbsmäßigen Handel mit Tieren wildlebender Arten für den Einzelfall durch Nebenbestimmungen im

Erlaubnisbescheid Bedingungen für den Umgang mit diesen Tieren festzuschreiben. Unter Tieren wildlebender Arten werden solche verstanden, die hier oder an anderen Orten in freier Wildbahn vorkommen. Das jeweilige Tier selbst kann aber aus einer Nachzucht in Menschenhand stammen. Zu den Tieren wildlebender Arten gehören neben vielen anderen Rehe, Waschbären oder Großkatzen, aber auch exotische Reptilien und Vogelarten. Von der nach Absatz 3 bestehenden Ermächtigung wurde bislang kein Gebrauch gemacht. Als Beurteilungsgrundlage für entsprechende Tierhaltungen werden derzeit insbesondere verschiedenen Gutachten, allen voran das sog. Säugetiergutachten oder die Mindestanforderungen für Reptilien, Papageien oder Greifvögel u. Ä. der Bundesregierung herangezogen.

### *§ 13a (Ermächtigung zum Erlass von Rechtsverordnungen)*

*(1) Das Bundesministerium wird ermächtigt, zur Verbesserung des Tierschutzes durch Rechtsverordnung mit Zustimmung des Bundesrates Anforderungen an freiwillige Prüfverfahren zu bestimmen, mit denen nachgewiesen wird, dass serienmäßig hergestellte Aufstallungssysteme und Stalleinrichtungen zum Halten von Nutztieren und beim Schlachten verwendete Betäubungsgeräte und -anlagen über die Anforderungen dieses Gesetzes und die Mindestanforderungen der auf Grund dieses Gesetzes erlassenen Rechtsverordnungen hinausgehen. Es hat hierbei insbesondere Kriterien, Verfahren und Umfang der freiwilligen Prüfverfahren sowie Anforderungen an die Sachkunde der im Rahmen derartiger Prüfverfahren tätigen Gutachter festzulegen.*

*(2) Das Bundesministerium wird ermächtigt, durch Rechtsverordnung mit Zustimmung des Bundesrates zur Förderung der tierschutzgerechten Haltung das Inverkehrbringen und das Verwenden serienmäßig hergestellter Stalleinrichtungen zum Halten von Nutztieren von einer Zulassung oder Bauartzulassung abhängig zu machen. In der Rechtsverordnung nach Satz 1 können*

1. *die näheren Voraussetzungen für die Zulassung oder Bauartzulassung und deren Rücknahme, Widerruf oder Ruhen, ihre Bekanntmachung sowie das Zulassungsverfahren, insbesondere Art, Inhalt und Umfang der vorzulegenden Unterlagen oder beizubringenden Nachweise,*
2. *die Befristung der Zulassung oder Bauartzulassung,*
3. *(…) – 7. (…) geregelt werden. (…).*

*(3) Zuständig für die Erteilung der Zulassungen oder Bauartzulassungen ist die Bundesanstalt für Landwirtschaft und Ernährung. In der Rechtsverordnung nach Absatz 2 Satz 1 ist das Verfahren der Zusammenarbeit der nach Satz 1 zuständigen Behörde mit den für die Überwachung zuständigen Behörden der Länder zu regeln.*

*(4) Das Bundesministerium wird ermächtigt, (…) Aufgaben und Befugnisse (…) auf eine juristische Person des privaten Rechts ganz oder teilweise zu übertragen. (…).*

*(5) Das Bundesministerium wird ermächtigt, durch Rechtsverordnung mit Zustimmung des Bundesrates, soweit es zum Schutz der Tiere erforderlich ist, das Inverkehrbringen und das Verwenden serienmäßig hergestellter beim Schlachten verwendeter Betäubungsgeräte oder Betäubungsanlagen davon abhängig zu machen, dass die Geräte oder Anlagen zugelassen sind oder einer Bauartzulassung entsprechen, sowie die näheren Voraussetzungen für die Erteilung der Zulassung oder Bauartzulassung und das Zulassungsverfahren zu regeln. (…).*
*(6) (…).*

Der gesamte Paragraph besteht aus Ermächtigungen für das zuständige Bundesministerium, durch Rechtsverordnung die Bedingungen freiwilliger **Prüf-** oder verpflichtender **Zulassungsverfahren** für serienmäßig hergestellte Aufstallungssysteme und Stalleinrichtungen für die Nutztierhaltung oder für Gerätschaften für das Betäuben beim Schlachten zu definieren. Dabei könnten viele Regeln für eine Bauartzulassung festgelegt werden, einschließlich der Frage, wer entsprechende Zulassungsverfahren durchführen soll.
Die Ermächtigungsgrundlage für derartige Verfahren wurde bislang in Deutschland nicht genutzt. Im Koalitionsvertrag von CDU, CSU und SPD für die 18. Legislaturperiode des Bundestages aus dem Jahr 2013 wird allerdings angekündigt, ein bundeseinheitliches Prüf- und Zulassungsverfahren für Tierhaltungssysteme zu erarbeiten.
Bewertungen von Aufstallungssystemen bzw. Stalleinrichtungen wurden bislang hauptsächlich durch die DLG und das KTBL vorgelegt. Systematische Prüfergebnisse im Hinblick auf Verhaltensgerechtheit und Umweltaspekte existieren für Deutschland bislang in Form des sog. Nationalen Bewertungsrahmens Tierhaltungsverfahren (KTBL-Schrift 446).

### *§ 13b (Schutz freilebender Katzen)*

*Die Landesregierungen werden ermächtigt, durch Rechtsverordnung zum Schutz freilebender Katzen bestimmte Gebiete festzulegen, in denen*

1. *an diesen Katzen festgestellte erhebliche Schmerzen, Leiden oder Schäden auf die hohe Anzahl dieser Tiere in dem jeweiligen Gebiet zurückzuführen sind und*
2. *durch eine Verminderung der Anzahl dieser Katzen innerhalb des jeweiligen Gebietes deren Schmerzen, Leiden oder Schäden verringert werden können.*

*In der Rechtsverordnung sind die Gebiete abzugrenzen und die für die Verminderung der Anzahl der freilebenden Katzen erforderlichen Maßnahmen zu treffen. Insbesondere können in der Rechtsverordnung*

1. *der unkontrollierte freie Auslauf fortpflanzungsfähiger Katzen in dem jeweiligen Gebiet verboten oder beschränkt sowie*

*2. eine Kennzeichnung und Registrierung der dort gehaltenen Katzen, die unkontrollierten freien Auslauf haben können, vorgeschrieben*

*werden. Eine Regelung nach Satz 3 Nummer 1 ist nur zulässig, soweit andere Maßnahmen, insbesondere solche mit unmittelbarem Bezug auf die freilebenden Katzen, nicht ausreichen. Die Landesregierungen können ihre Ermächtigung durch Rechtsverordnung auf andere Behörden übertragen.*

Diese Regelung, die 2013 in das TierSchG eingefügt wurde, bietet erstmals eine tierschutzrechtliche Grundlage für konkretisierende Verordnungen der Länder oder ggf. der Kommunen, um Regelungen im Hinblick auf sog. Streunerkatzen festzulegen. Damit erfüllt sie nicht zuletzt eine Forderung des Europäischen Übereinkommens zum Schutz von Heimtieren (Art. 12). Einerseits werden hohe Anforderungen an die Begründung für eine entsprechende Katzenschutzverordnung gestellt. So müssen erhebliche Belastungen bei den freilebenden Katzen vorliegen, die in ursächlichem Zusammenhang mit der hohen Anzahl stehen. Außerdem muss dargelegt werden, dass die beabsichtigten Maßnahmen durch Verminderung der Zahl freilebender Tiere zielführend sind. Andererseits liefert die amtliche Begründung zu dieser Regelung (BT-Drs. 17/10572) bereits Antworten auf die aufgeworfenen Fragen und stellt außerdem klar, welche Maßnahmen geeignet sind. So wird in dieser Begründung bereits ausgeführt, dass *die Lebenserwartung der Tiere (...) ohne menschliche Betreuung und medizinische Versorgung erheblich geringer* ist *als die von Katzen, die in menschlicher Obhut gehalten werden. Krankheiten wie zum Beispiel Katzenschnupfen oder Verletzungen und Traumata treten signifikant häufiger auf und führen zu erheblichen Leiden. Auch der Anteil abgemagerter oder unterernährter Katzen ist deutlich höher. (...). Das Ausmaß dieser Erscheinungen, die erhebliche Schmerzen, Leiden oder Schäden bei den Tieren verursachen, nimmt mit steigender Populationsdichte zu.* In der Bundestagsdrucksache heißt es weiter: *International wird inzwischen die gezielte Populationskontrolle durch das Einfangen, die tierärztliche Versorgung (Impfung, Entwurmung etc.), Kastration und das Freisetzen an der Einfangstelle mit nachfolgender Betreuung (Fütterung, tierärztlicher Versorgung) als erfolgversprechender Ansatz zur Lösung der Problematik angesehen. Die Vermittlung in Haushalte ist nur in Einzelfällen möglich, da die Tiere zumeist nicht ausreichend sozialisiert sind. Die konsequente Durchführung dieses Ansatzes (Einfangen – Kastrieren – Freisetzen) führt zu stabilen Gruppen mit mittelfristig abnehmenden Tierzahlen und einer Verbesserung des Wohlbefindens der Tiere.*

Aufgrund dieser amtlichen Begründung ist es nicht notwendig, dass jeder mögliche Verordnungsgeber erneut die kausalen Zusammenhänge zwischen der verwilderten Population, den resultierenden erheblichen Schmerzen etc., den beabsichtigten Maßnahmen und den Auswirkungen auf die Ausgangspopulation aufarbeiten muss. Gleichzeitig wird klargestellt, welche

Methoden als geeignet anzusehen sind. Dadurch ergibt sich im Umkehrschluss, dass für die Tötung ganzer Populationen von verwilderten Katzen kein vernünftiger Grund i. S. von § 1 TierSchG vorliegt und dies hier nicht zur Debatte stehen kann.
Durch § 13b werden neben Kennzeichnungs- und Registrierungspflichten auch indirekt Kastrationsgebote als mögliche Verordnungsinhalte benannt, indem der Auslauf fortpflanzungsfähiger Katzen beschränkt werden kann. Da Kastrationsgebote einen Eingriff in das Eigentum des jeweiligen Katzenhalters bedeuten, müssen sie gut begründet werden können. Dies muss u. a. dadurch geschehen, dass sich vor Etablierung eines solchen Gebotes andere Maßnahmen als nicht ausreichend wirkungsvoll erwiesen haben. Andernfalls könnten Kastrationsgebote möglicherweise als unverhältnismäßig gewertet und gerichtlich gekippt werden.
Weitere Argumente zur Begründung eines Katzenkastrationsgebotes, das als Adressaten die Katzenhalter hat, deren Tiere ins Freie dürfen, liefert ebenfalls die amtliche Begründung: *Jährlich werden in Deutschland auf diese Weise bereits mehrere tausend Tiere kastriert. Dabei hat sich jedoch gezeigt, dass der Erfolg dieser Maßnahme nicht nachhaltig ist, wenn aus den Reihen der in einem Besitzverhältnis stehenden Hauskatzen unkastrierte Tiere zuwandern beziehungsweise die Fortpflanzungskette aufrechterhalten. Zudem wird für den ungewollten Nachwuchs auch von Hauskatzen häufig keine Verantwortung übernommen, sondern die Katzen werden sich selbst überlassen und stellen den Ausgangspunkt für neue Kolonien verwilderter Katzen dar. Deswegen kann es als zusätzliche Maßnahme erforderlich sein, den unkontrollierten freien Auslauf fortpflanzungsfähiger Katzen für einen bestimmten Zeitraum zu beschränken oder zu verbieten.*

## 1.10 Durchführung des Gesetzes

### *§ 14 (Überwachung der Einfuhr und Ausfuhr von Tieren)*

*(1) Das Bundesministerium der Finanzen und die von ihm bestimmten Zollstellen wirken bei der Überwachung der Einfuhr und Ausfuhr von Tieren mit. Die genannten Behörden können*

1. *Tiere sowie deren Beförderungsmittel, Behälter, Lade- und Verpackungsmittel bei der Einfuhr zur Überwachung anhalten,*
2. *den Verdacht von Verstößen gegen Verbote und Beschränkungen dieses Gesetzes oder der nach diesem Gesetz erlassenen Rechtsverordnungen, der sich bei der Abfertigung ergibt, den zuständigen Behörden mitteilen,*
3. *in den Fällen der Nummer 2 anordnen, dass die Tiere auf Kosten und Gefahr des Verfügungsberechtigten der zuständigen Behörde vorgeführt werden.*

*(2) Das Bundesministerium der Finanzen regelt im Einvernehmen mit dem Bundesministerium durch Rechtsverordnung ohne Zustimmung des Bundesrates die Einzelheiten des Verfahrens nach Absatz 1. Es kann dabei insbesondere Pflichten*

*zu Anzeigen, Anmeldungen, Auskünften und zur Leistung von Hilfsdiensten sowie zur Duldung der Einsichtnahme in Geschäftspapiere und sonstige Unterlagen und zur Duldung von Besichtigungen vorsehen.*

Absatz 1 Satz 1 bildet die Grundlage dafür, dass Zollstellen mit allen gängigen Überwachungsmethoden Ein- und Ausfuhren von Tieren auch im Hinblick auf tierschutzrechtliche Vorgaben überprüfen können. Ein- und Ausfuhr meint dabei stets das Verbringen aus bzw. in Länder, die nicht der EU angehören. Die Zollstellen können die Tiersendungen in jeder Form kontrollieren, Auskünfte einholen und die Tiere in Augenschein nehmen. Satz 2 dieses Absatzes beschreibt zudem spezielle Befugnisse der Zollstellen: das Anhalten von Tiersendungen bei der Einfuhr, Verdachtsanzeigen und das Vorführenlassen bei der für den Tierschutz zuständigen Behörde bei Ein- und Ausfuhr.
Die Tätigkeiten der Zollstellen sind dabei nicht auf die Außengrenzen der EU begrenzt, sondern schließen auch entsprechende Kontrollen am Versand- oder Bestimmungsort von Tieren ein, die zum Export vorgesehen sind oder importiert wurden. Von den genannten allgemeinen oder speziellen Maßnahmen der Zollstellen können neben Transporten landwirtschaftlich genutzter Tiere auch die häufig weltweit gehandelten Versuchs- und Heimtiere sowie die unterschiedlichsten Arten wildlebender Tiere betroffen sein.
Durch Absatz 2 erhält die Bundesregierung die Möglichkeit, weitere Details der Zusammenarbeit von Zollstellen und Tierschutzbehörden rechtlich zu regeln.

### *§ 15 (Zuständige Behörden; Berufung von Kommissionen)*

*(1) Die Durchführung dieses Gesetzes und der auf Grund dieses Gesetzes erlassenen Rechtsverordnungen obliegt, vorbehaltlich des § 13a Abs. 3, auch in Verbindung mit einer Rechtsverordnung nach dessen Absatz 4, den nach Landesrecht zuständigen Behörden. Die nach Landesrecht zuständigen Behörden berufen jeweils eine oder mehrere Kommissionen zur Unterstützung der zuständigen Behörden bei*

*1. der Entscheidung über die Genehmigung von Versuchsvorhaben und*
*2. der Bewertung angezeigter Änderungen genehmigter Versuchsvorhaben, soweit dies in einer Rechtsverordnung nach Absatz 4 vorgesehen ist.*

*(2) Die zuständigen Behörden sollen im Rahmen der Durchführung dieses Gesetzes oder der auf Grund dieses Gesetzes erlassenen Rechtsverordnungen den beamteten Tierarzt als Sachverständigen beteiligen.*

*(3) Im Bereich der Bundeswehr obliegt die Durchführung dieses Gesetzes und der auf Grund dieses Gesetzes erlassenen Rechtsvorschriften den zuständigen Dienststellen der Bundeswehr. Das Bundesministerium der Verteidigung beruft eine Kommission zur Unterstützung der zuständigen Dienststellen bei*

*1. der Entscheidung über die Genehmigung von Versuchsvorhaben und*
*2. der Bewertung angezeigter Änderungen genehmigter Versuchsvorhaben, soweit dies in einer Rechtsverordnung nach Absatz 4 vorgesehen ist.*
*(4) Das Bundesministerium wird ermächtigt, im Einvernehmen mit dem Bundesministerium für Bildung und Forschung durch Rechtsverordnung mit Zustimmung des Bundesrates das Nähere zu den Kommissionen nach Absatz 1 Satz 2 und Absatz 3 Satz 2 (...) zu regeln. (...).*
*(5) Das Bundesministerium wird ermächtigt, im Einvernehmen mit dem Bundesministerium für Bildung und Forschung durch Rechtsverordnung mit Zustimmung des Bundesrates vorzusehen, dass die zuständigen Behörden dem Bundesministerium, dem Bundesamt für Verbraucherschutz und Lebensmittelsicherheit oder dem Bundesinstitut für Risikobewertung*
*1. in Fällen von grundsätzlicher Bedeutung oder*
*2. in Fällen, in denen dies zur Durchführung des Artikels 43 oder 55 der Richtlinie 2010/63/EU erforderlich ist,*
*Angaben zu Entscheidungen der zuständigen Behörden über die Genehmigung von Versuchsvorhaben oder zu von den zuständigen Behörden genehmigten Versuchsvorhaben übermitteln, und dabei das Nähere über die Form und den Inhalt sowie das Verfahren der Übermittlung zu regeln. Personenbezogene Daten dürfen nicht übermittelt werden. Die Vorschriften zum Schutz des geistigen Eigentums und zum Schutz von Betriebs- und Geschäftsgeheimnissen bleiben unberührt.*

An dieser Stelle wird die Aufgabenverteilung bei der Durchsetzung des Tierschutzrechtes geregelt. Die Überwachung und der Vollzug des TierSchG einschließlich der damit zusammenhängenden Verordnungen sind – außer im Bereich der Bundeswehr – Aufgabe der Bundesländer. Durch sog. Zuständigkeitsverordnungen haben die Bundesländer ihrerseits festgelegt, welche Behörden im Land für die Durchführung welcher Aufgaben aus dem Tierschutzrecht zuständig sind. Da der Verwaltungsaufbau in den Ländern variiert, ergeben sich daraus Unterschiede bei der Aufgabenverteilung. Stark verallgemeinert kann man jedoch zusammenfassen, dass für alle Überwachungsaufgaben und für die meisten Genehmigungsverfahren die Veterinärämter der Landkreise oder Städte zuständig sind. Üblicherweise werden die Genehmigungsanträge und Anzeigen im Zusammenhang mit Tierversuchen und Versuchstierhaltungen durch die sog. Mittelbehörden (Regierungspräsidien, Bezirksregierungen o. Ä.) oder Landesämter bearbeitet.
Zur Unterstützung der Behörden bei den Genehmigungsverfahren für Tierversuche wurden die beratenden Kommissionen nach Absatz 1 Satz 2 eingeführt. Die Zusammensetzung dieser sog. Tierversuchskommissionen, die häufig auch Ethikkommissionen genannt werden, wird durch § 42 TierSchVersV festgelegt. Darin heißt es, dass die Mehrheit der Mitglieder der Kommissionen die für die Beurteilung von Tierversuchen erforderlichen Fachkenntnisse der Veterinärmedizin, der Medizin oder einer naturwissen-

schaftlichen Fachrichtung haben müssen. Außerdem wird festgelegt, dass in die Kommissionen auch Mitglieder berufen werden müssen, die auf Grund von Vorschlägen der Tierschutzorganisationen ausgewählt worden und auf Grund ihrer Erfahrungen zur Beurteilung von Tierschutzfragen geeignet sind; die Zahl dieser Mitglieder muss – außer im Bereich der Bundeswehr – mindestens ein Drittel der Kommissionsmitglieder betragen.

Weitere Regelungen zur Berufung und Arbeitsweise der Tierversuchskommissionen ergeben sich aus der AVV. Die Kommissionen haben *demnach in der Regel 6 Mitglieder; jedes Mitglied hat mindestens einen Stellvertreter. Die Kommissionen werden in der Regel für die Dauer von drei Jahren berufen; die Wiederberufung der Mitglieder der Kommissionen und der Stellvertreter ist zulässig.* Die Kommissionen sollen sich in ihrer Stellungnahme insbesondere dazu äußern, ob die gesetzlichen Genehmigungsvoraussetzungen (**1.5**) beim jeweiligen Vorhaben vorliegen.

Um die anspruchsvolle Aufgabe der Kommission sicherstellen zu können, muss die berufende Behörde laut AVV darauf achten, dass die Mehrheit der Mitglieder bei ihrer Berufung den Nachweis über ein abgeschlossenes Hochschulstudium der Veterinärmedizin, der Medizin oder einer naturwissenschaftlichen Fachrichtung erbringen und auf Grund ihrer beruflichen Erfahrung in der Lage sind, Tierversuche zu beurteilen. Aus den Vorschlagslisten der Tierschutzorganisationen werden Mitglieder ausgewählt, die durch Erfahrung zur Beurteilung von Tierschutzfragen geeignet sind. Die Tätigkeit der Mitglieder ist ehrenamtlich. Zudem werden die Kommissionsmitglieder und ihre Stellvertreter bei Beginn ihrer Tätigkeit zur gewissenhaften und unparteiischen Tätigkeit sowie zur Verschwiegenheit verpflichtet.

Üblicherweise beraten die Kommissionen in regelmäßigen Zeitabständen gemeinsam über die Genehmigungs- und ggf. Änderungsanträge. Über die Kommissionssitzungen und die Beratungsergebnisse wird ein Protokoll angefertigt.

Durch Absatz 2 wird dem beamteten bzw. beim Staat angestellten Tierarzt, der zumeist als Amtstierarzt bezeichnet wird, gezielt die Rolle des Sachverständigen bei der Durchsetzung des Tierschutzrechts zugewiesen.

Absatz 3 regelt die Aufgabenverteilung im Bereich der Bundeswehr analog, und Absatz 4 stellt die Grundlage für den o. g. § 42 TierSchVersV dar.

Auf Absatz 5 beruhen § 41 und § 43 TierSchVersV, durch die die Mitteilungspflichten an das Bundesministerium und die Veröffentlichung der Projektzusammenfassungen geregelt werden. Näheres dazu im Abschnitt **3.4**.

### *§ 15a (Aufgaben nach EU-Recht)*

*Das Bundesinstitut für Risikobewertung nimmt die Aufgaben nach Artikel 49 der Richtlinie 2010/63/EU wahr. Das Bundesministerium wird ermächtigt, im Einvernehmen mit dem Bundesministerium für Bildung und Forschung durch Rechtsverordnung mit Zustimmung des Bundesrates das Nähere über die Aufgaben nach Artikel 49 der Richtlinie 2010/63/EU, einschließlich der Befugnisse des Bundesinstitutes für Risikobewertung zum Verkehr mit den zuständigen Behörden anderer Mitgliedstaaten und der Europäischen Kommission, soweit dies zur Durchführung von Rechtsakten der Europäischen Union erforderlich ist, zu regeln.*

Art. 49 der Richtlinie verlangt einen nationalen Ausschuss, der die zuständigen Behörden und die Tierschutzgremien in Angelegenheiten, die mit Erwerb, Zucht, Unterbringung, Pflege und Verwendung von Tieren in Tierversuchsverfahren zusammenhängen, berät und den Austausch bewährter Praktiken gewährleistet. Die nationalen Ausschüsse der Mitgliedstaaten tauschen Informationen über die Arbeitsweise der Tierschutzgremien und Projektbeurteilung sowie über bewährte Praktiken innerhalb der EU aus.
Auf § 15a beruht § 45 TierSchVersV, der dem Bundesinstitut neben den Verpflichtungen im Zusammenhang mit den sog. nichttechnischen Projektzusammenfassungen (**3.4.7**) die genannten Beratungsaufgaben und den Erfahrungsaustausch mit anderen nationalen Ausschüssen zuweist.
Das Bundesinstitut berät nach § 46 TierSchVersV darüber hinaus die zuständigen Behörden im Hinblick auf Alternativen zu Tierversuchen.

### *§ 16 (Überwachung)*

*(1) Der Aufsicht durch die zuständige Behörde unterliegen*
1. *Nutztierhaltungen einschließlich Pferdehaltungen,*
2. *Einrichtungen, in denen Tiere geschlachtet werden,*
3. *Einrichtungen, in denen*
   a) *Tierversuche durchgeführt werden,*
   b) *Wirbeltiere zu den in § 6 Abs. 1 Satz 2 Nr. 4 genannten Zwecken verwendet werden oder*
   c) *Wirbeltiere zu wissenschaftlichen Zwecken getötet werden*
4. *Einrichtungen und Betriebe nach § 11 Abs. 1 Satz 1,*
5. *Einrichtungen und Betriebe*
   a) *die gewerbsmäßig Tiere transportieren,*
   b) *in denen Tiere während des Transports ernährt, gepflegt oder untergebracht werden,*
6. *Zirkusbetriebe, die nicht gewerbsmäßig betrieben werden,*
7. *Tierhaltungen, die auf Grund einer nach § 13 Abs. 3 erlassenen Rechtsverordnung einer Genehmigung bedürfen,*
8. *Hersteller, Einführer und Inverkehrbringer von Stalleinrichtungen oder beim Schlachten verwendeter Betäubungsgeräte oder Betäubungsanlagen, soweit diese Personen eine Zulassung oder Bauartzulassung beantragt haben.*

*Einrichtungen und Betriebe nach Satz 1 Nummer 3 und § 11 Absatz 1 Satz 1 Nummer 1 und 2 werden regelmäßig und in angemessenem Umfang unter besonderer Berücksichtigung möglicher Risiken besichtigt. In Einrichtungen und*

*Betrieben nach Satz 1 Nummer 3 soll die Besichtigung mindestens alle drei Jahre erfolgen. In Einrichtungen und Betrieben nach Satz 1 Nummer 3 und § 11 Absatz 1 Satz 1 Nummer 1 und 2, in denen Primaten gezüchtet, gehalten oder verwendet werden, soll die Besichtigung jährlich erfolgen. Die Aufzeichnungen über die Besichtigungen und deren Ergebnisse sind ab dem Zeitpunkt der jeweiligen Aufzeichnung mindestens fünf Jahre aufzubewahren.*

*(1a) Wer nach § 11 Absatz 1 Satz 1 Nummer 4 und 8 Buchstabe d und nach Absatz 1 Nummer 6 Tiere an wechselnden Orten zur Schau stellt, hat jeden Ortswechsel spätestens beim Verlassen des bisherigen Aufenthaltsortes der zuständigen Behörde des beabsichtigten Aufenthaltsortes nach Maßgabe des Satzes 2 anzuzeigen. In der Anzeige sind anzugeben:*

1. *die Art der betroffenen Tiere,*
2. *der Name der für die Tätigkeit verantwortlichen Person,*
3. *die Räume und Einrichtungen, die für die Tätigkeit bestimmt sind.*

*(2) Natürliche und juristische Personen und nicht rechtsfähige Personenvereinigungen haben der zuständigen Behörde auf Verlangen die Auskünfte zu erteilen, die zur Durchführung der der Behörde durch dieses Gesetz übertragenen Aufgaben erforderlich sind.*

*(3) Personen, die von der zuständigen Behörde beauftragt sind, sowie in ihrer Begleitung befindliche Sachverständige der Europäischen Kommission und anderer Mitgliedstaaten der Europäischen Union (Mitgliedstaaten) dürfen zum Zwecke der Aufsicht über die in Absatz 1 bezeichneten Personen und Einrichtungen und im Rahmen des Absatzes 2*

1. *Grundstücke, Geschäftsräume, Wirtschaftsgebäude und Transportmittel des Auskunftspflichtigen während der Geschäfts- oder Betriebszeit betreten, besichtigen und dort zur Dokumentation Bildaufzeichnungen, mit Ausnahme von Bildaufzeichnungen von Personen, anfertigen,*
2. *zur Verhütung dringender Gefahren für die öffentliche Sicherheit und Ordnung*
   a) *die in Nummer 1 bezeichneten Grundstücke, Räume, Gebäude und Transportmittel außerhalb der dort genannten Zeiten,*
   b) *Wohnräume des Auskunftspflichtigen betreten, besichtigen sowie zur Dokumentation Bildaufzeichnungen, mit Ausnahme von Bildaufzeichnungen von Personen, anfertigen; das Grundrecht der Unverletzlichkeit der Wohnung (Artikel 13 des Grundgesetzes) wird insoweit eingeschränkt,*
3. *geschäftliche Unterlagen einsehen,*
4. *Tiere untersuchen und Proben, insbesondere Blut-, Harn-, Kot- und Futterproben, entnehmen,*
5. *Verhaltensbeobachtungen an Tieren auch mittels Bild- oder Tonaufzeichnungen durchführen.*

*Der Auskunftspflichtige hat die mit der Überwachung beauftragten Personen zu unterstützen, ihnen auf Verlangen insbesondere die Grundstücke, Räume, Einrichtungen und Transportmittel zu bezeichnen, Räume, Behältnisse und Trans-*

*portmittel zu öffnen, bei der Besichtigung und Untersuchung der einzelnen Tiere Hilfestellung zu leisten, die Tiere aus den Transportmitteln zu entladen und die geschäftlichen Unterlagen vorzulegen. Die mit der Überwachung beauftragten Personen sind befugt, Abschriften oder Ablichtungen von Unterlagen nach Satz 1 Nummer 3 oder Ausdrucke oder Kopien von Datenträgern, auf denen Unterlagen nach Satz 1 Nummer 3 gespeichert sind, anzufertigen oder zu verlangen. Der Auskunftspflichtige hat auf Verlangen der zuständigen Behörde in Wohnräumen gehaltene Tiere vorzuführen, wenn der dringende Verdacht besteht, dass die Tiere nicht artgemäß oder verhaltensgerecht gehalten werden und ihnen dadurch erhebliche Schmerzen, Leiden oder Schäden zugefügt werden und eine Besichtigung der Tierhaltung in Wohnräumen nicht gestattet wird.*

*(4) Der zur Auskunft Verpflichtete kann die Auskunft auf solche Fragen verweigern, deren Beantwortung ihn selbst oder einen der in § 383 Abs. 1 Nr. 1 bis 3 der Zivilprozessordnung bezeichneten Angehörigen der Gefahr strafgerichtlicher Verfolgung oder eines Verfahrens nach dem Gesetz über Ordnungswidrigkeiten aussetzen würde.*

*(4a) Wer*

1. *als Betreiber einer Schlachteinrichtung oder als Gewerbetreibender im Durchschnitt wöchentlich mindestens 50 Großvieheinheiten schlachtet oder*
2. *Arbeitskräfte bereitstellt, die Schlachttiere zuführen, betäuben oder entbluten,*

*hat der zuständigen Behörde einen weisungsbefugten Verantwortlichen für die Einhaltung der Anforderungen dieses Gesetzes und der auf Grund dieses Gesetzes erlassenen Rechtsverordnungen zu benennen. Wer eine Tierhaltung, eine Einrichtung oder einen Betrieb nach Absatz 1 Nr. 1, 3, 5 oder 6 betreibt oder führt, kann durch die zuständige Behörde im Einzelfall verpflichtet werden, einen weisungsbefugten sachkundigen Verantwortlichen für die Einhaltung der Anforderungen dieses Gesetzes und der darauf beruhenden Verordnungen zu benennen. Dies gilt nicht für Betriebe, die der Erlaubnispflicht nach § 11 Abs. 1 unterliegen.*

*(5) Das Bundesministerium wird ermächtigt, durch Rechtsverordnung mit Zustimmung des Bundesrates, soweit es zum Schutz der Tiere erforderlich ist, die Überwachung näher zu regeln. Es kann dabei insbesondere*

1. *die Durchführung von Untersuchungen einschließlich der Probenahme,*
2. *die Maßnahmen, die zu ergreifen sind, wenn Tiertransporte diesem Gesetz oder den auf Grund dieses Gesetzes erlassenen Rechtsverordnungen nicht entsprechen,*
3. *Einzelheiten der Duldungs-, Unterstützungs- und Vorlagepflichten und*
4. *Pflichten zur Aufzeichnung und zur Aufbewahrung von Unterlagen*

*regeln. Rechtsverordnungen nach Satz 2 Nummer 4 bedürfen, soweit sich die Regelungen auf Tiere beziehen, die zur Verwendung in Tierversuchen bestimmt sind oder deren Gewebe oder Organe dazu bestimmt sind, zu wissenschaftlichen Zwecken verwendet zu werden, des Einvernehmens des Bundesministeriums für Bildung und Forschung.*

*(6) Personenbezogene Daten dürfen nur erhoben oder verwendet werden, soweit die Erhebung oder Verwendung zur Erfüllung von Aufgaben erforderlich ist, die der verantwortlichen Stelle nach diesem Gesetz oder nach einer auf Grund dieses Gesetzes erlassenen Rechtsverordnung obliegen. Das Bundesministerium wird ermächtigt, durch Rechtsverordnung mit Zustimmung des Bundesrates die Einzelheiten der Datenerhebung und -verwendung zu regeln. Das Bundesministerium wird ferner ermächtigt, durch Rechtsverordnung mit Zustimmung des Bundesrates die Einrichtung und Führung von Registern zu regeln, aus denen die zuständigen Behörden die für die Überwachung von Betrieben nach § 11 Absatz 1 Satz 1 Nummer 8 Buchstabe d mit wechselnden Standorten erforderlichen personenbezogenen Daten automatisiert abrufen können. (…)*
*Im Übrigen bleiben das Bundesdatenschutzgesetz und die Datenschutzgesetze der Länder unberührt.*
*(6a) Die nach Landesrecht für die Lebensmittelüberwachung, die Tierarzneimittelüberwachung und die für die Erhebung der Daten nach tierseuchenrechtlichen Vorschriften über den Verkehr mit Vieh für die Anzeige und die Registrierung Vieh haltender Betriebe zuständigen Behörden übermitteln der für die Überwachung nach § 15 Absatz 1 Satz 1 zuständigen Behörde auf Ersuchen die zu deren Aufgabenerfüllung erforderlichen Daten. Die Daten dürfen für die Dauer von drei Jahren aufbewahrt werden. Die Frist beginnt mit Ablauf desjenigen Jahres, in dem die Daten übermittelt worden sind. Nach Ablauf der Frist sind die Daten zu löschen. Fristen zur Aufbewahrung, die sich aus anderen Rechtsvorschriften ergeben, bleiben unberührt.*
*(7) Bestehen bei der zuständigen Behörde erhebliche Zweifel, ob bei bestimmungsgemäßem Gebrauch serienmäßig hergestellte Aufstallungssysteme und Stalleinrichtungen zum Halten landwirtschaftlicher Nutztiere und beim Schlachten verwendete Betäubungsgeräte und -anlagen den Anforderungen dieses Gesetzes sowie der auf Grund dieses Gesetzes erlassenen Rechtsverordnungen entsprechen, kann dem Hersteller oder Anbieter aufgegeben werden, auf seine Kosten eine gutachterliche Stellungnahme einer einvernehmlich zu benennenden unabhängigen Sachverständigenstelle oder Person beizubringen, soweit er nicht auf den erfolgreichen Abschluss einer freiwilligen Prüfung nach Maßgabe einer nach § 13a Abs. 1 erlassenen Rechtsverordnung verweisen kann. Satz 1 gilt nicht, soweit Stalleinrichtungen auf Grund einer Rechtsverordnung nach § 13a Abs. 2 oder Betäubungsgeräte oder Betäubungsanlagen auf Grund einer Rechtsverordnung nach § 13a Abs. 5 zugelassen oder bauartzugelassen sind.*

Die Regelungen dieses Paragraphen stellen klar, welche Tierhaltungen oder sonstigen Unternehmen der Aufsicht durch die jeweilige nach Landesrecht zuständige Behörde unterstehen. Dazu zählen insbesondere alle Nutztierhaltungen, alle Einrichtungen im Zusammenhang mit Versuchstieren, Schlachthöfe, Transportunternehmen, Sammelstellen und alle diejenigen, die eine Erlaubnis nach § 11 benötigen. Die **Überwachung** wird grundsätz-

lich risikoorientiert durchgeführt, wobei für Einrichtungen mit Versuchstieren Mindestkontrollfrequenzen festgehalten sind.
Um die Überwachung überhaupt erst zu ermöglichen, wird für gewerbsmäßige und nichtgewerbsmäßige Zirkusunternehmen und reisende Tierschauen festgelegt, dass sie jeden Ortswechsel mitteilen müssen. Unterbleibt dies, handelt es sich um eine Ordnungswidrigkeit.
Für alle natürlichen und juristischen Personen bzw. Personenvereinigungen – auch über die in Absatz 1 genannten Tierhaltungen oder Unternehmen hinaus – bestehen Pflichten im Zusammenhang mit der behördlichen Überwachungstätigkeit. Es handelt sich dabei um Auskunfts-, Duldungs- und Mitwirkungspflichten. Die Kontrolltätigkeit der Behörden einschließlich der Einsicht von Unterlagen, Probennahmen und Bildaufnahmen (außer von Personen) muss nicht nur geduldet, sondern im Bedarfsfall unterstützt werden. Werden diese Pflichten nicht erfüllt, handelt es sich ebenfalls um eine Ordnungswidrigkeit, die mit einem Bußgeld bis zu fünftausend Euro geahndet werden kann. Die Auskunftspflicht wird allerdings insoweit eingeschränkt, als der Kontrollierte sich selbst oder seine nächsten Angehörigen nicht belasten muss. Der Auskunftspflichtige muss zudem über diese Regelung belehrt werden, wenn es Hinweise dafür gibt, dass er dabei ist, sich oder seine Angehörigen zu belasten. Bei Tieren, die in Privaträumen gehalten werden, muss der Auskunfts- und Mitwirkungspflichtige die Tiere im Bedarfsfall außerhalb der Privaträume vorführen, falls er das Betreten seiner Wohnung nicht gestattet.
Außerdem regelt § 16 die Befugnisse der Behörde während der Kontrolltätigkeit, insbesondere die Betretungsrechte. Für behördliche Überwachungszwecke dürfen alle zu den aufgeführten Tierhaltungen oder zum Unternehmen gehörenden Grundstücke, Räume, Wirtschaftsgebäude und Transportmittel während der üblichen Geschäftszeiten betreten und besichtigt werden. Mit den üblichen Geschäftszeiten sind dabei die Zeiten gemeint, bei denen in der jeweiligen Tierhaltung oder im jeweiligen Unternehmen gearbeitet wird. Damit können bei vielen der genannten Tierhaltungen oder Unternehmen durchaus vor oder nach den üblichen Bürozeiten Kontrollen durchgeführt werden, ohne eine besondere Gefährdungslage geltend machen zu müssen.
Zur Verhütung dringender Gefahren für die öffentliche Sicherheit und Ordnung sind auch außerhalb der genannten Zeiten Überwachungstätigkeiten möglich. Dringende Gefahren für die öffentliche Sicherheit und Ordnung sind neben Gefahren für die Gesundheit der Bevölkerung oder anderer Tiere auch eine dringende Gefahr für die Tiere, die überprüft werden sollen. In einer solchen Situation ist auch das Betreten von Wohnräumen durch die Behörde gestattet. Ob mit der dringenden Gefahr jede ernsthaft anzunehmende Verletzung tierschutzrechtlicher Vorgaben gemeint ist, wird unterschiedlich gesehen.

Ein richterlicher Durchsuchungsbeschluss wird nur dann benötigt, wenn in Wohnungen systematisch nach Tieren gesucht werden soll. Handelt es sich bei einer Kontrolle lediglich um das Betreten von Räumlichkeiten und eine Nachschau nach den Tieren, ohne regelrecht zu suchen, dann genügen auch bei Wohnungen die hier aufgeführten Betretungsrechte.
Der im Weiteren genannte weisungsbefugte Verantwortliche nach Absatz 4a wird bei Schlachthöfen inzwischen durch den Tierschutzbeauftragten nach Art. 17 der EU-Verordnung (EG) Nr. 1099/2009 ersetzt.
Eine nach Absatz 5 vorstellbare Tierschutz-Überwachungsverordnung existiert derzeit nicht. Die Ermächtigung in Absatz 6 wurde dagegen für den Erlass der ZirkRegV genutzt.
Unter bestimmten Bedingungen können auch Daten aus anderen Bereichen der veterinärrechtlichen Überwachung für die Überwachung nach dem Tierschutzrecht genutzt werden. Ob und inwieweit von der behördlichen Befugnis nach Absatz 7 Gebrauch gemacht wird, ist nicht bekannt.

### *§ 16a (Behördliche Anordnungen)*

*(1) Die zuständige Behörde trifft die zur Beseitigung festgestellter Verstöße und die zur Verhütung künftiger Verstöße notwendigen Anordnungen. Sie kann insbesondere*

1. *im Einzelfall die zur Erfüllung der Anforderungen des § 2 erforderlichen Maßnahmen anordnen,*
2. *ein Tier, das nach dem Gutachten des beamteten Tierarztes mangels Erfüllung der Anforderungen des § 2 erheblich vernachlässigt ist oder schwerwiegende Verhaltensstörungen aufzeigt, dem Halter fortnehmen und so lange auf dessen Kosten anderweitig pfleglich unterbringen, bis eine den Anforderungen des § 2 entsprechende Haltung des Tieres durch den Halter sichergestellt ist; ist eine anderweitige Unterbringung des Tieres nicht möglich oder ist nach Fristsetzung durch die zuständige Behörde eine den Anforderungen des § 2 entsprechende Haltung durch den Halter nicht sicherzustellen, kann die Behörde das Tier veräußern; die Behörde kann das Tier auf Kosten des Halters unter Vermeidung von Schmerzen töten lassen, wenn die Veräußerung des Tieres aus rechtlichen oder tatsächlichen Gründen nicht möglich ist oder das Tier nach dem Urteil des beamteten Tierarztes nur unter nicht behebbaren erheblichen Schmerzen, Leiden oder Schäden weiterleben kann,*
3. *demjenigen, der den Vorschriften des § 2, einer Anordnung nach Nummer 1 oder einer Rechtsverordnung nach § 2 a wiederholt oder grob zuwidergehandelt und dadurch den von ihm gehaltenen oder betreuten Tieren erhebliche oder länger anhaltende Schmerzen oder Leiden oder erhebliche Schäden zugefügt hat, das Halten oder Betreuen von Tieren einer bestimmten oder jeder Art untersagen oder es von der Erlangung eines entsprechenden Sachkundenachweises abhängig machen, wenn Tatsachen die Annahme rechtfertigen, dass er weiterhin derartige Zuwiderhandlungen begehen wird; auf*

*Antrag ist ihm das Halten oder Betreuen von Tieren wieder zu gestatten, wenn der Grund für die Annahme weiterer Zuwiderhandlungen entfallen ist,*

*4. die Einstellung von Tierversuchen anordnen, die ohne die erforderliche Genehmigung oder entgegen einem tierschutzrechtlichen Verbot durchgeführt werden.*

*(2) Die zuständige Behörde untersagt die Durchführung eines nach § 8a Absatz 1 oder 3 oder eines auf Grund einer Rechtsverordnung nach § 8a Absatz 4 anzuzeigenden Versuchsvorhabens oder die Vornahme einer auf Grund einer Rechtsverordnung nach § 8 Absatz 3 Nummer 4 oder § 8a Absatz 5 Nummer 4 anzuzeigenden Änderung eines Versuchsvorhabens, soweit die Einhaltung der für die Durchführung von Tierversuchen geltenden Vorschriften dieses Gesetzes und der auf Grund dieses Gesetzes erlassenen Rechtsverordnungen nicht sichergestellt ist und diesem Mangel nicht innerhalb einer von der zuständigen Behörde gesetzten Frist abgeholfen worden ist.*

*(3) Die zuständige Behörde trifft die erforderlichen Anordnungen, um sicherzustellen, dass*

*1. die Anordnung der Einstellung von Tierversuchen, die Untersagung der Durchführung von Versuchsvorhaben oder der Widerruf oder die Rücknahme der Genehmigung eines Versuchsvorhabens keine nachteiligen Auswirkungen auf das Wohlergehen der Tiere hat, die in den Tierversuchen oder Versuchsvorhaben verwendet werden oder verwendet werden sollen, und*

*2. die Untersagung der Ausübung einer Tätigkeit nach § 11 Absatz 1 Satz 1 Nummer 1 oder die Rücknahme oder der Widerruf einer Erlaubnis nach § 11 Absatz 1 Satz 1 Nummer 1 keine negativen Auswirkungen auf das Wohlergehen der Tiere hat, die in den der jeweiligen Tätigkeit dienenden Betrieben oder Einrichtungen gehalten werden.*

Die hier aufgeführten Regelungen stellen die sog. **tierschutzrechtliche Generalklausel** und die wichtigste Grundlage für das verwaltungsrechtliche Handeln der Tierschutzbehörden dar. Üblicherweise wird der erste Satz im ersten Absatz so verstanden, dass die Behörde nicht nur handeln kann, sondern unter Beachtung des Verhältnismäßigkeitsgrundsatzes im Regelfall auch handeln muss, wenn dies zur Beseitigung festgestellter oder künftiger Verstöße notwendig ist.

Vor Erläuterungen zum Verhältnismäßigkeitsprinzip soll an dieser Stelle verdeutlicht werden, dass sich verwaltungsrechtliches Vorgehen und Bußgeld- bzw. Strafverfahren sinnvoll ergänzen. Straf- und bußgeldrechtliche Regelungen beziehen sich immer auf Verstöße, die bereits geschehen sind, und entfalten dadurch v. a. eine rückwärtsgewandte, repressive bzw. sanktionierende Wirkung. Stark vereinfacht zielt dagegen das verwaltungsrechtliche Handeln der Behörden durch Verwaltungsakte (Anordnungen oder synonym Verfügungen, Genehmigungen, Verbote) darauf ab, die Fortsetzung von Verstößen oder künftige Verstöße zu verhindern, ist also stärker in die

Zukunft gerichtet. Sollte es dennoch zu den Verstößen kommen, dann kommen die zuvor in der Anordnung oder Genehmigung bzw. im Gesetz festgehaltenen Auswirkungen (Zwangsgeld, Aufhebung der Genehmigung o. Ä.) zum Tragen.
Von vornherein ist dabei zu beachten, dass bei allen Verwaltungsakten analog zu Bußgeldbescheiden die Möglichkeit für den oder die Betroffenen besteht, Rechtsmittel einzulegen. Dies wird im Verwaltungsverfahren als Widerspruch bezeichnet. Dadurch kann, abhängig von der konkreten Ausgestaltung des Verwaltungsaktes, eine aufschiebende Wirkung für die angeordneten Maßnahmen entstehen. Werden Rechtsmittel eingelegt, schließt sich in der Regel ein Widerspruchsverfahren an, das ggf. eine verwaltungsgerichtliche Klärung nach sich zieht.
Zentrales Element des verwaltungsrechtlichen Vorgehens, das insgesamt durch Verwaltungsverfahrensgesetze geregelt wird, ist der Verhältnismäßigkeitsgrundsatz. Vorausgesetzt, dass die Rechtsnorm der Behörde entsprechenden Spielraum zubilligt, führt dieses Prinzip dazu, dass die Behörde dazu verpflichtet ist, bei jeder Maßnahme ihr Ermessen auszuüben. Dies beinhaltet – ebenfalls sehr vereinfacht dargestellt –, dass für eine Maßnahme, bei der Ermessensspielraum besteht, geprüft werden muss, ob sie geeignet, erforderlich und verhältnismäßig ist. Geeignet ist sie, wenn sie zweckmäßig und zielführend ist. Unter Erforderlichkeit versteht man, dass eine Maßnahme zur Behebung oder Verhinderung von Verstößen nicht durch eine andere ebenso wirksame, aber weniger einschneidende Maßnahme ersetzbar ist. Außerdem muss die Maßnahme verhältnismäßig sein, weshalb geprüft und dargelegt werden muss, dass die Maßnahme zumutbar ist und nicht in einem Missverhältnis dazu steht, was behoben werden soll. Die pflichtgemäße Ermessensausübung führt dazu, dass die Behörde immer zuerst das sog. mildeste geeignete Mittel wählen muss, um rechtskonforme Zustände herzustellen. Diese Maßnahme ist für Außenstehende oft nicht erkennbar. Das Vorgehen der Behörde wird deshalb bisweilen als nicht nachvollziehbar empfunden.
Ein Tierhalter muss i. d. R. zunächst durch eine Anordnung der Behörde dazu aufgefordert werden, Missstände zu beheben, also bspw. selbst für Futter und Wasser bei seinen Tieren zu sorgen, auszumisten, Verletzungsgefahren auszuzäunen o. Ä. Eine solche Anordnung muss konkret formulieren, welche Schritte ein Tierhalter unternehmen muss, und darf nicht pauschal rechtskonforme Haltungsbedingungen einfordern. Der Anordnung muss eine Anhörung der verantwortlichen Person zum Sachverhalt vorausgehen; sie enthält außerdem Fristen, bis zu deren Ende Missstände behoben sein müssen.
Wenn der Tierhalter innerhalb der ihm gesetzten Frist nicht erfüllt, was die Behörde verlangt, kann die Behörde u. a. ein Zwangsgeld verhängen oder jemand anderen z. B. mit der Versorgung der Tiere beauftragen. Letzteres

wird als **Ersatzvornahme** bezeichnet. Verschlechtern sich die Verhältnisse immer mehr, kann die Behörde schließlich eine **Fortnahme** der Tiere veranlassen. Damit wird zwar nicht ausgeschlossen, dass in bestimmten Fällen Tiere auch sofort fortgenommen werden, wenn dies in Anbetracht einer konkreten Situation das einzige geeignete Mittel darstellt. In den meisten Fällen geht aber Fortnahmen monatelanges „Tauziehen" voraus. Dieses „Tauziehen" kann unter bestimmten Bedingungen dadurch vermindert werden, dass die Behörde die sog. sofortige Vollziehbarkeit der Maßnahmen mitverfügt, womit auch die aufschiebende Wirkung eines Widerspruchs entfällt. Die Behörde muss die sofortige Vollziehbarkeit allerdings ebenfalls begründen und auch dafür ihre pflichtgemäße Ermessensausübung darstellen.

Im vorliegenden Absatz 1 wird ein Katalog möglicher behördlicher Maßnahmen dargestellt. Es handelt sich dabei nicht um eine abschließende Aufzählung. Das wird durch die Formulierung verdeutlicht, dass die Behörde *insbesondere* die aufgeführten Maßnahmen ergreifen kann.

Die aufgeführten Maßnahmen kann man auch als Abfolge von Steigerungsmöglichkeiten verstehen, was zu den eingangs geschilderten Grundsätzen des Verwaltungshandelns passt. Üblicherweise wird die Behörde also zunächst mündlich und/oder schriftlich anordnen, was im konkreten Fall durch den Tierhalter unternommen werden muss, um Verhältnisse i. S. von § 2 TierSchG herzustellen. Bei gravierenderen Missständen kommt die zunächst vorübergehende Fortnahme der Tiere mit anderweitiger Unterbringung (in einem Tierheim o. Ä.) in Betracht. Daraus kann eine dauerhafte Fortnahme werden, die zum Verkauf bzw. der Vermittlung der Tiere, unter bestimmten Bedingungen auch zu deren Tötung führt, wenn der Tierhalter nicht innerhalb der ihm gesetzten Frist rechtskonforme Haltungsbedingungen herstellt. An Tierfortnahmen schließen sich häufig Tierhaltungs- und Betreuungsverbote an, wenn die in Absatz 3 genannten Voraussetzungen erfüllt sind. Auch andere schwere Verstöße gegen das Tierschutzrecht (z. B. Tierquälerei i. S. von § 17) können Anlass für ein verwaltungsrechtliches Haltungs- und/oder Betreuungsverbot sein. Solche Verbote können auf Antrag des Betroffenen ggf. wieder aufgehoben werden.

Weitere ausdrücklich aufgeführte Maßnahmen betreffen Tierversuche. So kann die Behörde ungenehmigte Tierversuche beenden lassen, die Durchführung genehmigter oder angezeigter Versuchsvorhaben verbieten, wenn Rechtsverstöße vorliegen, oder auch die Zucht und Haltung von Versuchstieren unterbinden. Dabei muss natürlich sichergestellt werden, dass die Tiere selbst durch die Maßnahme keine negativen Auswirkungen erdulden müssen.

### *§ 16b (Tierschutzkommission; Ermächtigung zum Erlass einer Rechtsverordnung)*

*(1) Das Bundesministerium beruft eine Tierschutzkommission zu seiner Unterstützung in Fragen des Tierschutzes. Vor dem Erlass von Rechtsverordnungen und allgemeinen Verwaltungsvorschriften nach diesem Gesetz hat das Bundesministerium die Tierschutzkommission anzuhören.*
*(2) Das Bundesministerium wird ermächtigt, (…)*

Regelungen zur Zusammensetzung, der Arbeitsweise und den Befugnissen der zwölfköpfigen Kommission sind in der TierSchKomV geregelt.

### *§ 16c (Meldepflicht von Tierversuchen)*

*Das Bundesministerium wird ermächtigt, durch Rechtsverordnung (…) Personen, Einrichtungen und Betriebe, die Tierversuche an Wirbeltieren oder Kopffüßern durchführen oder die Wirbeltiere nach § 4 Absatz 3 verwenden, (…)*
*1. zu verpflichten, (…) zu melden und*
*2. das Melde- und Übermittlungsverfahren zu regeln.*

Diese Ermächtigung wurde zuletzt für den Erlass der VersTierMeldV aus dem Jahr 2013 genutzt (**3.4**).

### *§ 16d (Allgemeine Verwaltungsvorschriften)*

*Das Bundesministerium erlässt mit Zustimmung des Bundesrates die allgemeinen Verwaltungsvorschriften, die zur Durchführung dieses Gesetzes und der auf Grund dieses Gesetzes erlassenen Rechtsverordnungen erforderlich sind.*

Auf dieser Ermächtigungsgrundlage beruht die **Allgemeine Verwaltungsvorschrift** zur Durchführung des Tierschutzgesetzes vom 9. Februar 2000 (AVV). Sie richtet sich an die Behörden und soll für Regelfälle gleichartiges Verwaltungshandeln sicherstellen. Für Interessierte außerhalb der Behörden kann sie als Orientierungshilfe dafür herangezogen werden, wie bestimmte Sachverhalte behördenseitig üblicherweise bewertet werden.

### *§ 16e (Bericht der Bundesregierung)*

*Die Bundesregierung erstattet dem Deutschen Bundestag alle vier Jahre einen Bericht über den Stand der Entwicklung des Tierschutzes.*

Die Berichte können auf der Homepage des zuständigen Bundesministeriums eingesehen und von dort abgerufen werden. Der derzeit letzte Bericht stammt aus dem Jahr 2015.

### *§ 16f (Informationsaustausch zwischen Behörden der EG)*

*(1) Die zuständigen Behörden*

1. *erteilen der zuständigen Behörde eines anderen Mitgliedstaates auf begründetes Ersuchen Auskünfte und übermitteln die erforderlichen Schriftstücke, um ihr die Überwachung der Einhaltung tierschutzrechtlicher Vorschriften zu ermöglichen,*
2. *überprüfen die von der ersuchenden Behörde mitgeteilten Sachverhalte und teilen ihr das Ergebnis der Prüfung mit.*

*(2) Die zuständigen Behörden erteilen der zuständigen Behörde eines anderen Mitgliedstaates unter Beifügung der erforderlichen Schriftstücke Auskünfte, die für die Überwachung in diesem Mitgliedstaat erforderlich sind, insbesondere bei Verstößen oder Verdacht auf Verstöße gegen tierschutzrechtliche Vorschriften.*

*(3) Die zuständigen Behörden können, soweit dies zum Schutz der Tiere erforderlich oder durch Rechtsakte der Europäischen Gemeinschaft oder der Europäischen Union vorgeschrieben ist, Daten, die sie im Rahmen der Überwachung gewonnen haben, den zuständigen Behörden anderer Länder und anderer Mitgliedstaaten, dem Bundesministerium, dem Bundesamt für Verbraucherschutz und Lebensmittelsicherheit und der Kommission der Europäischen Gemeinschaft mitteilen.*

### *§ 16g (Verkehr mit zuständigen Behörden anderer Mitgliedstaaten)*

*(1) Der Verkehr mit den zuständigen Behörden anderer Mitgliedstaaten und der Europäischen Kommission obliegt dem Bundesminister. Es kann diese Befugnis durch Rechtsverordnung ohne Zustimmung des Bundesrates auf das Bundesamt für Verbraucherschutz und Lebensmittelsicherheit und durch Rechtsverordnung auf die zuständigen obersten Landesbehörden übertragen. Ferner kann es im Einzelfall im Benehmen mit der zuständigen obersten Landesbehörde dieser die Befugnis übertragen. Die obersten Landesbehörden können die Befugnis nach den Sätzen 2 und 3 auf andere Behörden übertragen.*

*(2) Abweichend von Absatz 1 Satz 1 obliegt im Falle des Artikels 47 Absatz 5 der Richtlinie 2010/63/EU der Verkehr mit den zuständigen Behörden anderer Mitgliedstaaten und der Europäischen Kommission dem Bundesinstitut für Risikobewertung, soweit sich das Bundesministerium im Einzelfall nicht etwas anderes vorbehält.*

### *§ 16h (Geltung der §§ 16f und 16g für EWR-Länder)*

*Die §§ 16f und 16g gelten entsprechend für Staaten, die – ohne Mitgliedstaaten zu sein – Vertragsstaaten des Abkommens über den Europäischen Wirtschaftsraum sind.*

***§ 16i (Schlichtung durch Schiedsspruch bei Streitigkeiten)***

*(1) Ist eine von der zuständigen Behörde getroffene Maßnahme, die sich auf die Durchführung von Tiertransporten aus anderen Mitgliedstaaten bezieht, zwischen ihr und dem Verfügungsberechtigten streitig, so können beide Parteien einvernehmlich den Streit durch den Schiedsspruch eines Sachverständigen schlichten lassen. Die Streitigkeit ist binnen eines Monats nach Bekanntgabe der Maßnahme einem Sachverständigen zu unterbreiten, der in einem von der Europäischen Kommission aufgestellten Verzeichnis aufgeführt ist. Der Sachverständige hat das Gutachten binnen 72 Stunden zu erstatten.*
*(2) Auf den Schiedsvertrag und das schiedsgerichtliche Verfahren finden die Vorschriften der §§ 1025 bis 1065 der Zivilprozessordnung entsprechende Anwendung. (...).*

§§ 16 f bis 16i regeln die Zusammenarbeit der Tierschutzbehörden auf europäischer Ebene.

***§ 16j (Einheitliche Stelle)***

*Verwaltungsverfahren nach diesem Gesetz können in den Ländern über eine einheitliche Stelle abgewickelt werden.*

Nach Art. 6 der Richtlinie 2006/123/EG ist sicherzustellen, dass Dienstleistungserbringer alle Verfahren und Formalitäten, die für die Aufnahme ihrer Tätigkeiten erforderlich sind (insbesondere Erklärungen, Anmeldungen und die Beantragung von Genehmigungen), über die sogenannte einheitliche Stelle abwickeln können.

## 1.11 Straf- und Bußgeldvorschriften

***§ 17 (Straftaten)***

*Mit Freiheitsstrafe bis zu drei Jahren oder mit Geldstrafe wird bestraft, wer*
*1. ein Wirbeltier ohne vernünftigen Grund tötet oder*
*2. einem Wirbeltier*
   *a) aus Rohheit erhebliche Schmerzen oder Leiden oder*
   *b) länger anhaltende oder sich wiederholende erhebliche Schmerzen oder Leiden zufügt.*

Strafrechtliche Bestimmungen gegen Tierquälerei gehören zu den älteren tierschutzrechtlichen Normen und wurden ab dem 19. Jhd. in die Rechtssetzung bzw. Rechtsprechung verschiedener Länder integriert. Damals dominierte allerdings eine anthropozentrische Sichtweise, weshalb die Bestimmungen auf den Schutz des menschlichen Empfindens und nicht auf das Wohl der Tiere selbst fokussiert waren.
Die hier formulierte strafrechtliche Norm ist zwar am ethisch begründeten Tierschutz ausgerichtet, verdeutlicht aber auch die privilegierte Stellung

von Wirbeltieren, weil tierquälerische Handlungen an Nicht-Wirbeltieren keine Straftat darstellen und nur als Ordnungswidrigkeit nach § 18 geahndet werden können.

Im Zusammenhang mit Straftaten und deren Anzeige bei der Polizei oder Staatsanwaltschaft gilt es, verschiedene allgemeine Regeln zu beachten.

- Für Straftaten gilt das **Legalitätsprinzip**. Das bedeutet, dass die Strafverfolgungsbehörden (Staatsanwaltschaft, Polizei) zumindest ein Ermittlungsverfahren eröffnen müssen, wenn ihnen Tatsachen mitgeteilt oder sonst bekannt werden, die den Verdacht einer Straftat ergeben.
- Täter i. S. des § 17 kann nur eine natürliche Person sein. Einrichtungen, Betriebe, Vereine o. Ä. kommen anders als bei Ordnungswidrigkeiten nicht als Täter in Betracht.
- Mittäterschaft, Anstiftung und Beihilfe zur Straftat sind ebenfalls strafbar.
- Eine Straftat i. S. von § 17 kann auch durch Unterlassung verwirklicht werden.
- Der Versuch einer Straftat nach § 17 ist grundsätzlich nicht strafbar. Für eine Strafbarkeit ist die Vollendung der Straftat notwendig.

Die Voraussetzungen für eine strafrechtliche Ahndung nach § 17 entsprechen denen für alle **Straftaten**. Gemeint sind hier die objektive und subjektive Tatbestandserfüllung, die Rechtswidrigkeit und die Schuldhaftigkeit. Die objektive Tatbestandserfüllung bedeutet, dass durch die Tat die im Paragraphen benannten Kriterien erfüllt werden (z. B. „wiederholt", „erheblich" etc.).

Strafbarkeit erfordert aber auch, dass täterseitig, also für das handelnde Subjekt, bestimmte Voraussetzungen gegeben sind (die sog. subjektive Tatbestandserfüllung). Der Täter muss nämlich **vorsätzlich oder bedingt vorsätzlich** gehandelt haben. Vorsatz oder bedingter Vorsatz heißt, dass der Täter weiß, dass er die objektiven Tatbestandsvoraussetzungen erfüllt, und dies auch will bzw. billigend in Kauf nimmt. So muss bspw. im Falle der vorsätzlichen Tiertötung der Täter den Tod des Tieres als Folge seines Tuns erkannt und gebilligt haben; nicht ausreichend ist dagegen, wenn er lediglich hätte erkennen können, dass das Tier als Folge seines Handelns sterben konnte.

Vorsatz oder bedingten Vorsatz zu belegen ist häufig schwierig. Zweckdienlich kann es sein, entsprechende spontane Äußerungen des Täters festzuhalten. Solche Bemerkungen könnten bspw. in einer Kontrollsituation fallen, in der der Täter darauf hingewiesen wird, dass er einen schweren Rechtsverstoß begeht oder begehen wird, und er daraufhin spontan äußert, dass ihm das „gerade recht" oder „egal" sei. Dabei ist allerdings – wie bei § 16 dargestellt – zu beachten, dass der Täter sich und nahe Angehörige nicht selbst belasten muss. Im Gegensatz zur vorsätzlichen Tat kann die fahrlässige, also auf mangelnder Sorgfaltspflicht beruhende Verwirklichung der Tat, unter den Voraussetzungen des § 18 nur als Ordnungswidrigkeit verfolgt werden.

Eine Straftat muss zudem auch in dem Sinne rechtswidrig sein, dass der Täter nicht in Notwehr oder aus einem ähnlichen allgemeinen Rechtfertigungsgrund heraus handelt. Auch spezialgesetzliche Regelungen können eine Tatbestandsverwirklichung rechtfertigen. Strafbarkeit setzt außerdem voraus, dass der Täter schuldfähig ist.
Es wird an dieser Stelle ausdrücklich darauf hingewiesen, dass der mögliche Täterkreis bei Straftaten i. S. von § 17 alle natürlichen Personen umfasst und nicht etwa auf Tierhalter oder Betreuer begrenzt ist.
Fasst man die Erfahrungen der zurückliegenden Jahre mit § 17 zusammen, dann wird deutlich, dass die Hürden für die Ahndung eines tierschutzrechtlichen Verstoßes als Straftat hoch sind. Zahllose Verfahren aufgrund von Strafanzeigen durch die Tierschutzbehörden wurden und werden durch die Staatsanwaltschaften eingestellt.
Als Voraussetzung für die Ahndung nach § 17 sind neben den bereits genannten allgemeinen Bedingungen verschiedene weitere Aspekte zu beachten.
Das Töten eines Wirbeltieres kann zum einen durch den bei § 1 erläuterten tierschutzrechtlichen vernünftigen Grund, darüber hinaus aber auch z. B. durch Notwehr gerechtfertigt sein. Töten eines Wirbeltieres **ohne vernünftigen Grund** liegt allerdings vor, wenn bspw. gesunde als überzählig empfundene Katzenwelpen ertränkt werden oder wenn ein Tier getötet wird, weil es lästig geworden ist.
Für die Straftat nach Nr. 2 Buchstabe a müssen insbesondere die **Erheblichkeit** der Schmerzen und Leiden (dazu **1.1**) und die **Rohheit** herausgearbeitet werden. Erheblichkeit bedeutet, dass eine gewichtige Beeinträchtigung des Tieres stattfindet, die sich u. a. aus Art und Dauer der Einwirkung ergibt. Für die Erheblichkeit ist allerdings nicht erforderlich, dass sie offensichtlich, also für jeden verständigen Beobachter erkennbar sein muss. Als Rohheit wird eine gefühllose, das Leiden des Tieres missachtende Haltung des Täters eingestuft.
Die Straftat nach Nr. 2 Buchstabe b setzt zwar keine Rohheit voraus, verlangt aber neben der Erheblichkeit, dass die Schmerzen und Leiden wiederholt oder länger anhaltend bestehen. Beide Merkmale beziehen sich nicht auf das Zufügen, sondern auf die Folgen der Tat. Was als länger anhaltend zu werten ist, hängt auch von der Intensität der Beeinträchtigung ab. Je größer die ausgelösten Schmerzen und die Angst bei einem Tier sind, umso kürzer kann die Zeitspanne sein, um als länger anhaltend eingestuft zu werden. Zu denken ist dabei bspw. an fehlende oder unzureichende Betäubung beim Schlachten von Tieren.
Für die beiden Tatbestände nach Nr. 2 gibt es keine Rechtfertigung durch den vernünftigen Grund i. S. von § 1 dieses Gesetzes. Bei Nr. 2 Buchstabe a kommen auch die sog. allgemeinen Rechtfertigungsgründe nicht in Betracht, weil zur Gefahrenabwehr Rohheit nicht erforderlich ist.

Eine Rechtfertigung von Tatbeständen nach Nr. 2 Buchstabe b durch spezialgesetzliche Regelungen wie bspw. den §§ 7 und 7a des Gesetzes ist allerdings möglich.

***§ 18 (Ordnungswidrigkeiten)***

*(1) Ordnungswidrig handelt, wer vorsätzlich oder fahrlässig*

1. *einem Wirbeltier, das er hält, betreut oder zu betreuen hat, ohne vernünftigen Grund erhebliche Schmerzen, Leiden oder Schäden zufügt,*
2. *(weggefallen)*
3. *einer*
   a) *nach § 2a oder § 9 Absatz 2, 3, 4 oder 6 Satz 2, jeweils auch in Verbindung mit § 6 Absatz 1a Satz 1 Nummer 2, oder*
   b) *nach den §§ 4b, 5 Abs. 4, § 6 Abs. 4, § 8a Absatz 4 oder 5 Nummer 1, 2, 3 oder Nummer 4, § 9 Absatz 1 und 5 Satz 2, auch in Verbindung mit § 6 Absatz 1a Satz 1 Nummer 2 oder § 9 Absatz 6 Satz 2, § 10 Absatz 2 Satz 2, § 11 Absatz 3, § 11a Absatz 2, 3 Satz 3 oder Absatz 5, § 11b Absatz 4 Nummer 2, § 12 Abs. 2, § 13 Abs. 2 oder 3, §§ 13a, 14 Abs. 2, § 16 Abs. 5 Satz 1 oder § 16c*

   *erlassenen Rechtsverordnung zuwiderhandelt, soweit sie für einen bestimmten Tatbestand auf diese Bußgeldvorschrift verweist,*
4. *einem Verbot nach § 3 Satz 1 zuwiderhandelt,*
5. *entgegen § 4 Abs. 1 ein Wirbeltier tötet,*

5a. *entgegen § 4 Absatz 3 Satz 2 einen Hund, eine Katze oder einen Primaten tötet,*

6. *entgegen § 4a Abs. 1 ein warmblütiges Tier schlachtet,*
7. *entgegen § 5 Abs. 1 Satz 1 einen Eingriff ohne Betäubung vornimmt oder, ohne Tierarzt zu sein, entgegen § 5 Abs. 1 Satz 2 eine Betäubung vornimmt,*
8. *einem Verbot nach § 6 Abs. 1 Satz 1 zuwiderhandelt oder entgegen § 6 Abs. 1 Satz 3 einen Eingriff vornimmt,*
9. *(weggefallen)*

9a. *entgegen § 6 Absatz 1a Satz 2 oder Satz 3 zweiter Halbsatz eine Anzeige nicht, nicht richtig, nicht vollständig oder nicht rechtzeitig erstattet,*

10. *entgegen § 6 Abs. 2 elastische Ringe verwendet,*
11. *entgegen § 7a Absatz 3 oder 4 Satz 1 Tierversuche durchführt,*
12. *Versuche an Wirbeltieren ohne die nach § 8 Absatz 1 Satz 1 erforderliche Genehmigung durchführt,*
13. *bis 16. (weggefallen)*
17. *entgegen § 9 Absatz 6 Satz 1 Nummer 1 Buchstabe b, auch in Verbindung mit § 6 Absatz 1a Satz 1 Nummer 1, nicht sicherstellt, dass die Vorschrift des § 7 Absatz 1 Satz 3 eingehalten wird,*
18. *u. 19. (weggefallen)*

*20. eine Tätigkeit ohne die nach § 11 Abs. 1 Satz 1 erforderliche Erlaubnis ausübt oder einer mit einer solchen Erlaubnis verbundenen vollziehbaren Auflage zuwiderhandelt,*

*20a. einer vollziehbaren Anordnung nach § 11 Absatz 5 Satz 6 oder § 16a Absatz 1 Satz 2 Nummer 1, 3 oder Nummer 4 oder Absatz 2 oder 3 zuwiderhandelt,*

*20b. entgegen § 11 Absatz 6 Satz 1 in Verbindung mit einer Rechtsverordnung nach § 11 Absatz 6 Satz 2 Nummer 1 eine Anzeige nicht, nicht richtig, nicht vollständig oder nicht rechtzeitig erstattet,*

*21. (weggefallen)*

*21a. entgegen § 11a Absatz 4 Satz 1 ein Wirbeltier einführt,*

*22. Wirbeltiere entgegen § 11 b Abs. 1 züchtet oder durch biotechnische Maßnahmen verändert,*

*23. entgegen § 11c ein Wirbeltier an Kinder oder Jugendliche bis zum vollendeten 16. Lebensjahr abgibt,*

*24. (weggefallen)*

*25. entgegen § 13 Abs. 1 Satz 1 eine Vorrichtung oder einen Stoff anwendet,*

*25a. entgegen § 16 Abs. 1a Satz 1 eine Anzeige nicht, nicht richtig, nicht vollständig oder nicht rechtzeitig erstattet,*

*26. entgegen § 16 Abs. 2 eine Auskunft nicht, nicht richtig oder nicht vollständig erteilt oder einer Duldungs- oder Mitwirkungspflicht nach § 16 Abs. 3 Satz 2, auch in Verbindung mit einer Rechtsverordnung nach § 16 Abs. 5 Satz 2 Nr. 3, zuwiderhandelt oder*

*27. (weggefallen)*

*(2) Ordnungswidrig handelt auch, wer, abgesehen von den Fällen des Absatzes 1 Nr. 1, einem Tier ohne vernünftigen Grund erhebliche Schmerzen, Leiden oder Schäden zufügt.*

*(3) Ordnungswidrig handelt auch, wer vorsätzlich oder fahrlässig*

*1. einer unmittelbar geltenden Vorschrift in Rechtsakten der Europäischen Gemeinschaft oder der Europäischen Union zuwiderhandelt, die inhaltlich einem in*

  *a) Absatz 1 Nummer 4 bis 8, 11, 12, 17, 22 und 25 bezeichneten Gebot oder Verbot entspricht, soweit eine Rechtsverordnung nach § 18a Nr. 1 für einen bestimmten Tatbestand auf diese Bußgeldvorschrift verweist,*

  *b) Absatz 1 Nummer 9a, 10, 21a, 23 und 25a bezeichneten Gebot oder Verbot entspricht, soweit eine Rechtsverordnung nach § 18a Nr. 2 für einen bestimmten Tatbestand auf diese Bußgeldvorschrift verweist, oder*

*2. einer unmittelbar geltenden Vorschrift in Rechtsakten der Europäischen Gemeinschaft oder der Europäischen Union zuwiderhandelt, die inhaltlich einer Regelung entspricht, zu der die in Absatz 1*

  *a) Nr. 3 Buchstabe a genannte Vorschrift ermächtigt, soweit eine Rechtsverordnung nach § 18a Nr. 1 für einen bestimmten Tatbestand auf diese Bußgeldvorschrift verweist,*

*b) Nr. 3 Buchstabe b genannten Vorschriften ermächtigen, soweit eine Rechtsverordnung nach § 18a Nr. 2 für einen bestimmten Tatbestand auf diese Bußgeldvorschrift verweist.*

*(4) Die Ordnungswidrigkeit kann in den Fällen des Absatzes 1 Nummer 1 und 3 Buchstabe a, Nummer 4 bis 8, 11, 12, 17, 20, 20a, 22 und 25, des Absatzes 2 sowie des Absatzes 3 Nummer 1 Buchstabe a und Nummer 2 Buchstabe a mit einer Geldbuße bis zu fünfundzwanzigtausend Euro, in den übrigen Fällen mit einer Geldbuße bis zu fünftausend Euro geahndet werden.*

Das Ordnungswidrigkeitenrecht wird gelegentlich als „kleines Strafrecht" bezeichnet. Sein Ziel ist anders als im eigentlichen Strafrecht nicht eine ethische Bewertung eines verbotenen Handelns, sondern das Durchsetzen rechtmäßiger Verhältnisse. Anders als bei Straftaten kommen bei **Ordnungswidrigkeiten** neben natürlichen auch juristische Personen als Täter in Betracht. Bei Ordnungswidrigkeitenverfahren müssen mehrere allgemein geltende Regeln beachtet werden. Zum einen gilt für Ordnungswidrigkeiten das sog. **Opportunitätsprinzip**. Das bedeutet, dass die zuständige Behörde den jeweiligen Verstoß ahnden kann, aber nicht muss, wenn sie nach pflichtgemäßem Ermessen zu dem Ergebnis kommt, dass das Bußgeldverfahren nicht dazu beiträgt, die geltenden Regeln durchzusetzen. Zum anderen können Verstöße gegen rechtliche Vorgaben nur dann als Ordnungswidrigkeit geahndet werden, wenn sie in der Auflistung der Ordnungswidrigkeiten aufgeführt sind. Einen nicht aufgelisteten Verstoß durch Vergleich mit anderen zur Ordnungswidrigkeit zu machen, ist nicht zulässig. In den Katalog der Ordnungswidrigkeiten werden im Allgemeinen nur Sachverhalte aufgenommen, bei denen die Rechtsgrundlage ausreichend konkret ist. Dies erklärt, warum für manche Rechtsverstöße keine Ahndung als Ordnungswidrigkeit vorgesehen ist. So besteht bspw. nicht die Möglichkeit, Verstöße gegen § 2 dieses Gesetzes als Ordnungswidrigkeit zu ahnden. Erst nach Konkretisierung durch die zu § 2 gehörenden Verordnungen kann eine Ahndung nach § 18 TierSchG erfolgen, wenn gegen Inhalte der Verordnung verstoßen wird und der Verstoß im dortigen Ordnungswidrigkeitenkatalog aufgeführt ist (s. Abs. 1 Nr. 3).

Zu beachten ist außerdem, dass jedes Bußgeldverfahren analog dem verwaltungsrechtlichen Verfahren eine Anhörung beinhalten muss. Diese Anhörung kann im Rahmen einer Kontrolle stattfinden, erfolgt aber meistens schriftlich. Bußgeldverfahren werden insgesamt durch das Ordnungswidrigkeitengesetz geregelt. Dort sind neben den Verfahrensschritten auch die Bußgeldbemessung und die Verjährung festgelegt. Die Verjährung tritt bei den tierschutzrechtlichen Ordnungswidrigkeiten, die mit einer Geldbuße bis fünfundzwanzigtausend Euro geahndet werden können, nach drei Jahren ein; bei den Verstößen, die mit bis zu fünftausend Euro Geldbuße bedroht werden, sind es zwei Jahre. Die Geldbuße soll den wirtschaftlichen

Vorteil, den der Täter aus dem Rechtsverstoß gezogen hat, übersteigen. Zu beachten ist außerdem, dass auch gegen Bußgeldbescheide durch den Betroffenen Rechtsmittel eingelegt werden können, was zu einem behördlichen Überprüfungsverfahren und schließlich ggf. zu einer amtsgerichtlichen Klärung führt.

Dass Ordnungswidrigkeiten gewissermaßen die „kleine Schwester" der Straftat sind, kann zum Beispiel an Nr. 1 gezeigt werden. Es handelt sich um denselben Verstoß wie in § 17, allerdings ohne dass die Schmerzen oder Leiden länger anhaltend sein müssen oder wiederholt stattzufinden brauchen. Es muss sich auch nicht um einen vorsätzlichen Verstoß handeln; Fahrlässigkeit reicht aus. Andererseits wird der Täterkreis bei Nr. 1 auf Halter und Betreuer bzw. Betreuungspflichtigen eingeschränkt.

Beachtenswert ist außerdem Absatz 2, weil er die Grundlage dafür bildet, auch bei anderen Tieren als Wirbeltieren tierquälerisches Handeln zu ahnden. Zudem werden im Gegensatz zu Abs. 1 Nr. 1. auch andere Täter als der Tierhalter oder Tierbetreuer einbezogen. Vorausgesetzt wird allerdings, dass es sich um eine vorsätzliche Tat handelt.

### *§ 18a (Verordnungsermächtigung)*

*Das Bundesministerium wird ermächtigt, soweit dies zur Durchsetzung der Rechtsakte der Europäischen Gemeinschaft oder der Europäischen Union erforderlich ist, durch Rechtsverordnung ohne Zustimmung des Bundesrates die Tatbestände zu bezeichnen, die als Ordnungswidrigkeit nach*

1. *§ 18 Abs. 3 Nr. 1 Buchstabe a oder Nr. 2 Buchstabe a oder*
2. *§ 18 Abs. 3 Nr. 1 Buchstabe b oder Nr. 2 Buchstabe b*

*geahndet werden können.*

Zweck dieser Ermächtigung ist, Verstöße gegen EU-Recht auf dem Verordnungswege mit Sanktionen belegen zu können. Ein Beispiel für die Nutzung dieser Ermächtigung sind die in § 16 TierSchlV aufgelisteten Ordnungswidrigkeiten, bei denen in Abs. 3 und 4 ausdrücklich Regeln und Sachverhalte aus der Verordnung (EG) Nr. 1099/2009 aufgegriffen werden.

### *§ 19 (Einziehung von Tieren)*

*(1) Tiere, auf die sich*

1. *eine Straftat nach den §§ 17, 20 Absatz 3 oder § 20a Absatz 3 oder*
2. *eine Ordnungswidrigkeit nach § 18 Absatz 1 Nummer 1 oder 3, soweit die Ordnungswidrigkeit eine Rechtsverordnung nach den §§ 2a, 5 Absatz 4, § 9 Absatz 1 bis 3, 4 Satz 2 oder Absatz 6 Satz 2, § 11b Absatz 4 Nummer 2 oder § 12 Absatz 2 Nummer 4 oder 5 betrifft, Nummer 4, 8, 12, 17, 20a, 21a, 22 oder Nummer 23*

*bezieht, können eingezogen werden.*

*(2) Ferner können Tiere eingezogen werden, auf die sich eine Ordnungswidrigkeit*

1. *nach § 18 Abs. 3 Nr. 1 bezieht, soweit die Ordnungswidrigkeit eine unmittelbar geltende Vorschrift in Rechtsakten der Europäischen Gemeinschaft oder der Europäischen Union betrifft, die inhaltlich einem in § 18 Absatz 1 Nummer 4, 8, 12, 17, 21a, 22 oder Nummer 23 bezeichneten Gebot oder Verbot entspricht,*
2. *nach § 18 Abs. 3 Nr. 2 bezieht, soweit die Ordnungswidrigkeit eine unmittelbar geltende Vorschrift in Rechtsakten der Europäischen Gemeinschaft oder der Europäischen Union betrifft, die inhaltlich einer Rechtsverordnung nach den §§ 2a, 5 Abs. 4, § 9 Absatz 1 bis 4 oder Absatz 6 Satz 2, § 11b Absatz 4 Nummer 2 oder § 12 Abs. 2 Nr. 4 oder 5 entspricht.*

Bei allen im TierSchG aufgeführten Straftaten und bei bestimmten Ordnungswidrigkeiten können als sog. Nebenfolge und unter Beachtung des Verhältnismäßigkeitsgrundsatzes die von der Tat betroffenen Tiere eingezogen werden. Ziel der **Einziehung** ist nicht zuletzt der weitere Schutz der Tiere. Die Einziehung ist also nicht nur Teil der Strafe bzw. Buße, sondern dient als Sicherungseinziehung auch präventiven Zwecken. Ein Beispiel dafür wäre die Einziehung von Tieren, die entgegen § 11c an Jugendliche unter 16 Jahren abgegeben wurden.
Die Tiere müssen weder Tatprodukt noch Tatwerkzeug sein; insofern geht die tierschutzrechtliche Einziehung über die Regelungen des allgemeinen Strafrechts hinaus. Auch tote Tiere können eingezogen werden. Die Entscheidung über die Einziehung muss im Urteil, Strafbefehl oder Bußgeldbescheid ausgesprochen werden. Das Eigentum an den Tieren geht dabei an den Staat über. Der Einziehung auf Grundlage von § 19 können eine Beschlagnahme und eine Notveräußerung nach den Regeln der Strafprozessordnung vorausgehen.

### *§ 20 (Verbot der Tierhaltung)*

*(1) Wird jemand wegen einer nach § 17 rechtswidrigen Tat verurteilt oder nur deshalb nicht verurteilt, weil seine Schuldunfähigkeit erwiesen oder nicht auszuschließen ist, so kann ihm das Gericht das Halten oder Betreuen von sowie den Handel oder den sonstigen berufsmäßigen Umgang mit Tieren jeder oder einer bestimmten Art für die Dauer von einem Jahr bis zu fünf Jahren oder für immer verbieten, wenn die Gefahr besteht, dass er weiterhin eine nach § 17 rechtswidrige Tat begehen wird.*
*(2) Das Verbot wird mit Rechtskraft des Urteils oder des Strafbefehls wirksam. In die Verbotsfrist wird die Zeit, in welcher der Täter in einer Anstalt verwahrt wird, nicht eingerechnet. Ergibt sich nach der Anordnung des Verbots Grund zu der Annahme, dass die Gefahr, der Täter werde nach § 17 rechtswidrige Taten bege-*

*hen, nicht mehr besteht, so kann das Gericht das Verbot aufheben, wenn es mindestens sechs Monate gedauert hat.*
*(3) Wer einem Verbot nach Absatz 1 zuwiderhandelt, wird mit Freiheitsstrafe bis zu einem Jahr oder mit Geldstrafe bestraft.*

***§ 20a (Vorläufiges Verbot der Tierhaltung)***

*(1) Sind dringende Gründe für die Annahme vorhanden, dass ein Verbot nach § 20 angeordnet werden wird, so kann der Richter dem Beschuldigten durch Beschluss das Halten oder Betreuen von sowie den Handel oder den sonstigen berufsmäßigen Umgang mit Tieren jeder oder einer bestimmten Art vorläufig verbieten.*
*(2) Das vorläufige Verbot nach Absatz 1 ist aufzuheben, wenn sein Grund weggefallen ist oder wenn das Gericht im Urteil oder im Strafbefehl ein Verbot nach § 20 nicht anordnet.*
*(3) Wer einem Verbot nach Absatz 1 zuwiderhandelt, wird mit Freiheitsstrafe bis zu einem Jahr oder mit Geldstrafe bestraft.*

Die Regelung des § 20 ermöglicht dem Gericht, bei strafbaren Verstößen gegen das TierSchG einem Täter im Zusammenhang mit dem Urteil oder dem Strafbefehl zeitlich befristet oder dauerhaft das Halten oder Betreuen von Tieren bzw. den Handel mit ihnen oder bestimmten Tierarten zu untersagen (**gerichtliches Tierhaltungsverbot**). Ein solches Verbot kann sich auch auf den berufsbedingten Umgang mit Tieren beziehen. Seit der Novellierung 2013 ist zudem das außerberufsmäßige Betreuen von Tieren erfasst. Allerdings kann es sich wegen § 17 nur auf Wirbeltiere erstrecken. Ein gerichtliches Tierhaltungsverbot dient dem präventiven Schutz der Tiere, wenn anzunehmen ist, dass sich eine entsprechende strafbare Handlung wahrscheinlich wiederholt. Das Verbot wird mit der Rechtskraft des Urteils wirksam.
Ein solches Verbot kann nach § 20a bei besonders dringenden Gründen bereits während des Ermittlungsverfahrens auf Antrag der Staatsanwaltschaft durch den ermittelnden Richter vorläufig verhängt werden.
Soll ein gerichtliches Tierhaltungsverbot aufgehoben werden, so kann dies – anders als bei Verboten nach § 16a TierSchG – nur beim zuständigen Gericht und frühestens nach sechs Monaten beantragt werden.
Für Vollzugszwecke erstrebenswert wäre ein zentrales Register, das sämtliche Tierhaltungs-, Tierbetreuungs- und Tierumgangsverbote analog zu Eintragungen im deutschen Fahreignungsregister (bisher als Verkehrszentralregister bezeichnet) aufführt, ohne Unterscheidung zwischen straf- oder verwaltungsrechtlichen Maßnahmen.

## 1.12 Übergangs- und Schlussvorschriften

### *§ 21 (Übergangsvorschriften)*

*(1) Bis zum Ablauf des 31. Dezember 2018 ist abweichend von § 5 Absatz 1 Satz 1 eine Betäubung nicht erforderlich für das Kastrieren von unter acht Tage alten männlichen Schweinen, sofern kein von der normalen anatomischen Beschaffenheit abweichender Befund vorliegt. Die Bundesregierung erstattet dem Deutschen Bundestag spätestens bis zum 31. Dezember 2016 einen Bericht über den Stand der Entwicklung alternativer Verfahren und Methoden zur betäubungslosen Ferkelkastration.*

*(1a) Bis zum Ablauf des 31. Dezember 2018 ist abweichend von § 5 Absatz 1 Satz 1 eine Betäubung nicht erforderlich für die Kennzeichnung von Pferden durch Schenkelbrand.*

*(2) (weggefallen)*

*(3) Im Falle von Tierversuchen nach § 7 Absatz 2 Satz 1, auch in Verbindung mit Satz 2,*

1. *deren Genehmigung vor dem 13. Juli 2013 nach den Vorschriften dieses Gesetzes in der bis zum 13. Juli 2013 geltenden Fassung unter Einhaltung der Anforderungen nach dessen § 8 Absatz 2 beantragt oder*
2. *deren Durchführung vor dem 13. Juli 2013 nach den Vorschriften dieses Gesetzes in der bis zum 13. Juli 2013 geltenden Fassung angezeigt und von der zuständigen Behörde nicht beanstandet*

*worden ist, sind abweichend von den §§ 6 bis 10 bis zum 1. Januar 2018 die Vorschriften dieses Gesetzes in der bis zum 13. Juli 2013 geltenden Fassung weiter anzuwenden.*

*(4) Die Erlaubnis nach § 11 Absatz 1 Satz 1 Nummer 1 und 2 gilt demjenigen,*

1. *der am 12. Juli 2013 eine im Sinne der vorgenannten Vorschriften erlaubnispflichtige Tätigkeit ausübt und*
2. *dem, soweit es sich dabei um eine nach diesem Gesetz in der bis zum 13. Juli 2013 geltenden Fassung erlaubnispflichtige Tätigkeit handelt, vor dem 13. Juli 2013 eine entsprechende Erlaubnis erteilt worden ist,*

*als vorläufig erteilt. Die vorläufige Erlaubnis erlischt,*

1. *wenn nicht bis zum 1. Januar 2014 die Erteilung einer endgültigen Erlaubnis beantragt wird oder*
2. *im Falle rechtzeitiger Antragstellung mit Eintritt der Unanfechtbarkeit der Entscheidung über den Antrag.*

*(4a) § 11 Absatz 1 Satz 1 Nummer 5 ist ab dem 1. August 2014 anzuwenden.*

*(4b) § 11 Absatz 1 Nummer 8 Buchstabe f ist ab dem 1. August 2014 anzuwenden.*

*(5) Bis zum Erlass einer Rechtsverordnung nach § 11 Absatz 2 oder 6 Satz 2 ist § 11 Absatz 1 Satz 2 und 3, Absatz 2, 2a, 5 und 6 in der bis zum 13. Juli 2013 geltenden Fassung weiter anzuwenden mit der Maßgabe, dass*

1. *auch derjenige, der Tierbörsen durchführt, ab dem 1. August 2014 die Anforderungen des § 11 Absatz 2 Nummer 1 in der vorstehend bezeichneten Fassung erfüllen muss und*
2. *derjenige, der gewerbsmäßig mit Wirbeltieren, außer landwirtschaftlichen Nutztieren, handelt, ab dem 1. August 2014 sicherzustellen hat, dass bei der erstmaligen Abgabe eines Wirbeltieres einer bestimmten Art an den jeweiligen künftigen Tierhalter mit dem Tier schriftliche Informationen über die wesentlichen Bedürfnisse des Tieres, insbesondere im Hinblick auf seine angemessene Ernährung und Pflege sowie verhaltensgerechte Unterbringung und artgemäße Bewegung, übergeben werden; dies gilt nicht bei der Abgabe an den Inhaber einer Erlaubnis nach § 11 Absatz 1 Satz 1 Nummer 3 Buchstabe b in der vorstehend bezeichneten Fassung.*

*Bis zum Erlass einer Rechtsverordnung nach § 11 Absatz 2 Satz 1 Nummer 1 ist im Rahmen des § 11 Absatz 5 Satz 5 darauf abzustellen, ob der Antragsteller den Anforderungen des § 11 Absatz 1 Satz 2 und 3 in der bis zum 13. Juli 2013 geltenden Fassung nachgekommen ist.*

*(6) § 11 Absatz 8 ist ab dem 1. Februar 2014 anzuwenden.*

Die Übergangsvorschriften wurden der Vollständigkeit halber aufgenommen. Übergangszeiten nach dem TierSchG bestehen derzeit noch bis Ende des Jahres 2018 für den Verzicht auf die Betäubung bei der chirurgischen Kastration von unter acht Tage alten anatomisch unauffälligen männlichen Ferkeln sowie für den Verzicht auf die Schmerzausschaltung beim Schenkelbrand bei Pferden. Der Bericht der Bundesregierung sollte dazu dienen, im Bedarfsfall den Zeitraum bis zum Ende der betäubungslosen Kastration der männlichen Ferkel korrigieren zu können. Es wird jedoch an dieser Stelle ausdrücklich darauf hingewiesen, dass neben der sogenannten Ebermast auch die aus tiermedizinischer Sicht empfehlenswerte Möglichkeit der immunologischen Kastration unter Verwendung eines europaweit zugelassenen Präparates besteht. Eine Verschiebung des Endes der betäubungslosen Kastration männlicher Ferkel ist derzeit nicht geplant.

Weitere Übergangsfristen enthalten die einzelnen Verordnungen.

Weiterhin beachtenswert sind zudem die zeitlich nicht begrenzten Übergangsregelungen nach Absatz 5. Darin wird klargestellt, dass bislang in § 11 enthaltene Bedingungen im Zusammenhang mit der Erlaubnispflicht (Sachkunde, Zuverlässigkeit, räumliche und technische Voraussetzungen u. a.) weiterhin gelten, bis die Bundesregierung dies auf dem Verordnungsweg neu regelt. Das ist bisher nur für den Bereich der Versuchstiere im Rahmen der TierSchVersV geschehen.

Durch die Übergangsvorschrift wird neu eingeführt, dass auch die Betreiber von Tierbörsen selbst sachkundig sein müssen. Neu ist auch, dass immer dann, wenn ein Kunde erstmalig ein Tier einer für ihn noch unvertrauten Tierart übernimmt, schriftliche Informationen zur artgemäßen Haltung und

Versorgung begleitend übergeben werden müssen. Diese Regelung betrifft vor allem die Züchter von Haus- und Heimtieren, den Zoofachhandel und die Verkäufer von Wirbeltieren auf Tierbörsen.

***§ 21a (Rechtsverordnung zur Durchführung von Rechtsakten der EG)***

*Rechtsverordnungen nach diesem Gesetz können auch zur Durchführung von Rechtsakten der Europäischen Gemeinschaft oder der Europäischen Union auf dem Gebiet des Tierschutzes erlassen werden.*

***§ 21b (Anpassungsermächtigung)***

*(...).*

***§ 21c (Gebühren und Auslagen)***

*(...).*

***§ 21d (Verkündung im Bundesanzeiger)***

*Rechtsverordnungen nach diesem Gesetz können abweichend von § 2 Absatz 1 des Verkündungs- und Bekanntmachungsgesetzes im Bundesanzeiger verkündet werden.*

Durch die §§ 21a bis 21d werden dem Bundesministerium weitere Rechte eingeräumt, insbesondere die Möglichkeit, unter bestimmten Bedingungen zeitlich begrenzt geltende Eilverordnungen zu erlassen. Außerdem wird geregelt, dass für das Prüf- und Zulassungsverfahren für serienmäßig hergestellte Stalleinrichtungen eine Gebührenordnung erlassen werden kann.

***§ 22 (Inkrafttreten)***

# 2
# Das Tierschutzrecht nach Tierarten

## 2.1 Landwirtschaftlich genutzte Tierarten

### 2.1.1 Allgemeines

Ergänzend zu den Regelungen im TierSchG, insbesondere zur Konkretisierung der allgemein gehaltenen Vorgaben des § 2 TierSchG, gibt es für bestimmte Tierarten, Nutzungs- oder Altersgruppen landwirtschaftlich genutzter Tiere zusätzliche Vorgaben in der TierSchNutztV. Diese Verordnung wurde mehrfach überarbeitet und um zusätzliche Tierarten oder Nutzungsgruppen ergänzt. Sie erfasst insbesondere Tierarten bzw. Nutzungsgruppen, bei denen es zu Skandalen gekommen war oder die als besonders anfällig für tierschutzwidrige Haltungsbedingungen eingeschätzt wurden. Aus tierschutzfachlicher Sicht muss betont werden, dass es sich bei den Vorgaben in dieser Verordnung um Minimalanforderungen handelt, die aus wissenschaftlicher Sicht in einigen Zusammenhängen überholt sind bzw. die Einhaltung von § 2 TierSchG letztlich nicht gewährleisten. Bei den besonders umstrittenen Regelungen wird darauf im Folgenden näher eingegangen. Zudem ist festzustellen, dass für mehrere relevante Tierarten bzw. Nutzungsgruppen keine Regelungen in der TierSchNutztV enthalten sind. Als besonders ergänzungsbedürftig wird die Milchrinder- und die Mastputenhaltung eingeschätzt.

Zu beachten ist im Übrigen, dass Behörden trotz der Konkretisierungen in der TierSchNutztV zusätzliche Anordnungen treffen können, wenn die Verordnung den Regelungsbedarf nach § 2 TierSchG nicht ausschöpft (**1.2**).

Neben der Konkretisierung von § 2 TierSchG dient die TierSchNutztV auch der Umsetzung von EU-Richtlinien in nationales Recht. Die grundlegende Richtlinie 98/58/EG über den Schutz landwirtschaftlicher Nutztiere wird zum Beispiel im Wesentlichen durch § 2 TierSchG und die §§ 3 und 4 der TierSchNutztV in nationales Recht überführt. Die Richtlinie enthält jedoch auch Aspekte, die in der deutschen Rechtsetzung weniger oder keine Beachtung gefunden haben. So wird bspw. festgestellt, dass Tiere nur zu landwirtschaftlichen Nutzzwecken gehalten werden dürfen, wenn aufgrund ihres Geno- oder Phänotyps berechtigtermaßen davon ausgegangen werden kann, dass die Haltung ihre Gesundheit und ihr Wohlergehen nicht beeinträchtigt. Von dieser Maxime hat sich die Tierhaltung im 21. Jhd. an einigen Stellen entfernt. Eine weitere Feststellung bezieht sich auf die Bewegungsfreiheit der Tiere bzw. deren Anbindehaltung oder Fixierung und wird in den Abschnitten **2.1.3** und **2.1.5** aufgegriffen. Die Richtlinie 98/58/EG gehört außerdem zu den EU-Vorgaben, die Cross-Compliance-relevant sind.

Das bedeutet, dass Verstöße gegen Regelungsinhalte der Richtlinie nach einem festgelegten Verfahren zu Abzügen bei den sog. Direktzahlungen für Landwirte führen.
Ob die Umsetzung jüngerer Richtlinien in allen Punkten korrekt erfolgt ist, wird bspw. im Hinblick auf die routinemäßigen Eingriffe an Tieren vielfach bezweifelt. Die bislang in der TierSchNutztV umgesetzten EU-Richtlinien lassen – anders als manche jüngere EU-Vorgabe – strengere nationale Regelungen zugunsten der Tiere zu, was ebenfalls zu kontroversen Debatten führt.
Unter Nutztieren werden in der Verordnung nicht nur die üblichen landwirtschaftlichen Nutztiere (s. dazu AVV Punkt 12.2.1.5.1) verstanden, sondern auch andere warmblütige Tiere, die für die Erzeugung tierischer Produkte gehalten werden oder deren Nachzucht dazu bestimmt ist. Deshalb sind auch die Pelztiere (**2.8**) in der Verordnung erfasst. Außerdem bedeutet dies, dass auch Elterntierherden (z. B. bei Geflügel) in den Geltungsbereich der TierSchNutztV fallen.
An dieser Stelle wird außerdem ausdrücklich darauf hingewiesen, dass die TierSchNutztV zwar für das Halten von Nutztieren zu Erwerbszwecken gilt, in allen anderen Fällen (Hobbyhaltungen) aber ebenfalls als Maßstab zur Interpretation von § 2 TierSchG i. S. einer gewichtigen Leitlinie und Auslegungshilfe herangezogen werden kann. Die Bedürfnisse der Tiere verändern sich schließlich nicht dadurch, dass sie zu Erwerbszwecken oder primär zum Vergnügen oder ähnlichen Zwecken gehalten werden.
Ausdrücklich ausgenommen von der Verordnung ist lediglich die vorübergehende Haltung von Nutztieren bei bestimmten, zeitlich begrenzten Veranstaltungen, während einer tierärztlichen Behandlung oder unter bestimmten Bedingungen während Tierversuchen.
Neben der Herangehensweise, § 2 TierSchG durch ressourcen- und managementbasierte Indikatoren – also Vorgaben zur baulichen und technischen Ausführung einer Tierhaltung sowie Regelungen, wie die Tierhaltung betrieben werden muss – in einer Verordnung zu unterfüttern, wurde mit der Gesetzesnovellierung 2013 ein weiterer Weg zur Sicherstellung der Tierhaltungsnorm eingeführt, der die Auswirkungen aller Haltungsbedingungen auf die Tiere selbst zum Maßstab erhebt. So fordert § 11 Abs. 8 TierSchG inzwischen jeden Halter, der Nutztiere zu Erwerbszwecken hält, dazu auf, durch Eigenkontrollen unter Verwendung tierbasierter Indikatoren zu prüfen und sicherzustellen, dass § 2 TierSchG eingehalten wird. Mögliche tierbasierte Indikatoren reichen von der Anzahl verletzter oder erkrankter Tiere und Lahmheiten über Körperkonditionsbestimmungen oder Verlustzahlen bis zur Erfassung von Verhaltensstörungen u. a.
Bei Interpretationsfragen zur nationalen Verordnung kann und sollte zudem auf die Richtlinien der EU zurückgegriffen werden, deren Umsetzung zu großen Teilen durch die TierSchNutztV geschehen ist.

Außerdem werden die für den Tierschutz zuständigen Behörden durch die AVV ausdrücklich dazu aufgefordert, bei der Beurteilung von Tierhaltungen auf Übereinstimmung mit den Anforderungen des § 2 TierSchG *auch die anzuwendenden einschlägigen Empfehlungen zu beachten, die der ständige Ausschuss nach Artikel 9 des Europäischen Übereinkommens vom 10. März 1976 zum Schutz von Tieren in landwirtschaftlichen Tierhaltungen (BGBl. 1978 II S. 113) angenommen hat.* Diese Empfehlungen werden üblicherweise verkürzt als Europaratsempfehlungen bezeichnet.
Außer den rechtlich fixierten Bedingungen für Nutztierhaltungen können darüber hinaus Empfehlungen und Leitlinien aus Fachkreisen herangezogen werden, um zu überprüfen, ob eine Tierhaltung den Grundprinzipien des Tierschutzrechtes entspricht. Solche Texte, die als vorweggenommene Sachverständigengutachten zu betrachten sind, werden häufig auch zur Begründung von Maßnahmen der Tierschutzbehörden genutzt.
Die tierschutzrechtlichen Bestimmungen im Zusammenhang mit dem Transportieren, Schlachten und Töten von Nutztieren werden in den Abschnitten **3.2** und **3.3** behandelt.

### 2.1.2 Tierartenübergreifende Vorgaben der Tierschutz-Nutztierhaltungsverordnung

Wie in den einzelnen Abschnitten der Verordnung gliedern sich die allgemeinen Anforderungen in solche zur baulichen und technischen Ausstattung von Nutztierhaltungen (§ 3 TierSchNutztV) und in solche, die sich auf die Versorgung und den Umgang mit den Tieren beziehen (§ 4 TierSchNutztV).
Für alle zu Erwerbszwecken gehaltenen Tiere gilt, dass Ställe, Unterstände, Zäune und alle anderen Einrichtungselemente so beschaffen sein müssen, dass Verletzungsgefahren und Gesundheitsgefährdungen für die Tiere nach dem Stand der Technik ausgeschlossen werden. Dazu gehört auch, mögliche Unfallquellen im Stall, auf Weiden und selbst in Fischteichen im Bedarfsfall auszugrenzen.
Es müssen stets so viele Tränke- und Fütterungseinrichtungen vorhanden sein, dass die Tiere ausreichend mit Futter und Wasser versorgt werden bzw. sich selbst versorgen können. Dabei muss dafür gesorgt werden, dass Auseinandersetzungen zwischen den Tieren oder ein Verschmutzen von Futter und Wasser auf ein Mindestmaß beschränkt bleiben. Das bedeutet unter anderem, dass bspw. für Fütterungsstellen auf Weiden ein Untergrund gewählt werden muss, der verhindert, dass die Tiere wegen eines aufgeweichten Bodens verdrecktes Futter aufnehmen müssen.
Darüber hinaus gilt, dass jede Nutztierhaltung so angelegt sein muss, dass den Tieren ausreichend Witterungsschutz zur Verfügung stehen muss, um ihre Gesundheit zu erhalten.

In Ställen muss es möglich sein, jederzeit alle Tiere in Augenschein zu nehmen (Beleuchtung) und im Bedarfsfall auf jedes Tier zuzugreifen (Zugang). Selbstverständlich muss ein Stall den klimatischen Bedürfnissen der Tiere genügen (Temperatur, Schadgasgehalt der Luft u. a.). Technische Einrichtungen müssen lärmarm und im Bedarfsfall mit einem Notstromaggregat betrieben werden. Wird die Lüftung in einem Stall elektrisch betrieben, muss zudem für den Havariefall neben einer Alarmanlage eine Ersatzvorrichtung vorhanden sein, die einen ausreichenden Luftaustausch sicherstellt.

Neben diesen baulich-technischen Erfordernissen müssen für die Fütterung und Pflege der Tiere ausreichend viele Personen mit den notwendigen Kenntnissen und Fähigkeiten vorhanden sein. Sie müssen u. a. die – außer in wenigen Ausnahmefällen – mindestens einmal täglich verpflichtend durchzuführende direkte Überprüfung der Tiere umsetzen. Dabei müssen sie tote Tiere entfernen und sich um kranke oder verletzte Tiere kümmern, was je nach Zustand der Tiere die Absonderung, das Hinzuziehen eines Tierarztes oder auch das fachgerechte Töten (**3.3**) einschließt. Wer Tiere hält bzw. betreut, muss außerdem sicherstellen, dass die Beleuchtung und Belüftung sowie die Tränke- und Fütterungsvorrichtungen täglich, andere technische Ausstattungselemente in den technisch erforderlichen Abständen kontrolliert, Mängel unverzüglich abgestellt oder Ersatzmaßnahmen eingeleitet werden. Außerdem muss dafür gesorgt werden, dass der Geräuschpegel im Stall so gering wie möglich ist und dauernder oder plötzlicher Lärm vermieden wird. Die Beleuchtung muss für die tierartspezifischen Bedürfnisse ausreichen oder durch künstliche Beleuchtung ergänzt werden. Als ausreichend wird die Beleuchtung dann angesehen, wenn das Normalverhalten der Tiere nicht eingeschränkt wird. Die Tierhaltungseinrichtung muss darüber hinaus sauber gehalten werden; Harn und Kot müssen dabei so oft wie nötig entfernt werden, um unnötige Gefährdungen und Beeinträchtigungen für die Tiere auszuschließen. Außerdem müssen laut § 4 Abs. 2 der TierSchNutztV Aufzeichnungen über die Ergebnisse der täglichen Kontrollen erstellt werden, falls sie sich nicht aus anderen Rechtsvorschriften ohnehin ergeben.

Weitere tierart-, altersgruppen- oder nutzungsspezifische Vorgaben werden in den Abschnitten zwei bis sieben der Verordnung ausgeführt.

### 2.1.3 Rinder

Bereits 1997 wurde erstmalig eine Kälberhaltungsverordnung erlassen, die inzwischen in Abschnitt 2 der TierSchNutztV aufgegangen ist.

Allen weiteren Bestimmungen zur **Haltung und Betreuung von Kälbern** wird vorangestellt, dass Kälber, also alle Hausrinder bis zu einem Alter von 6 Monaten, sauber gehalten werden müssen und ihnen ein trockener Liegebereich zur Verfügung stehen muss. Sie dürfen – mit Ausnahme von höchstens einer Stunde beim Füttern – nicht angebunden gehalten werden. Außerdem dürfen keine Maulkörbe verwendet werden. Verstöße gegen das Anbinde- und Maulkorbverbot stellen Ordnungswidrigkeiten dar und können mit einer Geldbuße von bis zu fünfundzwanzigtausend Euro geahndet werden. Solche Verstöße sind außerdem Cross-Compliance-relevant. Das Anbindeverbot wird auch verwaltungsgerichtlich nicht infrage gestellt, wie eine jüngere Entscheidung des VG Gießen aus dem Jahr 2010 zeigt.

Im Weiteren wird für alle Kälber festgelegt, dass der Stall so beschaffen sein muss, dass sich die Kälber ungehindert hinlegen und eine natürliche Körperhaltung einnehmen, sich putzen und ungehindert fressen und trinken können. Dies erfordert ein Mindestmaß an Platz, weshalb für die unterschiedlichen Altersgruppen Mindestboxengrößen vorgeschrieben sind. Es wird unterstrichen, dass die Mindestgrundfläche einer Box für Kälber im Alter bis zu zwei Wochen mit 120 cm Länge und 80 cm Breite bzw. für Kälber bis acht Wochen mit 180 bzw. 160 cm Länge und 90 bzw. 100 cm Breite keine Norm-, sondern eine Mindestgröße darstellt. Bei großrahmigen Kälbern muss die Box so vergrößert werden, dass die genannten Verhaltensweisen tatsächlich ungehindert ablaufen können.

Für alle Kälber gilt außerdem, dass der Stallboden rutschfest, trittsicher und ohne Verletzungsrisiken für Klauen und Gelenke ausgestaltet sein muss. Bestimmte Spaltenbreiten bzw. Auftrittsflächen müssen eingehalten werden. Zudem wird in der TierSchNutztV relativ unbestimmt verlangt, dass der Boden die Erfordernisse für das Liegen erfüllt, insbesondere eine nachteilige Beeinflussung der Kälber durch Wärmeableitung vermieden wird. Die Bedeutung der rechtskonformen Ausgestaltung des Bodens bei der Kälberhaltung wird nicht zuletzt durch einen Beschluss des VG Stuttgart aus dem Jahr 2013 unterstrichen.

Die Europaratsempfehlungen sind im Hinblick auf den erforderlichen Liegekomfort deutlicher und fordern auch für ältere Kälber, dass die Liegefläche geeignetes formbares, sauberes und trockenes Einstreumaterial in ausreichender Höhe aufweisen sollte. Nach der TierSchNutztV ist eine eingestreute Liegefläche lediglich für Kälber bis zum Alter von zwei Wochen zwingend erforderlich.

Aus den Regelungen der TierSchNutztV und den genannten Empfehlungen lässt sich aber zumindest ableiten, dass die Haltung von Kälbern auf Beton-Vollspaltenböden den rechtlichen Vorgaben und fachlichen Zielen nicht genügt. Hochgradig umstritten sind zudem Hartholz-Vollspaltenböden.

Weitere Regelungen im Abschnitt 2 der TierSchNutztV beziehen sich auf die Beleuchtung des Stalls und auf die Temperaturen bzw. die maximal zulässigen Schadgasgehalte im Liege- bzw. Aufenthaltsbereich der Tiere. Für Kaltställe und Kälberhütten gelten diese Klimavorgaben nicht.

Solange Kälber einzeln in Boxen gehalten werden, muss ein Mindestmaß an Sozialkontakten gewährleistet werden. Die Seitenbegrenzungen der Boxen

müssen deshalb so durchbrochen sein, dass die Tiere untereinander Sicht- und Berührungskontakt haben können. Technisch lässt sich dies beispielsweise wie bei der sog. Riswicker Kälberhütte durch eine ausgesägte, fensterartige Öffnung in der Boxenabtrennung lösen.
Ab dem Alter von über acht Wochen müssen Kälber mit wenigen Ausnahmen, die bspw. tierärztlich zu begründen sind, in Gruppen gehalten werden. Bei rationierter Fütterung muss dann für jedes Tier ein Fressplatz vorhanden sein und je nach Körpergewicht müssen mindestens 1,5 bis 1,8 $m^2$ Bodenfläche verfügbar sein. Nur bei sehr kleinen Tiergruppen bis zu drei Tieren werden geringfügig größere Flächen verlangt. Inwiefern auf so bemessenen Grundflächen allerdings noch normales, altersspezifisches Bewegungsverhalten in ausreichendem Maß für eine physiologische Entwicklung von Skelett und Muskulatur möglich ist, kann tierschutzfachlich bezweifelt werden.
Neben diesen baulich-technischen Vorgaben und den eingangs geschilderten Verboten werden in Abschnitt 2 der TierSchNutztV auch Mindestanforderungen an den Umgang mit Kälbern festgelegt. Diese schließen u. a. die zweimal tägliche Kontrolle der Kälber, die Verabreichung von Biestmilch (Kolostrum) innerhalb von vier Stunden nach der Geburt, den Mindesteisengehalt des Milchaustauschers, das Angebot von Raufutter ab dem achten Lebenstag, das Lichtregime und den ständigen Zugang zu Wasser für jedes über zwei Wochen alte Kalb ein.
Selbst wenn es für **Rinder jenseits des Kälberalters** keine Konkretisierung der Haltungsbedingungen in der TierSchNutztV gibt, so müssen doch bestimmte Regeln beachtet werden, um § 2 TierSchG bzw. die §§ 3 und 4 der TierSchNutztV einzuhalten. Die Tierschutzbehörden setzen entsprechende Mindestanforderungen i. d. R. verwaltungsrechtlich durch und begründen diese mit Empfehlungen oder Leitlinien aus Fachkreisen. Als Beurteilungsmaßstab werden häufig die bereits mehrfach aktualisierten niedersächsischen Empfehlungen für die saisonale und ganzjährige Weidehaltung von Rindern, die Merkblätter der TVT oder die Empfehlungen des Wissens- und Bildungszentrums in Aulendorf herangezogen.
Bei der **Weidehaltung von Rindern**, insbesondere bei ganzjähriger Haltung im Freien, muss neben der bedarfs- und artgerechten Versorgung mit Futter und Wasser, regelmäßiger Kontrolle und guter Kenntnisse des Tierhalters oder Betreuers insbesondere auch ein angemessener Witterungsschutz für die Tiere sichergestellt werden. Dabei kann sowohl ein natürlicher als auch ein künstlicher Witterungsschutz die Rinder vor den negativen Auswirkungen extremer Witterung schützen. Baumgruppen oder Hecken können unter bestimmten Bedingungen natürlichen Witterungsschutz bieten. Der Witterungsschutz dient insbesondere dem Ziel, den Tieren eine trockene, windgeschützte Liegefläche bereitzustellen. Bei anhaltend nasskalter Witterung, fehlendem Witterungsschutz und mangels geeigneter Liegefläche können

Rinder nicht ausreichend ruhen. Sie verbrauchen dann mehr Energie, können nicht ausreichend wiederkäuen, entwickeln in der Folge davon Verdauungsstörungen, erschöpfen sich und erkranken leichter. Die genannten Empfehlungen und Merkblätter enthalten konkrete Darstellungen, wie ein geeigneter Witterungsschutz unter unterschiedlichen Bedingungen aussehen kann. Für eine tierschutzgerechte, dem § 2 TierSchG entsprechende saisonale oder ganzjährige Weidehaltung sind zudem die Klauengesundheit der Tiere und die Bekämpfung von Endo- und Ektoparasiten von großer Wichtigkeit.
Im Jahr 2007 haben das Niedersächsische Ministerium für den ländlichen Raum, Ernährung, Landwirtschaft und Verbraucherschutz und das LAVES eine Tierschutzleitlinie für die **Milchkuhhaltung** herausgegeben, die ebenfalls dazu genutzt werden kann, § 2 TierSchG auszulegen und die §§ 3 und 4 der TierSchNutztV zu konkretisieren.
In dieser Leitlinie wird neben Hinweisen zur Futter- und Wasserversorgung auch die große Bedeutung der Klauengesundheit herausgestellt. Außerdem wird auf die Notwendigkeit von Parasitenbekämpfung, Fellpflege und ggf. tiermedizinische Versorgung hingewiesen. Zudem liefert die Leitlinie Richtwerte bzw. Mindestvorgaben für die bauliche Ausführung von Milchkuhställen (Liegeboxen, Verkehrsflächen, Laufhof, Bodengestaltung etc.).
Im Einklang mit der niedersächsischen Leitlinie wird ausdrücklich darauf hingewiesen, dass die **Anbindehaltung von Rindern** zwar nicht explizit untersagt ist, weshalb bestehende Anbindehaltungen derzeit weiter betrieben werden können. Aufgrund der starken Einschränkungen des Normalverhaltens der Tiere und der Verletzungsrisiken wird der Neubau von Anbindehaltungen jedoch als unzulässig erachtet. Bereits in der Richtlinie 98/58/EG wurde festgestellt, dass ein Tier nur dann ständig oder regelmäßig angebunden oder angekettet sein darf, wenn es über einen Platz verfügt, der der praktischen Erfahrung und wissenschaftlichen Erkenntnissen nach seinen physiologischen und ethologischen Bedürfnissen angemessen ist. Zahlreiche Studien einschließlich des sog. Nationalen Bewertungsrahmens des KTBL kommen allerdings zu dem Ergebnis, dass das Normalverhalten der Tiere in Anbindehaltung erheblich eingeschränkt ist – und damit im Widerspruch zur genannten Richtlinie steht. Bereits die Europaratsempfehlungen für das Halten von Rindern von 1988 forderten für die Anbindehaltung, dass den Tieren jederzeit genügend Bewegungsfreiheit gelassen werden muss, *so dass sie sich mühelos scheuern und lecken können und genügend Raum haben, um abzuliegen, zu ruhen, Schlafhaltungen einzunehmen oder sich zu strecken und aufzustehen.* Auch diese Bedingungen werden in Anbindehaltungen nicht immer erfüllt und sollten dringend behördlich durchgesetzt werden.
Zur **Mastrinder-** bzw. **Mastbullenhaltung** gibt es auffallend wenig spezifische Regelungen oder Empfehlungen. Immerhin liefern die o. g. Europarats-

empfehlungen mehrere Anhaltspunkte, indem dort gefordert wird, dass Bullen in Gruppen gehalten werden sollten. Im Weiteren heißt es: *Eine Gruppe sollte maximal 20 Tiere umfassen. Eine bereits bestehende Gruppe sollte nicht durch zusätzliche Tiere erweitert und nicht mit einer anderen Gruppe zusammengelegt werden. (…) Bei Gruppenhaltung sollte der Richtwert für die zulässige Mindestfläche für Bullen mit einem Gewicht von etwa 600 kg nicht weniger als 3,0 m² je Tier betragen. Es sollte ein bequemer Liegebereich zur Verfügung gestellt werden.* Weitere Beurteilungskriterien können dem o. g. Nationalen Bewertungsrahmen entnommen werden, in dem u. a. klar festgestellt wird, dass bei der Haltung von Mastrindern auf Vollspaltenboden in Einflächenbuchten das Normalverhalten der Tiere stark eingeschränkt wird und verfahrensspezifisch erhöhte Risiken für die Tiergesundheit bestehen. Das KTBL empfiehlt explizit, dass andere Haltungsverfahren eingesetzt oder ggf. entwickelt werden sollten.
Neben den Regeln für die Haltung und Versorgung von Rindern sind weitere Rechtsvorgaben für **Eingriffe** an Rindern zu beachten. Grundsätzlich gilt auch bei Rindern das Amputationsverbot gemäß § 6 TierSchG. Davon ausgenommen sind Amputationen, die im Einzelfall nach tierärztlicher Indikation notwendig sind. Dazu gehört bspw. das Absetzen eines Hornes nach einer Hornfraktur. Weitere Ausnahmen stellen das Enthornen bei unter sechs Wochen alten Rindern und das Kastrieren bei unter vier Wochen alten männlichen Kälbern ohne anatomische Besonderheiten dar. Bei diesen beiden Eingriffen ist zudem keine Betäubung erforderlich; gleichwohl müssen nach § 5 Abs. 1 TierSchG alle Möglichkeiten ausgeschöpft werden, um Schmerzen oder Leiden der Tiere zu vermindern. Deshalb müssen mittlerweile zumindest der Einsatz eines geeigneten sedierenden Medikamentes vor dem Eingriff sowie die Gabe von schmerz- und entzündungshemmenden Präparaten vor und nach der chirurgischen Maßnahme eingeplant werden. Außerdem könnte unter bestimmten Bedingungen das Kürzen des bindegewebigen Endstücks des Schwanzes von unter drei Monate alten männlichen – zur Mast vorgesehenen – Kälbern mittels elastischer Ringe durch eine Ausnahmegenehmigung nach § 6 Abs. 3 TierSchG erlaubt werden. Im Wissen um die Entstehungsursachen von Schwanzspitzenentzündungen bei Mastbullen kann die Alternativlosigkeit dieser Amputation heutzutage allerdings kaum mehr belegt werden. Spätestens seit Bodenmatten unterschiedlichster Art mit verschiedenartigsten, an den Untergrund angepassten Perforationen auf dem Markt erhältlich sind, sollte eine derartige Ausnahmegenehmigung nicht mehr beantragt oder erteilt werden.

### 2.1.4 Kleine Wiederkäuer

Für kleine Wiederkäuer wird zur Beurteilung, ob eine Tierhaltung den allgemeinen Anforderungen von § 2 TierSchG i.V. mit den §§ 3 und 4 TierSchNutztV entspricht, ebenfalls auf tierschutzfachliche Dokumente i. S. vorweggenommener Sachverständigengutachten zurückgegriffen. Neben den niedersächsischen Empfehlungen für die ganzjährige und saisonale Weidehaltung von Schafen stehen dafür u. a. die zweiteilige Empfehlung für die Haltung von Schafen und Ziegen der Deutschen Gesellschaft für die Krankheiten der kleinen Wiederkäuer, Fachgruppe der Deutschen Veterinärmedizinischen Gesellschaft, und ein Merkblatt der TVT zur artgerechten Ziegenhaltung zur Verfügung.

Alle Empfehlungen für die **Schaf- und Ziegenhaltung** unterstreichen die Bedeutung der guten Fachkenntnisse des Tierhalters oder Betreuers und der möglichst täglichen Kontrolle der Tiere; bei bestimmten Haltungsformen (z. B. Alpung) ist allerdings eine tägliche Kontrolle aller Tiere nicht realisierbar. Die Europaratsempfehlungen für das Halten von Schafen halten den Verzicht auf die täglichen Kontrollen aber *nur unter sicheren extensiven Bedingungen und bei günstiger Witterung* für vertretbar.

In allen Dokumenten wird betont, dass trotz der angeblichen Anspruchslosigkeit von Schafen sauberes, unverdorbenes Futter einschließlich Mineralfutter und Salzlecksteinen angeboten werden muss. Das Ablegen von Futter auf feuchter, zertretener Fläche ist demnach nicht als ordnungsgemäße Futtervorlage anzusehen.

Erwünscht ist außerdem, dass allen Schafen auch bei Weidehaltung ganzjährig Wasser zur freien Aufnahme zur Verfügung gestellt wird. Lediglich bei reiner Weidefütterung und entsprechend nasser Witterung besteht eventuell kein zusätzlicher Tränkewasserbedarf. Durch das Anbieten von Wasser kann leicht überprüft werden, ob die Tiere Durst haben, was auf akuten Tränkebedarf hinweist. Tränkewasser sollte möglichst Trinkwasserqualität haben. Wenn in Ausnahmefällen, z. B. bei starkem Frost oder im Rahmen der Hüte- und Wanderschäferei, eine ständige Tränkemöglichkeit nicht zur Verfügung steht, müssen Schafe mindestens einmal täglich, laktierende Muttertiere mindestens zweimal täglich getränkt werden.

Die Frage des Witterungsschutzes löst bei Schafhaltungen häufig Debatten aus. Nach den genannten Empfehlungen gilt, dass in der kalten Jahreszeit für alle Tiere mindestens ein trockener, gegen Regen und Wind geschützter Liegeplatz zur Verfügung stehen muss. Dies hat das VG Hannover 2010 auch so gesehen. Ein künstlicher Witterungsschutz ist generell notwendig, wenn das Wohlergehen der Tiere durch klimatische Einflüsse längerfristig beeinträchtigt wird und natürliche Gegebenheiten (Baumgruppe o. Ä.) keinen ausreichenden Schutz bieten. Dabei sind sowohl die Rasse und die Kondition der Herde zu berücksichtigen als auch die Frage, ob die Tiere an die ganzjährige Haltung im Freien angepasst und akklimatisiert sind.

Ein Witterungsschutz ist auf jeden Fall notwendig
- bei anhaltend extremen klimatischen Bedingungen,
- während der Lammzeit unter extremen Witterungsbedingungen, insbesondere wegen der begrenzten Kältetoleranz der Lämmer, falls die Tiere nicht in Ställe verbracht werden können sowie
- nach der Schur bei nasskaltem Wetter innerhalb der ersten 24 Stunden und bei starker Sonneneinstrahlung wegen der Gefahr von Sonnenbrand.

Bei reiner Standweide sollte ganzjährig ein Witterungsschutz vorhanden sein.
Um Hitzestress zu vermeiden, müssen Wollschafe einmal jährlich, vorzugsweise zwischen Mitte Mai und Ende Juni, geschoren werden. Bemerkenswerterweise äußern sich die Europaratsempfehlungen für das Halten von Schafen auch zu Wettbewerben im Schafscheren. Dazu heißt es ausdrücklich: *Falls es sich mit den nationalen gesetzlichen Bestimmungen vereinbaren lässt, können Schafe unter der Voraussetzung bei Wettbewerben geschoren werden, dass diese Wettbewerbe nur erfahrenen Schafscherern zur Teilnahme offenstehen und dass die Qualität und nicht die Geschwindigkeit des Scherens ausgezeichnet wird.*
Alle Empfehlungen betonen zudem die Bedeutung der Klauenpflege und -gesunderhaltung sowie eine systematische Parasitenbekämpfung.
Für Schafe wie Ziegen gilt gleichermaßen, dass der Einsatz von Stacheldraht beim Einzäunen und – mit wenigen Ausnahmen wie die Absonderung von Böcken – die Einzelhaltung der Herdentiere als tierschutzwidrig einzustufen sind. Zudem ist zu beachten, dass bei behornten Tieren Schafsknotengitter als Einzäunung ungeeignet sind.
Aus Hygienegründen wird bei Schafen, die zur Zucht vorgesehen werden, vielfach noch der Schwanz gekürzt. Dies darf bei unter acht Tage alten Lämmern betäubungslos und auch unter Verwendung elastischer Ringe durchgeführt werden. Solche Ringe dürfen ansonsten beim Amputieren und Kastrieren nicht verwendet werden. Zu beachten ist allerdings, dass auch bei diesem sogenannten privilegierten Eingriff nach § 5 Abs. 1 TierSchG alle Möglichkeiten ausgeschöpft werden müssen, um die Schmerzen oder Leiden der Tiere zu vermindern. Die Gabe von schmerz- und entzündungshemmenden Arzneimitteln muss deshalb eingeplant werden.
Bei **Ziegenhaltung** ist über die für Schafe geltenden Anforderungen hinaus zu beachten, dass Ziegen niedrige Temperaturen insbesondere in Verbindung mit Nässe und Wind nicht gut vertragen. In der Regel ist in Mitteleuropa aus klimatischen Gründen eine Ziegenhaltung ohne Stall für die kalte Jahreszeit nicht möglich. Laut den Europaratsempfehlungen für das Halten von Ziegen aus dem Jahr 1992 dürfen Ziegen nicht dauernd fixiert werden.

Zu unterstreichen ist außerdem, dass das routinemäßige Enthornen von Ziegen und Schafen unzulässig ist. Enthornt werden darf nur im Einzelfall und nach tierärztlicher Indikation.

### 2.1.5 Schweine

Anders als bei den Rindern enthält die TierSchNutztV (Abschnitt 5) bei den Schweinen für alle Alters- und Nutzungsgruppen Vorgaben zur baulich-technischen Ausstattung der Haltungseinrichtung und zur Versorgung der Tiere. Lediglich Schweinehaltungen außerhalb von Ställen sind von den baulichen Normen ausgenommen, was den Umkehrschluss zulässt, dass jede Art von Schweinestall, unabhängig von der sonstigen Zielsetzung der Schweinehaltung, den Vorgaben der TierSchNutztV entsprechen muss. Auch Warteställe auf Schlachthöfen müssen demzufolge dieser Verordnung entsprechen.

Für alle Haltungseinrichtungen für Schweine ist gleichermaßen vorgeschrieben, dass

1. einzeln gehaltene Schweine – außer in Abferkelbuchten – Sichtkontakt zu anderen dort gehaltenen Schweinen haben können;
2. die Schweine gleichzeitig ungehindert liegen, aufstehen, sich hinlegen und eine natürliche Körperhaltung einnehmen können;
3. die Schweine nicht mehr als unvermeidbar mit Harn und Kot in Berührung kommen und ihnen ein trockener Liegebereich zur Verfügung steht;
4. eine geeignete Vorrichtung vorhanden ist, die eine Verminderung der Wärmebelastung der Schweine bei hohen Stalllufttemperaturen ermöglicht.

Der Boden des Stalls muss rutsch- und trittsicher sein und darf keine Verletzungsgefahren bergen. Aus diesem Grund werden konkrete, vom Alter der Tiere abhängige Vorgaben zu Spaltenbreiten und Auftrittsflächen bei perforierten Böden gemacht. Im Liegebereich der Tiere muss der Boden außerdem so ausgeführt sein, dass keine Nachteile für die Gesundheit der Tiere durch zu hohe oder zu geringe Wärmeableitung entstehen. Obwohl tierschutzfachlich in mehrfacher Hinsicht als zielführend erkannt und wünschenswert, wird nicht verlangt, dass Liegeflächen mit Stroh oder Ähnlichem eingestreut werden müssen.

Zu den speziellen Anforderungen an die Haltungseinrichtung für die jeweiligen Alters- bzw. Nutzungsgruppen gehören u. a.:

- Schutzvorrichtungen gegen das Erdrücken von Saugferkeln in Abferkelbuchten, womit keineswegs zwangsläufig sogenannte Ferkelschutzkörbe gemeint sind. Bei freier Abferkelung werden i. d. R. Abweisbügel oder -bretter an den Buchtenwänden angebracht, die die Ferkel beim Abliegen des Muttertieres schützen.

- ein wärmegedämmter beheizbarer oder eingestreuter Liegebereich ohne Perforation für Saugferkel
- Mindestabmessungen der Buchten für die Gruppenhaltung von Jungsauen und Sauen
- Obergrenzen für den Perforationsgrad der Liegeflächen bei Gruppenhaltung von Schweinen im Allgemeinen und bei Muttertieren im Speziellen
- jederzeit ungehinderter Zu- und Ausgang bei Fress-Liegebuchten für Jungsauen und Sauen in Gruppenhaltung
- Mindestgangbreiten bei Gruppenhaltung von Sauen und Jungsauen, um sicherzustellen, dass Tiere aneinander vorbeigelangen können
- Mindestbuchtenflächen für die Haltung von Ebern bzw. für Deckbuchten
- Kastenstände müssen so ausgelegt sein, dass die Jungsauen oder Sauen sich nicht verletzen können, ungehindert aufstehen und sich hinlegen sowie den Kopf und in Seitenlage die Gliedmaßen ausstrecken können. Ausschlaggebend ist dabei die tatsächliche Größe der Tiere (Stockmaß) und die Feststellung, ob das ausgestreckte Liegen faktisch für alle Tiere gleichzeitig möglich ist. Dies hat auch das OVG Sachsen-Anhalt 2013 so gesehen.

Ergänzt werden diese baulichen Mindestanforderungen durch Regeln für das Halten der Tiere selbst. So muss jedes Schwein jederzeit Zugang zu ausreichenden Mengen von gesundheitlich unbedenklichem Beschäftigungsmaterial haben, das durch das Schwein untersucht, bewegt und verändert werden kann. Die für den Vollzug des Tierschutzrechts zuständigen Länder haben sich darauf verständigt, dass es nicht ausreicht, lediglich Metallketten als Beschäftigungsmaterial anzubieten, weil damit dem normalen Erkundungsverhalten eines Schweines nicht ausreichend gedient wird. Die Richtlinie 2008/120/EG bzw. die Europaratsempfehlungen liefern zudem Hinweise, welche Beschäftigungsmaterialien geeignet sind, nämlich Materialien wie z. B. Stroh, Heu, Holz, Sägemehl, Pilzkompost, Torf oder eine Mischung dieser Materialien, durch die die Gesundheit der Tiere nicht gefährdet werden kann. Solche Materialien können in Raufen, Trögen oder als Einstreu angeboten werden.

Jedes Schwein muss zudem jederzeit Zugang zu Wasser in ausreichender Menge und Qualität haben. Bei Gruppenhaltung müssen auch deshalb räumlich von der Futterstelle getrennte zusätzliche Tränken zur Verfügung stehen. Außerdem müssen die für die Fütterung und Pflege der Tiere verantwortlichen Personen bestimmte Sachkundeanforderungen erfüllen.

Wird ein Stall wegen zu geringer Fensterflächen künstlich beleuchtet, muss die Beleuchtung im Aufenthaltsbereich der Schweine mindestens 80 Lux erreichen und dem normalen Tag-Nacht-Rhythmus angeglichen mindestens acht Stunden andauern. Schadgase wie Ammoniak, Kohlendioxid und Schwefelwasserstoff dürfen bestimmte Werte nicht dauerhaft überschreiten.

Darüber hinaus gibt es Regeln für den Umgang mit den verschiedenen Alters- und Nutzungsgruppen. So dürfen z. B. Saugferkel, abgesehen von bestimmten Ausnahmen, erst im Alter von über vier Wochen von den Muttertieren abgesetzt werden. Außerdem müssen im Liegebereich der Saugferkel bestimmte Minimaltemperaturen eingehalten werden, die sich an der altersabhängigen Fähigkeit der Ferkel zur Thermoregulation orientieren.
Abgesetzte Ferkel, Zuchtläufer und Mastschweine müssen stets in Gruppen gehalten werden, wobei in Abhängigkeit vom Gewicht der Tiere ein Minimum an Fläche pro Tier vorgeschrieben ist.
Jungsauen und Sauen müssen dagegen nur im Zeitraum von über vier Wochen nach dem Decken bis eine Woche vor dem Abferkeltermin in Gruppen gehalten werden. Beim Abferkeln, während der Säugezeit und bis vier Wochen nach dem Decken dürfen sie einzeln in den verschiedenen Formen von Kastenständen aufgestallt werden. In der kontroversen Debatte zur Breite solcher Kastenstände hat das OVG in Magdeburg durch sein Urteil vom 24. November 2015, das Ende 2016 vom BVerwG bestätigt wurde, klargestellt, dass § 24 Abs. 4 Nr. 2 der TierSchNutztV gegenüber jedem einzelnen in einem Kastenstand gehaltenen Schwein erfüllt werden muss. Die Möglichkeit für jedes Schwein, sich in einem Kastenstand hinzulegen und in Seitenlage die Gliedmaßen auszustrecken, muss folglich jederzeit ungehindert gegeben sein und darf auch nicht auf eine Seite beschränkt werden. Damit wird die ursprüngliche Regelung gestützt und ihre Bedeutung unterstrichen.
Die kurze Zeitspanne zwischen dem Absetzen der Ferkel und dem Decken wird häufig zur Gruppenbildung in einer sog. Arena genutzt. Außerdem gilt, dass Jungsauen und Sauen nicht angebunden gehalten werden dürfen und Anspruch auf einen Mindestrohfasergehalt im Futter haben, damit sich die Tiere ausreichend satt fühlen. Trächtige Sauen müssen im Bedarfsfall gegen innerliche und äußerliche Parasiten behandelt werden. Zudem ist vorgeschrieben, dass sie in der Woche vor dem Abferkeln grundsätzlich Nestbaumaterial zur Befriedigung des Nestbauverhaltens erhalten. Zur Stillung dieses Verhaltensbedürfnisses lediglich einen Lappen oder ein Stück Jutesack anzubieten, ist mindestens tierschutzfachlich nicht ausreichend.
Für alle Gruppenhaltungen gilt, dass der Fressplatz so konzipiert sein muss, dass bei rationierter Fütterung alle Tiere gleichzeitig fressen können. Bei Futtervorlage zur freien Aufnahme oder Abruffütterung können weniger Fressstellen eingeplant werden.
Drei Fragestellungen sind in der Schweinehaltung derzeit besonders umstritten. Zum einen handelt es sich dabei um das Fixieren von Sauen in sog. Ferkelschutzkörben bzw. ihre Haltung in Kastenständen bis vier Wochen nach dem Decken. Diese Phase ist mit erheblicher Einschränkung des Normalverhaltens der Tiere verbunden und könnte als Kollision mit § 2 TierSchG bzw. indirekt mit der Richtlinie 98/58/EG aufgefasst werden. Die

Richtlinie gibt vor, dass Tiere, die sich ständig oder regelmäßig in Haltungssystemen befinden, über einen Platz verfügen müssen, der der praktischen Erfahrung und wissenschaftlichen Erkenntnissen nach ihren physiologischen und ethologischen Bedürfnissen angemessen ist. Im Zusammenhang mit der mehrwöchigen Haltung von Sauen in Einzelabferkelbuchten mit permanenter Fixierung kommt aber auch das KTBL zu dem Ergebnis, dass das Normalverhalten sowohl der Mutter- wie auch der Jungtiere nur stark eingeschränkt ausführbar ist.
Umstritten ist außerdem, wie mit dem regelmäßig durchgeführten Kupieren der Schwänze bei Ferkeln umzugehen ist. Das grundsätzliche Amputationsverbot nach § 6 TierSchG wird durch die dort vorgesehene Ausnahme für die Ferkel fast vollständig ausgehöhlt. Das Kupieren der Ferkelschwänze wird nahezu flächendeckend durchgeführt, obwohl die in § 6 Abs. 5 TierSchG angesprochene und in der Richtlinie 2008/120/EG deutlicher formulierte Bedingung, zuvor andere Maßnahmen zu treffen, um Schwanzbeißen und andere Verhaltensstörungen zu vermeiden, de facto häufig nicht überprüfbar ist.
Kontroverse Debatten finden zudem zu der Frage statt, wie das ab 2019 vorgesehene Verbot der betäubungslosen chirurgischen Kastration männlicher Ferkel umgesetzt werden soll. Darauf wird aber in den Abschnitten **1.4** und **1.12** eingegangen.

## 2.1.6 Geflügel

In der TierSchNutztV werden sowohl für den Bereich der Legehühner als auch für Masthühner verbindliche Regeln hinsichtlich Haltung und Versorgung aufgestellt. Keine Berücksichtigung fanden bislang die Puten, obwohl seit Jahren über eine entsprechende Ergänzung der Verordnung diskutiert wird. Als Regelwerk für die Putenhaltung existiert weiterhin lediglich eine freiwillige Vereinbarung zwischen Haltern, Wissenschaft, Tierschutzorganisationen und Behörden. Diese sog. bundeseinheitlichen Eckwerte einschließlich des dazugehörigen Gesundheitsmonitorings lassen sich ebenfalls als Maßstab im Sinne eines Mindeststandards für die Einhaltung von § 2 TierSchG heranziehen.
Die Haltung von **Legehühnern** in Batteriekäfigen gehörte über Jahrzehnte zu Recht zu den umstrittensten Methoden der Tierhaltung. Umfangreiche Forschungsarbeiten zeigten, dass essenzielle Verhaltensweisen der Hühner bei der Haltung in konventionellen Käfigen nahezu vollständig unterbunden wurden. Das BVerfG hat deshalb in seiner wegweisenden Entscheidung aus dem Jahr 1999 die damalige Hennenhaltungsverordnung aufgehoben und damit das Verbot der Legehennenhaltung in konventionellen Käfigen eingeleitet. Ende 2009 lief in Deutschland die letzte Übergangsfrist für das Halten von Legehühnern in konventionellen Käfigen aus. Seither werden Legehüh-

ner überwiegend in sog. alternativen Haltungssystemen wie Boden- und Freilandhaltung oder nach den Vorgaben für die ökologische Landwirtschaft gehalten.

Obwohl das BVerfG 2010 die Regelungen, auf denen die Kleingruppenhaltung basiert, für nicht vereinbar mit Art. 20a GG eingestuft hat, ist die umstrittene Kleingruppenhaltung in größeren Käfigen mit bestimmten Ausstattungsmerkmalen derzeit noch zulässig. Der ursprüngliche § 13b TierSchNutztV ist allerdings seit 31.03.2012 aufgehoben. Als Übergangsfrist bis zur Beendigung dieser sog. Kleingruppenhaltung wurde nach langer Kontroverse das Ende des Jahres 2025, in Härtefällen auf Antrag Ende 2028 festgelegt. Knapp 10% der Legehennen in Deutschland werden noch in ausgestalteten Käfigen gehalten.

Die Anforderungen an die Bodenhaltung nach § 13a TierSchNutztV – und daraus abgeleitet an die Freilandhaltung – beinhalten u. a.

- eine maximale Besatzdichte von neun Hühnern pro $m^2$ nutzbarer Fläche, außer in mehrstöckigen Einrichtungen, bei denen 18 Hühner pro $m^2$ zulässig sind,
- Mindestvorgaben für Troglängen,
- Mindestvorgaben für Sitzstangenlängen und -abstände,
- die Vorgabe, dass maximal 4 Ebenen übereinander angeordnet werden dürfen, zwischen denen sich die Tiere frei bewegen können und die mindestens 45 cm Abstand voneinander haben müssen,
- für jeweils sieben Hühner ein Nest definierter Größe oder bestimmte Gruppennester sowie
- die Begrenzung der Gruppengröße ohne räumliche Trennung auf 6000 Tiere.

Weitere Vorgaben betreffen den Kaltscharraum, die Zugänge dorthin bzw. ins Freie. Zu den Auslaufflächen macht die TierSchNutztV relativ unkonkrete Vorgaben, die jedoch durch die marktrechtlichen Bestimmungen der EU-weit geltenden Verordnung (EG) Nr. 589/2008 konkretisiert werden (4 $m^2$ pro Tier, mindestens vier Unterstände je ha bei mehr als 150 m Entfernung zum Stall, tagsüber uneingeschränkter Zugang zum Auslauf).

Für das Management von Legehennenhaltungen gilt, dass sichergestellt werden muss, dass

- jede Legehenne jederzeit Zugang zu geeignetem Tränkwasser hat;
- bei Verwendung künstlicher Beleuchtung die künstliche Beleuchtung für mindestens acht Stunden ununterbrochen während der Nacht zurückgeschaltet wird, wobei während der Dunkelphase die Beleuchtungsstärke weniger als 0,5 Lux betragen soll, sofern dies die natürliche Beleuchtung zulässt, und eine ausreichende Dämmerphase vorzusehen ist, die den Legehennen die Einnahme ihrer Ruhestellung ohne Verletzungsgefahr ermöglicht;

- die Haltungseinrichtung jeweils zwischen dem Ausstallen und dem nächsten Einstallen der Legehennen gereinigt wird, wobei sämtliche Gegenstände, mit denen die Tiere in Berührung kommen, zusätzlich desinfiziert werden;
- nur solche Legehennen eingestallt werden, die während ihrer Aufzucht an die Art der Haltungseinrichtung gewöhnt worden sind.

Hinsichtlich der Legehühnerhaltung lässt sich im Übrigen feststellen, dass die TierSchNutztV die Richtlinie 1999/74/EG aus Tierschutzsicht übertrifft. Es bestehen jedoch weiterhin keine rechtlichen Vorgaben für die Aufzucht von Legehühnern, abgesehen von der o. g. Vorgabe, dass nur Legehennen eingestallt werden dürfen, die an das Haltungssystem gewöhnt worden sind.
Verhältnismäßig neu ist der Abschnitt der TierSchNutztV, der die Anforderungen an das Halten von **Masthühnern** regelt. Bemerkenswert ist dabei, dass das Halten von Masthühnern zu Erwerbszwecken nicht nur von Sachkunde, sondern von einem förmlichen Sachkundenachweis abhängig gemacht wird. Neu ist außerdem, dass neben den Anforderungen an die Haltungseinrichtungen und an das Halten der Masthühner selbst, verpflichtende Maßnahmen zur Überwachung der Herden und Folgemaßnahmen im Schlachthof festgelegt werden. Damit wurde erstmalig vorgegeben, einen tierbasierten Indikator (die Mortalitätsrate) in die Selbstkontrolle oder die tierschutzrechtliche Überwachung einer Tierhaltung einzubeziehen, wenngleich bislang außer im Rahmen von verwaltungsinternen Auslegungshinweisen für die Behörden keine Wertung der Mortalitätsraten vorgegeben ist.
Hinsichtlich der Haltungseinrichtung enthält die TierSchNutztV Anforderungen an die Art, Zahl und Funktionsweise von Tränken und Fütterungseinrichtungen sowie der Temperatur und Schadgaskonzentration im Stall. Zu den Anforderungen für das Halten selbst zählt die Obergrenze für die Besatzdichte von 35 bzw. 39 kg pro $m^2$. Alle Masthühner müssen ständig Zugang zu trockener, lockerer Einstreu haben, die zum Picken, Scharren und Staubbaden geeignet ist – und auch der Fußballengesundheit dient. Masthühner müssen zweimal täglich in Augenschein genommen werden.
Darüber hinaus fordern die Europaratsempfehlungen in Bezug auf Haushühner sowohl für die Mast- wie auch die Legehühner Folgendes: *Beim Fangen der Tiere im Stall ist besonders darauf zu achten, dass kein Tier hierbei oder durch die Ausrüstung verletzt wird. Vor allem dürfen die Tiere nicht mit dem Kopf nach unten getragen werden und müssen in jedem Fall an beiden Beinen gehalten werden. Sie sind vorsichtig zu halten, um Beinverletzungen zu vermeiden.* Die gängige Handhabung durch die Fängerkolonnen beim Ausstallen steht nicht im Einklang mit dieser Forderung und stellt letztlich ein seit Jahren bestehendes Vollzugsdefizit dar.
Durch die sogenannten bundeseinheitlichen Eckwerte für eine freiwillige Vereinbarung zur Haltung von **Mastputen** werden auch für die Putenmast

Grenzen markiert. Auch in diesen Eckwerten werden die notwendige Sachkunde der Tierhalter betont und zwei Mal tägliche Kontrollen der Tiere gefordert. Nach den Eckwerten ist geeignete Einstreu für das Verhalten und Wohlbefinden der Tiere von großer Bedeutung. Es werden zudem Vereinbarungen zur tierärztlichen Betreuung, zum Umgang mit kranken Tieren und zu den Tränke- und Fütterungseinrichtungen getroffen. Auch Klimaführung, Belüftung, Beleuchtung und Strukturierung im Stall sowie Beschäftigungsmaterial für die Tiere werden thematisiert. Zudem ist ein Gesundheitskontrollprogramm etabliert worden, von dem die zulässige Besatzdichte im Stall abhängig gemacht wird. Zunächst wird allerdings von Besatzdichten-Obergrenzen von 45 bzw. 52 kg pro $m^2$ bei Putenhennen und 50 bzw. 58 kg pro $m^2$ bei Putenhähnen ausgegangen. Alle Putenhalter haben sich darauf verpflichtet, diese Eckwerte einzuhalten. Eine weitere Beurteilungsgrundlage für Putenhaltungen stellen die Europaratsempfehlungen für Puten aus dem Jahr 2001 dar.

Für **Hausgänse** kommen die Europaratsempfehlungen aus dem Jahr 1999 unter Berücksichtigung der biologischen Merkmale dieser vorwiegend pflanzenfressenden Vögel zu dem Schluss, dass Wasser ein wichtiger Faktor in ihrem Putzverhalten ist, obwohl sie mehr Zeit mit dem Weiden als mit dem Schwimmen verbringen. Wichtige Bestandteile des Badens sind das Ein- und Auftauchen mit dem Kopf und das Schütteln mit dem Kopf, um Wasser auf den Körper zu verteilen. Hausgänse haben von ihren wilden Vorfahren eine Reihe von Verhaltensmustern behalten, unter denen die sozialen Aktivitäten und die Möglichkeit, Wasser für ihr Pflegeritual zu verwenden, besonders wichtig zu sein scheinen. Wie für andere Tierarten auch betonen die Europaratsempfehlungen für Gänse die Notwendigkeit, sachkundiges Personal einzusetzen, das sich häufig und ruhig mit den Tieren beschäftigt und die Tiere täglich gründlich kontrolliert. Neben Empfehlungen für die bauliche und technische Ausgestaltung von Ausläufen und Gebäuden wird der Zugang zu einem Auslauf und zu Badewasser als notwendig erachtet, damit die Hausgänse als Wasservögel ihre biologischen Erfordernisse erfüllen können. Wo ein solcher Zugang nicht möglich ist, müssen die Hausgänse mit Wasservorrichtungen in ausreichender Zahl versorgt werden, die so ausgelegt sein müssen, dass das Wasser den Kopf bedeckt und mit dem Schnabel aufgenommen werden kann, sodass sich die Hausgänse problemlos Wasser über den Körper schütten können. Die Hausgänse sollten die Möglichkeit haben, mit ihrem Kopf unter Wasser zu tauchen. Außerdem müssen nach den Europaratsempfehlungen Junggänse jederzeit freien Zugang zu einem Unterstand haben, und alle Hausgänse benötigen Zugang zu Schutz vor widrigen Witterungsbedingungen. Außerdem müssen Legenester auf den Boden gestellt werden, oder die Nestplätze werden mit ausreichend Stroh o. Ä. eingestreut. Weitere Empfehlungen betreffen das Management der Gänsehaltung. U. a. wird für das Einfangen der Tiere festgelegt, dass die Tiere nicht mit dem Kopf nach unten oder nur an den Beinen getragen werden dürfen. Ihr Gewicht muss durch eine Hand unter ihrem Körper und einen Arm um den Körper, der die Flügel in geschlossener Position hält, gestützt werden. Außerdem wird in den Europaratsempfehlungen klargestellt, dass Eingriffe an Hausgänsen mit Ausnahme des Anbringens von Flügelmarken zu Identifizierungszwecken verboten sind. Zudem wird ausdrücklich untersagt, lebenden Tieren Federn, einschließlich Flaumfedern, auszureißen.

Für **Enten** (Moschus- und Pekingenten) liegen ähnliche Europaratsempfehlungen vor, die ebenfalls die Bedeutung von Wasser für die Tiere unterstreichen. Enten dürfen nicht in Einzelkäfigen gehalten werden. Lebendrupf von Federn und Daunen ist auch bei ihnen verboten.

Anders als bei Gänsen und Pekingenten sind laut Europaratsempfehlungen bei Moschusenten definierte Eingriffe an Schnabel und Krallen unter ganz bestimmten Bedingungen wegen des stärker ausgeprägten aggressiven Verhaltens zulässig. Eingriffe an den Krallen sind allerdings nach dem TierSchG nicht erlaubt und für das Kupieren von Schnäbeln bedarf es einer Ausnahmegenehmigung (**1.4**).

Analog zu den Gänsen ist laut Europaratsempfehlungen bei den Enten – bis neue wissenschaftliche Erkenntnisse über alternative Methoden und über ihre Tierschutzaspekte zur Verfügung stehen – die Herstellung von Entenstopfleber dort erlaubt, wo sie übliche Praxis ist, allerdings nur gemäß der im nationalen Recht festgelegten Normen. Für Deutschland ist die Erzeugung von Gänse- oder Enten-Stopflebern demnach unzulässig.

Nach der AVV gehören **Straußenvögel** zwar nicht zum Geflügel und den landwirtschaftlichen Nutztieren, weshalb für ihre gewerbsmäßige Zucht und Haltung eine Erlaubnis nach § 11 TierSchG erforderlich ist. Da Straußenvögel aber zur Erzeugung von Nahrungsmitteln oder zu anderen landwirtschaftlichen Zwecken gehalten werden, entsprechen sie dem Begriff „Nutztiere" der TierSchNutztV. Deshalb müssen die allgemeinen Bestimmungen dieser Verordnung auch bei Straußenvögeln Beachtung finden. Für die Haltung von Straußenvögeln zu landwirtschaftlichen Zwecken wurden außerdem bereits 1997 Europaratsempfehlungen angenommen, in denen insbesondere ihr großes Laufbedürfnis und die notwendigen Maßnahmen bei der Aufzucht der Jungtiere betont werden. Für Straußenvögel wird eine zweimal tägliche gründliche Kontrolle gefordert. *Straußenhaltende Betriebe sollen sich nur in Gebieten befinden, in denen die klimatischen und sonstigen Bedingungen es erlauben, die Tiere zu jeder Jahreszeit bei Tage meistens im Freien zu halten und wo große Flächen ausreichend trockengelegten Landes ihnen genug Raum zur Befriedigung ihres Bedürfnisses nach Auslauf und Weiden bieten. (…) Außer bei extrem ungünstigen Witterungsverhältnissen, die dies völlig unmöglich machen, sollen Straußenvögel, die älter als drei Monate sind, täglich Zugang zum Freien haben.* Jungtiere müs-

sen frühzeitig an den Auslauf im Freien gewöhnt werden. *Werden die Tiere jedoch im Stall gehalten, soll dies so kurz wie möglich sein und nie länger als 10 Tage pro Monat andauern. (...) Bei vorübergehender Stallhaltung der Vögel müssen die Ställe Tageslichteinfall haben und mit zusätzlichen künstlichen Lichtquellen ausgestattet sein, da die Straußenvögel eine Beleuchtung haben müssen, die 10–12 Tageslichtstunden draußen entspricht.*
Auf der Weide muss ein frei zugänglicher Schutzraum oder ein Stall vorhanden sein, um die Vögel vor widrigen Witterungsverhältnissen, vor allem Regen, Schnee und Sonnenlicht, zu schützen. Die Raumhöhe von Ställen und Schutzräumen muss 3 m betragen.

### 2.1.7 Kaninchen

Erst 2014 wurde nach kontroversen Debatten ein eigener Abschnitt für die Kaninchenhaltung in die TierSchNutztV eingefügt. Für Kaninchen, die zu Erwerbszwecken gehalten werden, sind darin analog zu anderen Tierarten Anforderungen an die Haltungseinrichtungen und das Halten selbst, also das Management der Tierhaltung, festgeschrieben. Nach Auskunft der Bundesregierung (BR-Drs. 10/14) betreffen die nunmehr rechtlich fixierten Regelungen keineswegs nur die knapp 60 spezialisierten Kaninchenzucht- und Mastbetriebe, sondern auch alle diejenigen, die – etwas verkürzt dargestellt – mehr als 60 Kaninchen zum Eigenbedarf im Jahr erzeugen. Damit gelten die jetzigen Bestimmungen, die allerdings in weiten Teilen erst ab 2019 und in einigen Punkten erst ab 2024 umgesetzt werden müssen, auch für viele Rassekaninchenzüchter, die sich zunächst außerhalb des Geltungsbereichs der Verordnung wähnten. Zur Erlaubnispflicht für die Zucht von Kaninchen als Heimtiere nach § 11 TierSchG wird auf Abschnitt **3.1.1** und hinsichtlich der Maßstab bildenden Bedeutung der Verordnung für Hobbyhaltungen auf Abschnitt **2.1.1** verwiesen.
Inhalte der TierSchNutztV zur Kaninchenhaltung, die bereits seit Inkrafttreten dieses Abschnitts rechtlich verbindlich sind, betreffen vor allem den möglichst geringen Kontakt der Tiere zu ihren Ausscheidungen, die Notwendigkeit eines trockenen Liegebereichs und eines rutschfesten und trittsicheren Bodens im Aufenthaltsbereich der Tiere sowie Form und Größe der Käfigöffnung, die so gestaltet sein muss, dass die Tiere ohne vermeidbare Belastungen herausgenommen werden können. Darüber hinaus muss die Nestkammer bestimmte Anforderungen (blickdichte Abtrennung, Art des Nestzugangs, Nestbaumaterial u. a.) erfüllen, um Grundbedürfnisse des Muttertieres wie Rückzugsmöglichkeit und Nestbauverhalten zu befriedigen. Weitere bereits bindende Vorgaben beziehen sich auf den verpflichtenden, jederzeit möglichen Zugang der Tiere zu grob strukturiertem Raufutter wie Stroh und Heu, zu Nagematerial und zu Tränkwasser. Der Tierhalter muss dafür sorgen, dass Umgruppierungen von Kaninchen möglichst ver-

mieden werden. Außerdem muss er ein Lichtregime mit mindestens 40 Lux Beleuchtungsstärke während der Hellphase sicherstellen. Bei künstlicher Beleuchtung muss es eine mindestens acht Stunden dauernde ununterbrochene Dunkelphase mit weniger als 0,5 Lux Lichtstärke geben, wobei noch so viel Licht vorhanden sein muss, dass sich die Tiere orientieren können. Außerdem sind mindestens dreißigminütige Dämmerphasen einzuplanen. Die Ausscheidungen der Tiere (auf Transportbändern und ähnlichen Vorkehrungen wie Wannen) müssen täglich aus dem Stall entfernt werden, um den Schadgasgehalt der Luft zu mindern. Kaninchen müssen mindestens zweimal täglich im Hinblick auf ihren Gesundheitszustand überprüft werden. Außerdem werden Regeln für die Reinigung und Desinfektion der Anlage und von Ausrüstungsgegenständen sowie die Behandlung der Kaninchen gegen Parasiten und bestimmte Aufzeichnungspflichten (Tierverluste u. Ä.) festgelegt. Zum Schutz der Zuchttiere ist außerdem geregelt, dass das Muttertier frühestens am 11. Tag nach der Geburt wieder gedeckt werden darf. Zum Schutz der Jungtiere wurde festgelegt, dass sie – außer in tierärztlich begründeten Fällen – frühestens im Alter von 28 Tagen abgesetzt werden dürfen.

Seit Februar 2015 muss bei gewerbsmäßiger Kaninchenhaltung zudem eine Sachkundebescheinigung vorliegen, die auf Antrag vom jeweiligen Veterinäramt ausgestellt wird, nachdem der Tierhalter eine theoretische und praktische Prüfung mit Erfolg abgelegt hat. Anstelle der Prüfung können bestimmte Berufsabschlüsse bzw. mehrjährige Erfahrung ohne tierschutzrechtliche Beanstandung als Nachweis dienen.

Ab 2019 dürfen Mastkaninchen, außer bei bestimmten Ausnahmen, nicht mehr einzeln gehalten werden. Zudem gelten ab diesem Zeitpunkt Obergrenzen für die Luftfeuchtigkeit und die Schadgasgehalte im Stall.

Entgegen dem hohen tierschutzfachlichen Anspruch, der für diesen Abschnitt der TierSchNutztV wiederholt durch die Bundesregierung geltend gemacht wurde, sind für die Vorgaben, die umfangreichere Veränderungen an den Haltungseinrichtungen erfordern, fünf Jahre Übergangszeit für eine teilweise Umsetzung der neuen Anforderungen bis 2019 und eine Übergangszeit für die vollständige Umsetzung bis 2024 vorgesehen. Solche zweistufigen Übergangsregelungen wurden bspw. für die Ausgestaltung des Bodens und für die Mindestfläche bei Zucht- und Mastkaninchen getroffen. Die künftige Ausgestaltung des Bodens beinhaltet, dass es ab 2019 keine durchgängigen Gitterböden in den Kaninchenkäfigen mehr geben darf und ab 2024 der gesamte Boden nur in der Weise perforiert sein darf, dass Auftrittsflächen und Spalten- oder Lochweiten gleich breit sind (11 mm bei Mast-, 14 mm bei Zuchtkaninchen). Gitterböden müssen dann vollständig abgelöst sein. Für die erhöhte Liegefläche bestehen Vorgaben zur Größe, zum Perforationsgrad (max. 15%) und zum Abstand von Boden und oberer Begrenzung der Haltungseinheit.

Die vorgegebene mindestens vorhandene nutzbare Bodenfläche pro Tier variiert mit der Gruppengröße bei Mastkaninchen bzw. dem Gewicht bei Zuchttieren und muss ebenfalls in zwei zeitlichen Etappen erreicht werden. Weitere Regelungen betreffen Fensterflächen des Stallgebäudes, den Anteil stärker und weniger stark perforierter Bodenflächen in der Haltungseinrichtung und die ohne Übergangszeit einzuplanende Zahl von Fressplätzen bzw. Tränkestellen.

### 2.1.8 Fische

Wenn Fische einschließlich ihrer Elterntiere und Farbmutanten zur Schlachtung oder zum Besatz in Betrieben der Teichwirtschaft und Fischzucht gehalten werden, gelten sie laut AVV als landwirtschaftliche Nutztiere. Als landwirtschaftliche Nutztiere gehören sie nach der Definition in der TierSchNutztV automatisch zu den Nutztieren, auf die die Regeln der Verordnung angewendet werden müssen, selbst wenn es sich nicht um warmblütige Tiere handelt, die zur Erzeugung von Nahrungsmitteln gehalten werden. Die wissenschaftlichen Hinweise, dass Fische Schmerzen empfinden, sind inzwischen zahlreich, vielfältig und überzeugend, was bei der Handhabung, der Haltung, dem Transport und der Schlachtung von Fischen konsequenter berücksichtigt werden sollte.

Daraus ergibt sich, dass auch in der Teichwirtschaft und in der Fischzucht die tierartenübergreifenden Vorgaben (**2.1.2**) einzuhalten sind. Dazu zählt bspw. eine Bauweise der Haltungseinrichtung, die nach dem Stand der Technik Verletzungen oder sonstige Gefährdungen für die Tiere ausschließt. Außerdem besteht u. a. die Verpflichtung, die Haltungseinrichtung so auszustatten, dass auch Fische soweit möglich vor Beutegreifern geschützt sind. Zudem müssen ausreichend viele sachkundige Personen mit der Versorgung der Tiere betraut werden und i. d. R. tägliche Überprüfungen der Tiere und Versorgungseinrichtungen stattfinden.

Auch der Rückgriff auf die Richtlinie 98/58/EG zeigt, dass Fische nach Art. 2 eindeutig zu den Tierarten zählen, für die die grundlegenden Schutzbestimmungen des Art. 3 der Richtlinie gelten sollen. Im Unterschied zur deutschen Regelung nimmt die Richtlinie die Fische zwar von den Vorgaben aus, die in ihrem Anhang dargestellt sind und hauptsächlich durch §§ 3 und 4 TierSchNutztV umgesetzt wurden. Dass diese beiden Paragraphen nach nationalem Recht dennoch für Fische gelten, ist aus tiermedizinischer Sicht sinnvoll, weil andernfalls Art. 3 der Richtlinie 98/58/EG weitgehend ins Leere laufen würde.

Weitere Hinweise für eine tierschutzrechtlich nicht zu beanstandende Teichwirtschaft und Fischzucht liefern schließlich die Europaratsempfehlungen für die Haltung von Fischen in Aquakultur. Darin wird u. a. die Bedeutung von sachkundigem, geübtem Personal für die Versorgung, aber auch für das Fangen der Tiere und sonstige Handhabungen unterstrichen.

Nach diesen Europaratsempfehlungen dürfen Fische in Aquakultur nicht für öffentliche Veranstaltungen oder Vorführungen verwendet werden, wenn dies ihrem Wohlbefinden und ihrer Gesundheit schaden kann. Diese Empfehlung verdeutlicht die Problematik von Angelwettbewerben (**3.7**) und Fischteichen, die öffentlichem Publikum das Angeln erlauben.
Die weiteren Empfehlungen beinhalten auch die mindestens tägliche gründliche Kontrolle der Anlagen. Bei der gründlichen Kontrolle muss den Faktoren, die sich nachteilig auf das Wohlbefinden der Fische auswirken, sowie Anzeichen von anormalem Verhalten, Verletzungen, schlechtem Gesundheitszustand oder erhöhter Sterblichkeit besondere Aufmerksamkeit geschenkt werden. Bei Fischen, die anormales Verhalten aufweisen, verletzt oder krank sind oder wenn eine erhöhte Sterblichkeit beobachtet wird, muss die für die Tiere verantwortliche Person unverzüglich Schritte zur Ermittlung der Ursache ergreifen und geeignete Abhilfemaßnahmen einleiten. Falls erforderlich muss ein Tierarzt oder eine andere sachkundige Person hinzugezogen werden. Alle toten oder sterbenden Fische müssen sobald wie möglich auf eine Weise beseitigt werden, dass das Wohlbefinden der verbleibenden Fische nicht beeinträchtigt wird.
Die Inhalte der Europaratsempfehlungen beziehen sich schließlich auf Bau, Konstruktion, Wartung und Überprüfung der Anlage, deren Standort, die Wasserqualität und den Transport von Tieren innerhalb eines Betriebes. Außerdem heißt es zur Zucht von Fischen ausdrücklich: *Bei Zuchtprogrammen soll nicht nur auf Produktionskriterien geachtet, sondern auch ein besonderes Augenmerk auf Kriterien gelegt werden, die zur Verbesserung des Wohlbefindens und der Gesundheit der Fische beitragen. Deshalb soll die Erhaltung oder Entwicklung von Rassen oder Zuchtlinien von Fischen gefördert werden, bei denen Tierschutzprobleme begrenzt oder vermindert werden.*
Auch für die Tötung von Fischen in Notfällen enthalten die Europaratsempfehlungen klare Formulierungen. So heißt es in Art. 19 neben weiteren Bedingungen für geeignete Nottötungsverfahren eindeutig: *Ein Schnitt durch die Kiemen oder Kiemenbögen ohne vorhergehende Betäubung ist nicht zulässig.*

## 2.2 Hunde

Für die unterschiedlichen Formen der Hundehaltung einschließlich der Haltung von Hütehunden sowie die Zucht und Ausbildung von Hunden sind ergänzend zu den Vorgaben des TierSchG die Regelungen nach der TierSchHuV zu beachten. Analog zu anderen Tierschutzverordnungen präzisiert die TierSchHuV die allgemeinen Grundsätze aus § 2 TierSchG und legt fest, welche Mindestanforderungen für die Haltung und die Zucht von Hunden gelten. Ausnahmen davon gelten nur für den Transport und während tierärztlicher Behandlungen oder innerhalb eines tierexperimentellen Projektes, wenn es für den wissenschaftlichen Zweck unvermeidbar ist. Für Tiere in Versuchstierhaltungen, die sich nicht im Versuch befinden (Zucht, Wartehaltung, Phasen zwischen Versuchsteilen), gelten die Regeln der TierSchHuV.

### 2.2.1 Grundsätzliches

Vor der Darstellung, wie bspw. Zwinger auszustatten sind, wird in der TierSchHuV klargestellt, dass jedem Hund ausreichend Auslauf im Freien außerhalb eines Zwingers oder einer Anbindehaltung und Sozialkontakt zum Menschen zu gewähren sind. Maßstab dafür, was als ausreichend angesehen werden kann, sollte sein, dass die Tiere keine Schmerzen, Leiden oder Schäden aufweisen. Das schließt ein, dass sie sich normal verhalten. Sie sollten sich also weder überängstlich oder aggressiv gegenüber Menschen oder Artgenossen zeigen noch regelmäßig in die Wohnung, in den Zwinger oder im Bereich der Anbindehaltung Kot und Harn absetzen.

Um dieses Ziel zu erreichen, müssen Hunde laut TierSchHuV immer dann in Gruppen gehalten werden, wenn mehrere Hunde auf einem Grundstück gehalten werden und nicht besondere Gründe dagegen sprechen (Krankheit, Verhaltensstörungen o. Ä.).

Einzeln gehaltenen Hunden muss anstelle der Gruppenhaltung mit anderen Hunden mehrmals täglich länger andauernder Umgang mit menschlichen Betreuungspersonen ermöglicht werden. Im Hinblick auf die Sozialkontakte und das artspezifische Sozialverhalten der Rudeltiere wird außerdem klargestellt, dass Welpen, abgesehen von tierärztlich begründeten Ausnahmefällen, erst im Alter von über 8 Wochen vom Muttertier getrennt werden dürfen. Außerdem muss sichergestellt werden, dass bei gewerbsmäßigem Züchten (**1.7**) für jeweils maximal zehn Zuchthunde und ihren Nachwuchs eine sachkundige und erfahrene Betreuungsperson zur Verfügung steht.

Durch § 8 der TierSchHuV wird zudem unter anderem festgehalten, dass Hunden in ihrem üblichen Aufenthaltsbereich jederzeit genügend sauberes Wasser zur Verfügung gestellt werden muss. Hütten, Zwinger oder Räume, in denen Hunde untergebracht werden, müssen mindestens einmal täglich, die Anbindung zweimal pro Tag überprüft und Mängel umgehend abgestellt werden.

Darüber hinaus besteht ein Ausstellungsverbot für Hunde, bei denen die Ohren oder die Rute kupiert wurden, um bestimmte Rassemerkmale zu erreichen (§ 10 TierSchHuV).

### 2.2.2 Haltungsformen

Weitere Bestimmungen der TierSchHuV betreffen die verschiedenen Haltungsformen. Für das Halten von Hunden **im Freien** gilt bspw., dass neben einer geeigneten Schutzhütte ein weiterer witterungsgeschützter, schattiger Liegeplatz mit wärmegedämmtem Boden für den Hund bereitsteht. Die ebenfalls zwingend notwendige Schutzhütte muss aus Wärme dämmendem und gesundheitsunschädlichem Material bestehen und muss so beschaffen sein, dass der Hund sich nicht an der Hütte verletzen und darin trocken liegen kann. Die Schutzhütte muss so groß sein, dass der Hund sich darin so bewegen und hinlegen kann, wie es seiner Art entspricht. Er muss also die Hütte ohne Anstrengung betreten und sich dort in den verschiedenen hundeüblichen Positionen niederlegen können.

Bei der Größe der Schutzhütte muss gleichzeitig berücksichtigt werden, dass das Tier den Innenraum mit seiner Körperwärme warmhalten kann, wenn die Hütte nicht beheizbar ist.

Werden Hunde dagegen **in Räumen** gehalten, muss der Einfall von Tageslicht sichergestellt werden. Bei geringem Tageslichteinfall muss der Raum zusätzlich durch Kunstlicht entsprechend dem natürlichen Tag-Nacht-Rhythmus beleuchtet werden. In nicht beheizbaren Räumen muss außerdem neben einer Schutzhütte oder einem ähnlich trockenen und warmen Liegeplatz ein weiterer Liegebereich wie bei der Hundehaltung im Freien zur Verfügung gestellt werden.

Wenn ein Hund **in einem Zwinger** gehalten werden soll, dann muss der Zwinger – je nach Größe des Hundes – mindestens 6 beziehungsweise 8 oder 10 $m^2$ Bodenfläche aufweisen. Keine Seite des Zwingers darf unter 2 m Länge bemessen und jede Seite muss mindestens der doppelten Körperlänge des Hundes entsprechen. Wenn mehrere Hunde in einem Zwinger gehalten werden, dann erhöht sich die notwendige Bodenfläche bei jedem zusätzlichen Hund um die Hälfte der für den ersten Hund erforderlichen Fläche. Auch für Hunde, die regelmäßig an mindestens 5 Tagen in der Woche den überwiegenden Teil des Tages außerhalb des Zwingers verbringen, müssen mindestens 6 $m^2$ nutzbare Zwingerfläche vorhanden sein.

Wer einen Hund **angebunden** halten will, muss für eine Lauf-Vorrichtung sorgen, die mindestens 6 m lang ist und an der die Anbindung frei gleiten kann. Seitlich zur Laufvorrichtung muss der Hund 5 m Bewegungsspielraum erhalten. Darüber hinaus muss die Anbindung so angebracht sein, dass der Hund seine Schutzhütte aufsuchen und sich dort hinlegen und umdrehen kann.

Im Laufbereich des Hundes darf es keine Hindernisse oder Verletzungsmöglichkeiten geben. Die Anbindung muss mit Brustgeschirren oder Halsbändern erfolgen, die nicht einschneiden oder verletzen können. Die Anbindung muss technisch so ausgeführt sein (Wirbel), dass eine Verkürzung der Anbindung durch Aufdrehen nicht stattfinden kann.

Die Anbindehaltung von Hunden ist nicht erlaubt, wenn sie weniger als ein Jahr alt sind. Dieses Verbot gilt auch für tragende Hündinnen im letzten Drittel der Trächtigkeit, säugende Hündinnen oder bei kranken Hunden, wenn

durch die Anbindehaltung Schmerzen, Leiden oder Schäden zugefügt werden.
Der Aufenthaltsbereich von Hunden muss zudem sauber und ungezieferfrei sein. Kot muss täglich entfernt werden, weshalb stärkere Verkotung von Zwingern und Räumen, in denen Hunde gehalten werden, ein wichtiger Hinweis für eine Unterversorgung der Tiere darstellt.

### 2.2.3 Ausbildung von Hunden

Im Zusammenhang mit der Ausbildung von Hunden müssen insbesondere die Verbote in § 3 TierSchG (**1.2**) und die Erlaubnispflicht für Hundeschulen bzw. für die Ausbildung von Schutzhunden (**1.7**) beachtet werden.

## 2.3 Katzen

Für die **Haltung** bzw. den Umgang mit Katzen gibt es derzeit keine rechtlichen Vorgaben, die das TierSchG konkretisieren. Für die Beurteilung, ob im konkreten Einzelfall die tierschutzrechtlichen Grundprinzipien von §§ 1 und 2 TierSchG eingehalten werden, muss deshalb auf gutachterliche Einschätzungen von Sachverständigen (z. B. Amtstierärzte, Expertengremien beim Bundesministerium) zurückgegriffen werden.
Für die Beurteilung der Haltung und Betreuung von Katzen, die nicht zu den Hauskatzen gehören, ist das sogenannte Säugetiergutachten des BMEL maßgebend. In diesem Gutachten wird ausgeführt, welche Bedingungen hinsichtlich Gehegegröße und -ausstattung, Sozialgefüge und Versorgung für eine tiergerechte Groß- und Wildkatzenhaltung berücksichtigt werden müssen.
Ein weiteres für die **Zucht** von Katzen bedeutendes Dokument stellt das sog. Qualzuchtgutachten des Bundesministeriums von 1999 dar. Durch dieses Gutachten wird klargestellt, welche Rassemerkmale und Verpaarungen als Qualzucht zu werten und nach § 11b TierSchG verboten sind. Beispiele für Merkmale bei Katzen, die einer Zucht laut Gutachten entgegenstehen, sind neben anderen Kurzschwänzigkeit oder Schwanzlosigkeit, bestimmte Farbaufhellungen, Anomalien von Ohren oder Haarkleid und ausgeprägte Kurzköpfigkeit. Das Gutachten stellt allerdings keine abschließende Auflistung aller Qualzuchten dar. Auch andere Verpaarungen oder Merkmale können den Tatbestand der Qualzucht erfüllen. Entsprechende Verpaarungen müssen dann ggf. für den jeweiligen Einzelfall beurteilt und nötigenfalls verwaltungsrechtlich untersagt werden.

## 2.4 Pferde und andere Equiden

### 2.4.1 Haltung von Pferden

In der Vorstellung der Allgemeinheit mögen Pferde nicht mehr zu den landwirtschaftlich genutzten Tieren zählen. Dennoch gibt es mehrere Gründe, davon auszugehen, dass auch für diese Tierart zumindest die allgemeinen Bedingungen nach den §§ 3 und 4 der TierSchNutztV (**2.1.2**) einschließlich der damit verbundenen Bußgeldregelungen gelten. So werden Pferde laut AVV ausdrücklich als landwirtschaftliche Nutztiere eingestuft; zudem schließt § 16 TierSchG Pferdehaltung ausdrücklich bei den Nutztierhaltungen ein, die der behördlichen Aufsicht unterstehen. Arzneimittelrechtlich gelten Pferde zunächst als Tiere, die der Gewinnung von Lebensmitteln tierischer Herkunft dienen und damit der Definition der TierSchNutztV für Nutztiere entsprechen. Auch die relevanten Kommentare zum Tierschutzrecht kommen zu der Auffassung, dass die Vorgaben der §§ 3 und 4 der TierSchNutztV bei Pferdehaltungen eingefordert werden können. Damit wird schon an dieser Stelle klargestellt, dass von Haltungseinrichtungen für Pferde keine Verletzungs- oder andere Gesundheitsgefährdungen für die Tiere ausgehen dürfen, dass Futter und Wasser ausreichend zugänglich sein und sauber angeboten werden müssen und dass bei Koppelhaltung der zur Gesunderhaltung notwendige Witterungsschutz vorhanden sein muss. Weitere Regelungen der TierSchNutztV, die auch für Pferde gelten, sind unter **2.1.2** dargestellt. Diese schließen die tägliche Kontrolle der Tiere und die Verpflichtungen ein, im Bedarfsfall einen Tierarzt einzuschalten und dafür zu sorgen, dass Stall, Unterstände und Koppeln sauber gehalten werden. Insbesondere Ausscheidungen müssen so oft wie nötig entfernt werden, um Beeinträchtigungen der Tiere zu vermeiden. Bei Pferden betrifft dies besonders häufig die Hufgesundheit, Reizungen der Atemwege durch Ammoniak und den Parasitenbefall.

Wesentlich ausführlicher und im Sinne eines vorweggenommenen Sachverständigengutachtens werden die Haltungsbedingungen für Pferde in den Leitlinien des BMELV zur Beurteilung von Pferdehaltungen unter Tierschutzgesichtspunkten vom 9. Juni 2009 beschrieben. Diese Leitlinien können der Selbstkontrolle dienen und werden von den Tierschutzbehörden als gewichtige Auslegungshilfe dafür verwendet, ob in Pferdehaltungen § 2 TierSchG und die §§ 3 und 4 der TierSchNutztV eingehalten werden bzw. welche Veränderungen eingefordert werden können und müssen.

Unmissverständlich werden u. a. folgende Bedingungen für eine art- und verhaltensgerechte und damit tierschutzrechtskonforme Pferdehaltung in den Leitlinien benannt:

- *Pferde sind in Gruppen lebende Tiere, für die soziale Kontakte zu Artgenossen unerlässlich sind. (...) Das Halten eines einzelnen Pferdes ohne Artgenossen widerspricht dem natürlichen Sozialverhalten der Pferde. (...) In jedem Fall ist mindestens Sicht-, Hör- und Geruchskontakt zwischen den Tieren sicherzustellen. Es werden nur wenige Ausnahmen als zulässig eingestuft. Fohlen und Jungpferde dürfen aus Gründen ihrer sozialen Entwicklung nicht einzeln gehalten werden und müssen in Gruppen aufwachsen. (...) Wo immer möglich, sollten Pferde in Gruppen gehalten werden.*

- *Pferde haben (...) einen Bedarf an täglich mehrstündiger Bewegung. (...) In allen Pferdehaltungen ist daher täglich für ausreichende, den physiologischen Anforderungen entsprechende Bewegung der Pferde zu sorgen. Kontrollierte Bewegung (Arbeit, Training) beinhaltet nicht die gleichen Bewegungsabläufe wie die freie Bewegung, bei der die Fortbewegung im entspannten Schritt überwiegt, aber auch überschüssige Energie und Verspannungen abgebaut werden können. Daher kann kontrollierte Bewegung die freie Bewegung nicht vollständig ersetzen. Allen Pferden, insbesondere aber Zuchtstuten, Fohlen und Jungpferden muss so oft wie möglich Weidegang und/oder Auslauf angeboten werden. Anders formuliert bedeutet dies, dass für alle Pferde Möglichkeiten für freie Bewegung eingeplant werden müssen.*
- *Arttypisch für das Fluchttier Pferd sind mehrere Ruhephasen über den 24-Stunden-Tag verteilt. Arttypisch ist das Ruhen im Stehen, in der Bauch- und in der Seitenlage. Für Tiefschlaf, der auch beim ausgewachsenen Pferde zum Normalverhalten gehört, müssen sich die Tiere ablegen können. Zum Liegen bevorzugen Pferde trockenen und verformbaren Untergrund. Auf morastigem Boden legen sie sich nicht bzw. nur ungern ab. Den Pferden muss arttypisches Ruhen möglich sein. Es ist deshalb sicherzustellen, dass eine ausreichend groß bemessene, trockene und verformbare Liegefläche zur Verfügung steht, damit alle Pferde gleichzeitig in Seitenlage liegen können. Dies muss auch bei überwiegender oder ganzjähriger Koppelhaltung beachtet werden.*
- *Der natürlichen Fresshaltung des Pferdes entspricht die bodennahe Fütterung. Zur artgemäßen Ernährung des Pferdes ist ausreichend strukturiertes Futter unerlässlich. Falls kein Dauerangebot an rohfaserreichem Futter (ggf. auch Langstroh als Einstreu) erfolgt, ist es mindestens während insgesamt zwölf Stunden täglich anzubieten (Fresspausen möglichst nicht länger als vier Stunden). Gegebenenfalls sind geeignete Maßnahmen zu ergreifen, um eine überhöhte Nährstoffaufnahme zu vermeiden (z. B. engmaschige Heunetze, Sparraufen oder zeitgesteuerte Raufen).*
- *Wasser muss Pferden grundsätzlich – unabhängig von der Haltungsform – ständig zur Verfügung stehen. Falls dies in Ausnahmefällen nicht möglich ist, muss Wasser mehrmals am Tag, aber mindestens dreimal täglich bis zur Sättigung verabreicht werden. Dies gilt auch für die kalte Jahreszeit. Schnee ist kein Ersatz für eine ausreichende Tränke.*
- *Manipulationen an Haaren, die funktionaler Teil von Organen sind (z. B. Tasthaare) oder besondere Schutzfunktionen haben (z. B. Haare in den Ohrmuscheln), sind ohne veterinärmedizinische Indikation tierschutzwidrig. Das Kürzen von Haaren, die aus den Ohrmuscheln herausragen, ist davon unberührt.*

*Beim Scheren ist also darauf zu achten, die Tasthaare nicht zu kürzen. Das Entfernen der Tasthaare (Clippen) zur angeblichen Verschönerung ist ebenfalls unzulässig.*

- *Pferde müssen zur Gesunderhaltung regelmäßig entwurmt werden. Um eine gezielte, planmäßige Behandlung sicherzustellen, dürfen Wurmkuren nur in Absprache mit einem Tierarzt durchgeführt werden. (...) Wegen der besonderen Empfänglichkeit des Pferdes für Wundstarrkrampf ist die Impfung gegen Tetanus aus Tierschutzsicht geboten.*
- *Ein Witterungsschutz muss unabhängig vom rassespezifischen Typ vorhanden sein, wenn Pferde ganzjährig oder über einen längeren Zeitraum ganztägig auf der Weide gehalten werden. (...) Der Witterungsschutz erfüllt nur dann seine Funktion, wenn er alle Tiere gleichzeitig vor ungünstigen Witterungseinflüssen schützen kann. Sowohl ein natürlicher als auch ein künstlicher Witterungsschutz kann diese Anforderung erfüllen. Ein natürlicher Witterungsschutz kann aus Wald, Baum- und Buschgruppen, Felsen oder Ähnlichem bestehen, wobei insbesondere der Schutz gegen die Hauptwindrichtung gewährleistet sein muss.*
- *Defekte oder unzureichende Einzäunungen, freiliegende Spiralen bei Torgriffen und Torfedern sowie die Verwendung von Stacheldraht und anderen Metalldrähten, ausgenommen gut sichtbare Elektrodrähte, sind tierschutzrelevant. Als alleinige Einzäunung ist Stacheldraht oder Knotengitter bei Pferden tierschutzwidrig.*
- *Gesundheitliche Nachteile wie Strahlfäule und Mauke entstehen, wenn die Tiere andauernd und über einen längeren Zeitraum ausschließlich auf einem mit Exkrementen vermischten morastigen Boden gehalten werden. Auch das Ruheverhalten kann bei (stau)nasser oder tiefgründiger Bodenbeschaffenheit beeinträchtigt werden. Aus diesem Grund müssen alle Pferde, die ganzjährig oder über einen längeren Zeitraum ganztägig im Auslauf gehalten werden, unabhängig vom Rang gleichzeitig auf Flächen stehen können, die nicht morastig aufgeweicht sind. Diese Flächen müssen zusätzlich zum Witterungsschutz zur Verfügung stehen. Darüber hinaus müssen innerhalb des Auslaufs die Hauptverkehrswege zu den Versorgungs- und Unterstellplätzen morastfrei sein.*
- *Die dauerhafte Anbindehaltung (Ständerhaltung) von Pferden ist tierschutzwidrig.*

Darüber hinaus finden sich in den Leitlinien zahlreiche Hinweise zur baulichen und technischen Ausgestaltung der unterschiedlichen Haltungsformen bei Pferden. Als Mindestmaß für Boxenflächen einzeln gehaltener Pferde wird $(2 \times \text{Widerristhöhe})^2$ gefordert, wobei die Länge der Boxenschmalseite mindestens 1,75 × Widerristhöhe betragen muss. Dadurch werden schlauchförmige Boxen, in denen sich die Tiere nicht risikofrei umdrehen können, vermieden.

Weitere Bewertungen zur Verhaltensgerechtheit unterschiedlicher Haltungssysteme enthält zudem der sog. Nationale Bewertungsrahmen für Tierhaltungssysteme des KTBL.
Eine Folge der generellen Einstufung von Pferden als Nutztiere ist, dass Pensionspferdehaltungen nicht der Erlaubnispflicht nach § 11 TierSchG unterliegen, es sei denn, es werden regelmäßig Pferde gegen Entgelt zum Reiten oder Fahren verliehen.

### 2.4.2 Pferdesport und sonstige Nutzung

Nicht nur bei der Haltung von Pferden, sondern auch bei deren Nutzung sind Regeln zum Schutz der Tiere zu beachten. Dies sind insbesondere Verbote aus § 3 TierSchG wie das Dopingverbot, das Überforderungsverbot und die Unzulässigkeit bestimmter Trainingsmethoden u. a.
Eine zusätzliche Konkretisierung stellen die bereits 1992 im Auftrag des zuständigen Bundesministeriums erarbeiteten Leitlinien für den Tierschutz im Pferdesport der Arbeitsgruppe Tierschutz und Pferdesport dar. Diese Leitlinien, deren Titel den Eindruck erweckt, nur für die Nutzung von Pferden im Sport zu gelten, zeigen die Anforderungen auf, welche an Umgang, Ausbildung und Training von Pferden sowie an jegliche Nutzung dieser Tiere unter den Aspekten des Tierschutzes zu stellen sind. Insbesondere gelten diese Anforderungen in sportlichen Wettbewerben einschließlich Leistungsprüfungen in der Freizeit, bei der Reiter- und Fahrerausbildung, aber ausdrücklich auch für die land- und forstwirtschaftliche Nutzung von Pferden.
Wie bei anderen Leitlinien wird auch bei den Leitlinien für den Tierschutz im Pferdesport betont, dass die artgemäßen Verhaltensweisen und Bedürfnisse von Pferden den Maßstab für das menschliche Handeln bilden müssen. So wird bspw. ausgeführt: *Körper und Verhalten des Pferdes entsprechen seiner hohen Spezialisierung als Fluchttier. Schreckhaft zu sein ist für Pferde natürlich und bewahrt sie vor möglichen Schäden. Beim Umgang mit Pferden, besonders bei ihrer Ausbildung, muss dieses angeborene Verhalten berücksichtigt werden. Pferde wegen Schreckreaktionen oder Scheuen zu bestrafen, ist deshalb falsch und verstärkt nur Angst und körperliche Verspannung. (…) Das Pferd begreift den Menschen als „sozialen Partner“, der ranghöher, ranggleich oder rangniedriger sein kann, oder aber als Feind. (…) Der Mensch soll seine ranghöhere Position durch Einfühlung und Zuwendung zum Pferd, Wissen und Erfahrung, Konsequenz und Bestimmtheit erreichen. Brutalität erzeugt nicht höheren Rang, sondern Feindschaft.*
Vor diesem Hintergrund wird ausdrücklich formuliert: *Der Versuch, Ausbildungsziele durch Bestrafung zu erreichen, ist nicht verhaltensgerecht, sondern ineffektiv und tierschutzwidrig.* Außerdem im Weiteren: *Strafaktionen nach missglücktem Einsatz sind sinnlos und tierschutzwidrig.*

Vor dem Hintergrund der Debatte über die sog. Rollkur und ähnliche Ausbildungsmethoden ist außerdem bemerkenswert, dass bereits 1992 festgestellt wurde: *Ziel der Ausbildung und Nutzung von Pferden dürfen nur solche Leistungen, Verhaltens- und Bewegungsabläufe sein, die in der Tierart, in der Rasse sowie im einzelnen Pferd von Natur aus angelegt sind.*
Auch zum Zeitpunkt des eigentlichen Ausbildungsbeginns beziehen die Leitlinien klar Stellung: *Reit- und Fahrpferde früher als im Alter von 3 Jahren in die Ausbildung zum vorgesehenen Nutzungszweck zu nehmen, verletzt in der Regel die* zuvor *dargestellten Grundsätze.* Unterstrichen werden zudem die Notwendigkeit ausreichender Entwicklungs- und Erholungszeiträume, Rücksichtnahme auf den Gesundheitszustand der Tiere und der einwandfreie Zustand der Hufe.
Die Leitlinien geben zudem folgende Bewertungen ab, die aber offenkundig auch nach über 20 Jahren noch nicht überall berücksichtigt werden:
- *Pferde in Hindernisse „hineinzureiten“ ist tierschutzwidrig.*
- *Hilfszügel dürfen keine Zwangsmittel sein, sondern sollen über kurze Zeiträume dem Pferd helfen, das Geforderte zu verstehen und umzusetzen. Wird ein Pferd durch Hilfszügel, z. B. Schlaufzügel oder durch Zügelhilfen, häufig oder länger anhaltend in Spannung versetzt oder zu stark beigezäumt, so können erhebliche Schmerzen oder Schäden entstehen. Ein derartiger Gebrauch von Führungshilfen ist tierschutzwidrig.*
- *Sporen dürfen nicht missbräuchlich eingesetzt werden. Ihr Einsatz darf nicht zu Verletzungen führen.*
- *Der Peitschen- oder Gerteneinsatz am Kopf und an den Geschlechtsteilen ist tierschutzwidrig.*

Unerlaubt, weil tierschutzwidrig sind außerdem
- *die Anwendung stromführender Hilfsmittel, wie Elektrotreiber, Elektroführmaschinen mit stromführenden Treibhilfen, stromführende Sporen, stromführende Peitschen,*
- *die Durchführung von Manipulationen am Pferd zur Beeinflussung der Leistung, wie Blistern, präparierte Bandagen oder Ähnliches,*
- *die Anwendung schädigender Beschläge oder das Anbringen von Gewichten an den Extremitäten,*
- *die Anwendung einer Methode des Barrens, bei der dem Pferd erhebliche Schmerzen zugefügt werden, um es zum stärkeren Anziehen der Karpal- oder Tarsalgelenke zu veranlassen, zum Beispiel Schlagen mit Hindernisstangen, Gegenständen oder Stangen aus Eisen, Verwendung stromführender Drähte über dem Hindernis.*

### 2.4.3 Esel

Wie Pferde gehören auch Esel und die Kreuzungen von Pferd und Esel laut AVV zu den landwirtschaftlichen Nutztieren. Auch wenn in Deutschland

bei diesen Tieren Hobbyhaltungen überwiegen, so bilden wie bei den Pferden neben § 2 TierSchG die §§ 3 und 4 der TierSchNutztV die tierschutzrechtliche Beurteilungsgrundlage für ihre Haltung und Versorgung (s. dazu **2.1.2**).
Die jüngst aktualisierten Leitlinien zur Beurteilung von Pferdehaltungen unter Tierschutzgesichtspunkten können trotz wichtiger artspezifischer Unterschiede auch für die Beurteilung von Eselhaltungen, die immerhin derselben zoologischen Gattung wie die Pferde angehören, eine gute Orientierungshilfe darstellen. Herangezogen werden können zudem die Empfehlungen zur Haltung von Eseln des Landesbeauftragten für den Tierschutz des Landes Niedersachsen aus dem Jahr 2000, in denen u. a. auch die Einzelhaltung von Eseln grundsätzlich abgelehnt wird. Ausgeführt werden zudem die Unterschiede im Sozialverhalten von Eseln und Pferden sowie die besonderen Fütterungsansprüche der Esel. Der Mensch oder ein artfremdes Tier kann dem Esel den Artgenossen nicht ersetzen. Diese Einschätzung zur Einzelhaltung von Eseln wurde inzwischen auch durch das VG Trier bestätigt.
Bei Eseln häufig auftretende tierschutzrelevante Defizite betreffen die Hufpflege, weil die Hufe der Esel anders als bei hiesiger Koppelhaltung an steinigen, harten und trockenen Untergrund angepasst sind. Beim Esel ist daher besonderes Gewicht auf die Vorbeugung vor Huferkrankungen zu legen.

## 2.4.4 Hufbeschlag und -pflege

Die Bedeutung sachgemäßer Hufpflege für eine tierschutzgerechte Pflege im Sinne von § 2 Nr. 1 TierSchG bei Huf- und Klauentieren wird dadurch unterstrichen, dass es ein eigenständiges Hufbeschlaggesetz einschließlich einer konkretisierenden Verordnung gibt. Im Hufbeschlaggesetz heißt es ausdrücklich: *Die Gesundheit von Huf- und Klauentieren, insbesondere die Leistungsfähigkeit ihres Bewegungsapparates, ist durch einen sach-, fach- und tiergerechten Huf- und Klauenbeschlag zu erhalten und zu fördern.* Diese Aufforderung (§ 1) richtet sich auch an die Tierhalter im weiteren Sinne und fordert ein, dass Verrichtungen an den Hufen und Klauen den anerkannten Lehren dieses Tätigkeitsfeldes entsprechen und den individuellen Bedürfnissen des jeweiligen Tieres angepasst werden müssen. Im Weiteren dient das Gesetz dazu, die Berechtigung, Huf- und Klauenbeschlag durchzuführen, auf Personen mit bestimmten Qualifikationen zu beschränken. Unter Hufbeschlag werden nach dem Gesetz alle Verrichtungen an einem Huf zum Zweck des Schutzes, der Gesunderhaltung, der Korrektur oder der Behandlung verstanden, also keineswegs nur das Anbringen von Eisenbeschlägen. Das BVerfG hat allerdings die weite Ausdehnung der gesetzlichen Anforderungen auf Berufsgruppen wie Hufpfleger oder Huftechniker für verfassungswidrig erklärt.

Im Unterschied zur Hufpflege umfasst der Begriff Klauenbeschlag laut Gesetz von vornherein nur die Verrichtungen bei der Anbringung, Instandsetzung oder Entfernung eines Beschlages an der Klaue und auch nur dann, wenn das Tier als Zug-, Last- oder Reittier verwendet werden soll (§ 2). Durch die Kombination von expliziter Aufforderung (§ 1) und Einschränkungen (§ 2) wird auch für Klauentiere die Bedeutung der Klauenpflege betont, gleichzeitig aber eine pragmatische Lösung in den tierhaltenden Betrieben ermöglicht.

## 2.5 Tiere wildlebender Tierarten

Die Bandbreite von Wirbeltieren wildlebender Arten, die in Menschenhand gehalten werden, ist sehr groß und umfasst Fische, Amphibien, Reptilien, Vögel und Säuger unterschiedlichster Herkunft.
Tierschutzrechtlich gibt es auffallend wenige Vorgaben für die Haltung und Versorgung solcher Tiere. Als Beurteilungsgrundlage für diese Tierhaltungen kann i. d. R. nur auf § 2 TierSchG zurückgegriffen werden. Zu dessen Auslegung und Konkretisierung spielen insbesondere die im Folgenden vorgestellten Gutachten eine große Rolle, decken aber bei Weitem das vorkommende Tierartenspektrum nicht ab.
Von großer Bedeutung für die Selbstkontrolle, das tierschutzrechtliche Verwaltungshandeln und die Rechtsprechung ist das 2014 überarbeitete Gutachten über Mindestanforderungen an die Haltung von Säugetieren des BMEL, kurz Säugetiergutachten. In diesem Gutachten werden neben allgemeinen Anforderungen spezifische Bedingungen für die Haltung der unterschiedlichsten Säugetierarten festgehalten, die sowohl für die Haltung in Privathand wie auch für Zoos, Tiergehege oder Tierhandlungen gelten. Neben allgemein gültigen Darstellungen zur Sachkunde der betreuenden Personen, zur Zucht, zur tiermedizinischen Betreuung und zu den Inhalten der notwendigen Dokumentation werden u. a. die erforderlichen Größen der Gehege und deren Ausgestaltung (Boden, Badebecken, Rückzugsmöglichkeiten, sonstige Strukturierung), die artspezifischen Anforderungen an die Fütterung sowie die Klimatisierung und die Bedingungen für artspezifisches Sozialverhalten ausgeführt.
In gleicher Weise anwendbare Gutachten liegen für Greifvögel und Eulen, Kleinvögel, Papageien, Straußenvögel außer Kiwis, Reptilien, Zierfische und für Wild in Gehegen vor, wobei in den zuletzt genannten Leitlinien nicht Gatterwild zur Fleischerzeugung gemeint ist.
Die Leitlinien für eine tierschutzgerechte Haltung von Wild in Gehegen beinhalten auf der Basis des damaligen etho-ökologischen Wissensstandes sachverständige Aussagen zur tiergärtnerischen Haltung von hauptsächlich europäischen Wildarten sowie von selten gewordenen oder vom Aussterben bedrohten Haustierarten und lassen sich insbesondere für die Beurteilung

der Einhaltung von § 2 TierSchG in regionalen Tierparks, Wildgehegen und sog. Streichelzoos nutzen. Manche Abschnitte dieser Leitlinie sind allerdings inzwischen durch das aktualisierte Säugetiergutachten überholt.

Neben tierschutzrechtlichen Vorgaben und daran anknüpfenden Leitlinien sind bei der Haltung von Tieren wildlebender Arten insbesondere auch naturschutzrechtliche Regelungen zu Dokumentationspflichten, Herkunftsnachweisen u. Ä. zu beachten.

Von besonderer Bedeutung ist außerdem das grundsätzliche Entnahme- bzw. Besitzverbot für besonders geschützte Tierarten nach § 44 BNatSchG. Zu den besonders geschützten Tierarten zählen nahezu alle heimischen Säugetiere und – häufig mit noch strengerem Schutzstatus – zahlreiche Vogelarten u. a. Abweichend von diesem Entnahme- und Besitzverbot ist nach § 45 Abs. 5 BNatSchG nur zulässig, verletzte, hilflose oder kranke Tiere aufzunehmen, um sie gesund zu pflegen. Die Tiere müssen allerdings unverzüglich freigelassen werden, sobald sie sich selbstständig erhalten können. Diese Bedingung muss insbesondere von den diversen **Wildtieraufangstationen** (**3.5.3**) beachtet werden, die es sich zur Aufgabe gemacht haben, verletzte Wildtiere aufzunehmen, Igel im Winter zu pflegen oder aufgefundene Nestlinge und Jungtiere zu versorgen. Handelt es sich um Tiere der streng geschützten Arten, was in der BArtSchV nachgelesen werden kann, dann muss der Besitzer die Aufnahme des Tieres der für Naturschutz und Landschaftspflege zuständigen Behörde melden. Die Behörde kann die Herausgabe des aufgenommenen Tieres verlangen.

Bei Tierarten, die dem Jagdrecht unterliegen, muss die Aufnahme von Tieren an die zuständige Jagdbehörde bzw. den Jagdausübungsberechtigten, umgangssprachlich den Jagdpächter, gemeldet werden.

Werden Tiere wildlebender Arten gehalten und auch zur Schau gestellt, ist neben der Erlaubnispflicht nach § 11 Abs. 1 Nr. 4 TierSchG häufig auch § 42 BNatSchG zu beachten, der definiert, wann eine Wildtierhaltung als **Zoo** einzustufen ist. Zoos (**3.6.1**) benötigen zwingend eine Erlaubnis nach § 42 BNatSchG, die an die Erfüllung anspruchsvoller Voraussetzungen geknüpft ist.

Werden Tiere wildlebender Arten dagegen gehalten, ohne unter die Erlaubnispflicht des § 42 BNatSchG zu fallen, dann ist dennoch häufig § 43 BNatSchG relevant. Dies gilt bspw. dann, wenn weniger als 20 Tiere wildlebender Arten oder weniger als fünf Arten von Schalenwild, das im BJagdG aufgeführt ist, gehalten werden. § 43 BNatSchG ist auch zu beachten, wenn auf das Zeigen der Tiere verzichtet wird, die Tiere wildlebender Arten aber in einer dauerhaften Einrichtung außerhalb von Wohn- und Geschäftsgebäuden während mindestens sieben Tagen im Jahr gehalten werden, weil es sich dann ebenfalls um ein anzeigepflichtiges Tiergehege i. S. des BNatSchG handelt.

Konkreter und anspruchsvoller als durch die tierschutzrechtlichen Bestimmungen wird im Zusammenhang mit der Anzeige nach dem BNatSchG gefordert, dass Tiergehege so einzurichten und zu betreiben sind, dass

- den biologischen und den Erhaltungsbedürfnissen der jeweiligen Art Rechnung getragen wird, insbesondere die jeweiligen Gehege nach Lage, Größe und Gestaltung und innerer Einrichtung art- und tiergerecht ausgestaltet sind,
- die Pflege der Tiere auf der Grundlage eines dem Stand der guten veterinärmedizinischen Praxis entsprechenden schriftlichen Programms zur tiermedizinischen Vorbeugung und Behandlung sowie zur Ernährung erfolgt,
- dem Eindringen von Schadorganismen sowie dem Entweichen der Tiere vorgebeugt wird,
- die Vorschriften des Tier- und Artenschutzes beachtet werden,
- weder der Naturhaushalt noch das Landschaftsbild beeinträchtigt werden und
- das Betreten von Wald und Flur sowie der Zugang zu Gewässern nicht in unangemessener Weise eingeschränkt wird.

Nach dem BNatSchG müssen sowohl die Errichtung wie auch die Erweiterung, wesentliche Änderung und der Betrieb eines Tiergeheges der zuständigen Naturschutzbehörde mindestens einen Monat im Voraus angezeigt werden.
Neben den bereits genannten tierschutzrechtlich begründeten Gutachten konnten zur Beurteilung der Haltung von Wildsäugern i. S. von § 2 TierSchG sowie i. S. von § 42 bzw. § 43 BNatSchG auch die Empfehlung des LANA-Arbeitskreises Artenschutzrecht zu den Mindestanforderungen an die Haltung von Säugetieren, das sog. LANA-Gutachten, von 1997 herangezogen werden. Das LANA-Gutachten ist inzwischen durch das neue o. g. Säugetiergutachten des BMEL überholt.
Schließlich wird noch darauf hingewiesen, dass es in mehreren Bundesländern sowie einigen Städten und Gemeinden ordnungsrechtlich begründete Regeln für das Halten potenziell gefährlicher Tiere (Gifttiere, Würgeschlangen etc.) gibt, die i. d. R. Anzeigepflichten und Sachkunde des Tierhalters- bzw. -betreuers und verbindliche Sicherheitsvorkehrungen beinhalten.

## 2.6 Gatterwild

Als Gatter- oder Gehegewild werden Wildwiederkäuer und Wildschweine bezeichnet, die zur Fleischgewinnung auf vollständig eingefriedeten – also bspw. umzäunten – Flächen gehalten werden. Das ansonsten wildlebende Rot-, Dam-, Sika-, Reh- und Elchwild sowie Muffel-, Stein-, Gams- und Schwarzwild gehören zu den Tierarten, die grundsätzlich dem Jagdrecht unterliegen.

Wer diese Wildarten in Gehegen hält, hat eine ganze Reihe von Regelungen zu beachten, die sich allerdings in verschiedenen Rechtstexten verstreut finden. So muss bspw. bei gewerbsmäßiger Haltung von Gehegewild spätestens vier Wochen vor Beginn dieser Tätigkeit eine Anzeige nach § 11 Abs. 6 TierSchG bei der für den Tierschutz zuständigen Behörde erfolgen.
Eine weitere, ebenfalls im Voraus notwendige Anzeige ergibt sich aus § 43 BNatSchG (**2.5**). Alle Bedingungen, die nach BNatSchG für Tiergehege gelten, müssen auch bei der Haltung von Gatterwild beachtet werden. In manchen Bundesländern ist zudem ab einer definierten Gehegegröße eine jagdrechtliche Genehmigung erforderlich.
Für die Beurteilung, ob bei der jeweiligen Gatterwildhaltung § 2 TierSchG eingehalten wird, können wie bei anderen Tierarten Sachverständigengutachten oder Empfehlungen herangezogen werden. Qualifizierte Beispiele dafür sind die bayerische Richtlinie für die Haltung von Dam-, Rot-, Sika- sowie Muffelwild aus dem Jahr 2014, die Leitlinie zur effizienten und umweltverträglichen Landwirtschaftlichen Wildwiederkäuerhaltung aus Thüringen (2007) und die 2006 entstandenen hessischen Leitlinien zur Landwirtschaftlichen Wildhaltung in Gehegen.
In diesen Richt- bzw. Leitlinien inklusive ihren Anlagen wird zur Sicherstellung der §§ 2 und 11 TierSchG, aber auch von § 34 BNatSchG für das Betreiben eines Gatterwildgeheges u. a. Folgendes gefordert:
- Sachkunde
- regelmäßige Gehegekontrolle
- Mindest-Gehegegrößen von 1 ha bei Dam-, Sika- und Muffelwild sowie 2 ha bei Rotwild, wobei Mischgehege nicht kleiner als 3 ha sein sollen.
- grundsätzliche Mindestflächen pro Tier mit Nachzucht von 1000 $m^2$ bei Dam- und 2000 $m^2$ bei Rotwild mit dem Ziel, den Nahrungsbedarf der Tiere in der Hauptvegetationszeit durch den Futteraufwuchs zu decken
- Sicherstellung des Schalenabriebs der Tiere
- Rudelzusammensetzung: Zur Gewährleistung artspezifischer Rudelbildung muss der Mindestbestand je Wildart etwa fünf adulte Tiere (ein männliches und vier weibliche Tiere) betragen. Es ist ein Geschlechterverhältnis von mindestens einem männlichen Tier auf 20 adulte weibliche Tiere zugrunde zu legen. Sind mehrere männliche Tiere beigegeben, sollten sie unterschiedlichen Alters sein, um Forkelverluste zu vermeiden.
- ein Mindestmaß an Witterungs- und Sichtschutz
- Fegematerial und ggf. Suhlen
- befestigte Fütterungsstellen mit Kälberschlupf
- Vorgaben zur Zaunhöhe und -gestaltung
- eine Fangeinrichtung
- ein Gehegebuch, das ein Bestandsregister nach der ViehVerkV, die Aufzeichnungen nach der TierSchNutztV und die Dokumentation zur Anwendung apothekenpflichtiger Arzneimittel für die Tiere enthält.

Bei der Gatterwildhaltung sind außerdem spezifische Regelungen für die Betäubung und Tötung der Tiere nach dem Tierschutzrecht, insbesondere der TierSchlV zu beachten. Die erforderliche Sachkunde ist durch das Jägerprüfungszeugnis oder durch eine Sachkundebescheinigung gemäß § 4 Abs. 2 der TierSchlV nachzuweisen. Gatterwild darf mit dem Ziel der Stressvermeidung nur durch Büchsenschuss getötet werden. Der gezielte Schuss auf Kopf und Träger mit dem jeweils zugelassenen Kaliber ist die tierschutzgerechteste Tötungsart. Lediglich zur Notschlachtung oder Nottötung bei festliegenden Tieren darf ausnahmsweise ein Bolzenschussgerät eingesetzt werden. Der Bolzenschuss kann mit Zustimmung der zuständigen Behörde außerdem stattfinden, wenn aus Sicherheitsgründen keine Schießerlaubnis erteilt werden kann.
Für Erwerb und Besitz der notwendigen Schusswaffen, der Munition und ggf. Schalldämpfer ist eine Erlaubnis nach den jeweils gültigen Vorschriften des Waffenrechts erforderlich. Dies gilt auch für das Schießen mit Schusswaffen. Auch Jagdscheininhaber benötigen eine behördliche Schießerlaubnis, wenn der Abschuss von Gatterwild in Gehegen stattfindet, die zum befriedeten Bezirk erklärt wurden und es sich deshalb nicht um Jagdausübung handelt. Weitere Vorgaben betreffen ballistische Mindestanforderungen an Munition und Hochstand, ggf. auch die Notwendigkeit von Ausnahmegenehmigungen für das Betäuben und Immobilisieren mit Narkosegewehren und Blasrohren durch Nichttierärzte. Bestimmungen anderer Rechtsbereiche wie Arzneimittelrecht, Tierseuchenbekämpfung und Lebensmittelhygiene sind ohnehin einzuhalten. Auf Anforderungen beim Transport von Gatterwild wird in Abschnitt **3.2** eingegangen.

## 2.7 Heimtiere (Kleinsäuger, Ziervögel u. a.)

Die Haltung und Betreuung von Heimtieren wird neben der Vielfalt betroffener Tierarten dadurch gekennzeichnet, dass es außer den allgemein gültigen Regeln des Tierschutzrechts (Tierhalternorm, Amputationsverbot, Betäubungspflicht u. Ä.) nahezu keine verbindlichen konkretisierenden Vorgaben gibt. Unter Heimtieren werden hier vor allem heimische und exotische Kleinsäuger, Ziervögel, Reptilien, Amphibien und Zierfische zusammengefasst, die bevorzugt im Wohnbereich gehalten werden. Für die Beurteilung, ob eine Heimtierhaltung tierschutzrechtlichen Prinzipien entspricht, kann zwar auf eine Reihe von Merkblättern und Leitlinien zurückgegriffen werden; gleichwohl handelt es sich um einen Bereich der Tierhaltung, der offenkundig auch im Bewusstsein der Öffentlichkeit bislang kaum der Regelung bedurfte.
Im Sinne hochrangiger, vorweggenommener Sachverständigengutachten sind für die Selbstkontrolle und für den Vollzug des Tierschutzrechts durch die zuständigen Behörden u. a. die Dokumente des Bundesministeriums zu

den Tiergruppen Kleinvögel, Papageien, Reptilien und Süßwasser-Zierfische zu beachten.
Ergänzend zu Leitlinien und ähnlichen sachverständigen Äußerungen kann außerdem auf Regelungen aus anderen Nutzungsbereichen, die aber dieselben Tierarten betreffen, zurückgegriffen werden. So lässt sich zur Beurteilung, ob § 2 TierSchG eingehalten wurde, einerseits der zum Europäischen Übereinkommen zum Schutz der für Versuche und andere wissenschaftliche Zwecke verwendeten Wirbeltiere gehörende Anhang A, in dem Haltungs- und Versorgungsbedingungen für unterschiedlichste Nager-Spezies, diverse weitere Säugetiere sowie verschiedene Vogelspezies festgehalten sind (siehe Abschnitt **2.9**), trotz anderer Zielsetzung der Tierhaltung als Vergleichsmaßstab heranziehen. Dasselbe trifft auf die TierSchNutztV im Zusammenhang mit Kaninchen zu, die zwar für als Heimtiere gehaltene Kaninchen nicht unmittelbar anwendbar ist, dennoch aber einen guten Maßstab dafür liefert, welche Mindestbedingungen für diese Tierart erfüllt sein müssen, um § 2 TierSchG nach Auffassung des Gesetzgebers zu erfüllen.
Zusätzliche bemerkenswerte Aspekte, die sich allerdings nicht auf die Haltung von Heimtieren selbst beziehen, liefert das Europäische Übereinkommen zum Schutz von Heimtieren aus dem Jahr 1987, das 1991 durch Gesetz in die nationale Rechtssetzung integriert wurde. So stellt das Übereinkommen bereits in seiner Präambel u. a. fest, dass die Haltung wildlebender Tiere als Heimtiere nicht gefördert werden sollte. Außerdem verpflichten sich die Vertragsparteien, Informations- und Erziehungsprogramme anzuregen, die bei Organisationen und Einzelpersonen das Bewusstsein für die Bestimmungen des Übereinkommens fördern. In derartigen Programmen soll insbesondere auf die Gefahren eines verantwortungslosen Erwerbs von Heimtieren sowie auf die Notwendigkeit hingewiesen werden, dass sich Heimtiere nicht ungeplant fortpflanzen. Ob Deutschland als Vertragspartei dieser Verpflichtung in ausreichendem Maße nachkommt, bleibt dahingestellt.
Weitere Bestimmungen des Übereinkommens zur Haltung, zur Zucht und zum Handel von Heimtieren decken sich mittlerweile mit den Regelungen im TierSchG.
Das Europäische Übereinkommen zum Schutz von Heimtieren wurde anders als das Übereinkommen zum Schutz von Tieren in landwirtschaftlichen Tierhaltungen nie durch tierartspezifische Empfehlungen ergänzt.
Zu den Heimtieren zählen auch diverse wildlebende Spezies. Weitere Rechtsvorgaben bzw. einschlägige Gutachten zu diesen Tieren werden in Abschnitt **2.5** vorgestellt.

## 2.8 Pelztiere

Obwohl Pelztiere laut AVV keine landwirtschaftlichen Nutztiere im Sinne des § 11 Abs. 1 TierSchG sind und sie gewerbsmäßig zu halten, zu züchten oder zu handeln demzufolge erlaubnispflichtig ist, schloss die TierSchNutztV die Pelztiere ab 2006 konsequenterweise ein, weil Pelztiere, die zur Erzeugung tierischer Produkte gehalten werden, Nutztiere im Sinne dieser Verordnung waren. Das von Tierschutzkreisen seit langem geforderte Verbot der Pelztierhaltung wurde 2017 schließlich in das Tiererzeugnisse-Handels-Verbotsgesetz aufgenommen. Das Verbot wurde allerdings durch einen Erlaubnisvorbehalt umgehend relativiert. Unter den zuvor in der TierSchNutzV festgeschriebenen Bedingungen, die in die Anlage des Gesetzes ausgegliedert wurden, ist deshalb die Pelztierhaltung nach einem Genehmigungsverfahren weiterhin zulässig. Zu den Pelztieren zählen nach wie vor die Tierarten Nerz, Iltis, Rotfuchs, Polarfuchs, Sumpfbiber, Chinchilla und Marderhund, wobei die Nutzung von Wildfängen verboten ist. Für sie gelten neben den §§ 1 und 2 TierSchG die allgemeinen Bestimmungen der §§ 3 und 4 der TierSchNutztV, die nun durch die Vorschriften in der Anlage des TierErzHaVerbG aus dem Jahr 2017 ergänzt werden.

Darin ist u. a. festgelegt, dass allen Pelztieren ein Rückzugsbereich mit festen Wänden (Höhle, Nestkasten) zur Verfügung stehen und jederzeit Zugang zu Tränkewasser möglich sein muss. Außerdem werden die Mindestabmessungen (Grundfläche und Innenhöhe) für die Haltungseinrichtungen tierartspezifisch vorgeschrieben. Weitere Vorgaben zu den Haltungseinrichtungen betreffen die Bodenbeschaffenheit und die Ausstattung der Haltungseinrichtung je nach Tierart mit Plattformen, Schwimmbecken oder Sandbad sowie Tunnelröhren und Kisten.

Im Hinblick auf das Management einer Pelztierhaltung ist neben Hygienevorgaben und weiteren tierartspezifischen Regelungen festgelegt, dass Jungtiere nicht einzeln gehalten werden dürfen, alle Tiere – also auch die ausgewachsenen – Sichtkontakt zu Artgenossen haben müssen und verhaltensgerechtes Beschäftigungsmaterial sowie geeignetes und ausreichend viel Nestbaumaterial bereitgestellt werden muss.

Ergänzend sollen die Tierschutzbehörden laut AVV auch die einschlägigen Europaratsempfehlungen heranziehen, um die Einhaltung von § 2 TierSchG zu prüfen. Die Europaratsempfehlungen in Bezug auf Pelztiere stammen aus dem Jahr 1999 und unterstreichen bereits in der Begründung, dass es sich bei Pelztieren um wesentlich weniger stark domestizierte Tiere handelt als bei den meisten landwirtschaftlich genutzten Arten. Weil die in Pelztierfarmen gehaltenen Tiere die Merkmale von Tieren in freier Wildbahn beibehalten, werden verschiedene biologische Merkmale in Art. 2 der Empfehlungen ausführlich erläutert. Dies betrifft insbesondere das Bedürfnis der verschiedenen Tierarten nach einem Rückzugsort, ihr Bewegungsbedürfnis,

gegebenenfalls ihr Bedürfnis zu schwimmen und die Aktivitätszeiten sowie ihr Sozialverhalten. Das geschilderte Normalverhalten der Pelztiere findet seinen Niederschlag in Art. 9, in dem die Mindeststandards für eine Pelztierhaltung definiert werden. Deren Konkretisierung durch die Anhänge bleibt jedoch deutlich hinter den Vorgaben der TierSchNutztV zurück.
Insgesamt fordern die Europaratsempfehlungen ungewöhnlich deutlich ein hohes Maß an Kenntnissen und Aufmerksamkeit von Pelztierhaltern gegenüber ihren Tieren. Bemerkenswert ist zudem, dass in Art. 7 ein Prüf- und Zulassungsverfahren mit amtlicher Beteiligung für neue Haltungsmethoden und -konzepte gefordert wird.
Für nicht zulässig erklären die Europaratsempfehlungen den routinemäßigen oder systematischen Einsatz von Medikamenten zum Ausgleich schlechter Hygienebedingungen oder Haltungsmethoden und den Einsatz von Substanzen zur Förderung des Wachstums sowie der Fellreife. Außerdem beinhalten die Empfehlungen Aussagen zur Zucht von Pelztieren: Bei Zuchtprogrammen muss außer auf Produktionskriterien ein besonderes Augenmerk auf Kriterien gelegt werden, die zur Verbesserung der Gesundheit und des Wohlbefindens der Tiere beitragen. Deshalb muss die Erhaltung oder Entwicklung von Rassen oder Zuchtlinien gefördert werden, bei denen Tierschutzprobleme begrenzt oder vermindert werden.
Trotz der mehrjährigen Übergangfristen für die Erfüllung der Haltungsbedingungen für Pelztiere nach der TierSchNutztV und den deutlichen Empfehlungen des Europarats hat ein Obergericht Ende 2014 entschieden, dass die Verschärfung der Haltungsverordnung einem Berufsverbot gleichkäme und deswegen nur durch ein formelles Gesetz gültig beschlossen werden könne. Gegen die Nichtzulassung der Revision wurde Beschwerde eingelegt, über die vom BVerwG entschieden werden muss.
Dass die Regelungen der TierSchNutztV neben den Europaratsempfehlungen als Beurteilungsmaßstab für die Einhaltung von § 2 TierSchG in Pelztierhaltungen, die nicht gewerbsmäßig sind oder nicht der Erzeugung von tierischen Produkten dienen, genutzt werden können, wird in Abschnitt **2.1.1** erläutert.
Das Töten von Pelztieren darf nur in Anwesenheit und unter Aufsicht einer Person erfolgen, die über den in Abschnitt **3.3.2** geschilderten Sachkundenachweis verfügt. Es sind nur die Verfahren zur Betäubung und Tötung zulässig, die in der TierSchlV aufgeführt sind.

## 2.9 Versuchstiere

Das TierSchG und die TierSchVersV beinhalten neben Bestimmungen zu Versuchstierhaltungen vor allem Voraussetzungen und Regelungen zur Genehmigung bzw. Anzeige von Tierversuchen und zu deren Durchführung (**1.5**, **3.4**). Neben der grundsätzlichen Genehmigungspflicht für die Durch-

führung von Tierversuchen ist auch die Zucht und Haltung von Versuchstieren nach § 11 TierSchG erlaubnispflichtig.
In diesem Abschnitt werden lediglich die Haltungsbedingungen für die Tiere dargestellt. Welche weiteren organisatorischen Voraussetzungen durch Einrichtungen erfüllt werden müssen, die Versuchstiere halten und einsetzen, wird in Abschnitt **3.4** ausgeführt.
Von zentraler Bedeutung für die tierschutzrechtliche und tierschutzfachliche Beurteilung der Haltung und Versorgung von Versuchstieren ist von jeher das Europäische Übereinkommen zum Schutz der für Versuche und andere wissenschaftliche Zwecke verwendeten Wirbeltiere aus dem Jahr 1986 und dabei besonders dessen Anhang A, der nach intensiver Überarbeitung durch mehrere Expertengruppen 2006 aktualisiert vorgelegt wurde. Dieser Anhang A stellt neben anderen internationalen Standards (z. B. AAALAC) den wichtigsten konkreten Maßstab für die Einschätzung von Versuchstierhaltungen dar, sei es im Rahmen der Eigenkontrolle, bei der Genehmigung neuer Versuchstierhaltungen oder bei der Überwachung bestehender Einrichtungen. Durch die Übernahme wesentlicher Teile dieses Anhangs A in die Richtlinie 2010/63/EU (dort Anhang III) und den direkten Verweis in der TierSchVersV darauf sind einige allgemeine Haltungsbedingungen für Versuchstiere inzwischen rechtsverbindlich. Dies gilt auch für die Vorgaben zu den Größen von Haltungseinrichtungen bzw. dem Mindestplatzanspruch für jedes Tier.
Gleiches gilt u. a. für die folgenden allgemein formulierten Bedingungen in Anhang III der Richtlinie, die mithilfe des ausführlicheren Anhangs A des Europäischen Übereinkommens leicht konkretisiert werden können:

- *Jede Anlage muss so konzipiert sein, dass sie der in ihr untergebrachten Tierart unter Berücksichtigung der physiologischen und ethologischen Bedürfnisse der Tierart eine angemessene Umgebung bietet.*
- *Untereinander unverträgliche Arten, wie z. B. Raubtiere und Beutetiere, oder Tiere, die unterschiedliche Umgebungsbedingungen brauchen, dürfen nicht im gleichen Raum untergebracht werden bzw. im Fall von Raubtier und Beutetier nicht in Sicht-, Riech- oder Hörweite voneinander.*
- *Für kranke oder verletzte Tiere müssen separate Unterbringungsmöglichkeiten zur Verfügung stehen.*
- *Die Temperatur und die relative Feuchtigkeit in den Tierräumen sind an die Bedürfnisse der untergebrachten Tierart und Altersgruppen anzupassen. Die Temperatur ist täglich zu messen und aufzuzeichnen.*
- *Regelmäßige Photoperioden und eine an die Tierart angepasste Lichtstärke müssen gegeben sein.*
- *Die Geräuschpegel, einschließlich Ultraschall, dürfen das Wohlergehen der Tiere nicht beeinträchtigen.*
- *Die Tiere werden mindestens einmal jeden Tag von einer sachkundigen Person untersucht. Mit diesen Untersuchungen wird sichergestellt, dass alle kran-*

*ken und verletzten Tiere entdeckt und entsprechende Maßnahmen getroffen werden.*

- *Mit Ausnahme der von Natur aus einzeln lebenden Tiere müssen die Tiere in stabilen Gruppen kompatibler Tiere untergebracht werden. In den Ausnahmefällen, in denen eine Einzelunterbringung (...) gerechtfertigt ist, muss die Dauer der Unterbringung auf das notwendige Mindestmaß beschränkt werden und es muss Sicht-, Hör-, Riech- und/oder Berührungskontakt aufrechterhalten werden. Die Aufnahme oder Wiederaufnahme von Tieren in bestehende Gruppen muss sorgfältig überwacht werden, damit Probleme mit Unverträglichkeit und gestörten Sozialbeziehungen vermieden werden.*
- *Alle Tiere sollten über Räume mit hinreichender Komplexität verfügen, um eine große Palette arttypischer Verhaltensweisen ausleben zu können. Sie müssen ihre Umgebung in bestimmtem Maße selbst kontrollieren und auswählen können, um stressbedingte Verhaltensmuster abzubauen. Alle Einrichtungen müssen über angemessene Ausgestaltungsmöglichkeiten verfügen, um die den Tieren zur Verfügung stehende Palette von Tätigkeiten und ihre Anpassungsfähigkeiten zu erweitern, einschließlich Bewegung, Futtersuche, manipulativem und kognitivem Verhalten je nach Tierart. Die Ausgestaltung des Lebensumfelds in Tierbereichen muss der Tierart und den individuellen Bedürfnissen der Tiere angepasst sein. Die Ausgestaltungsstrategien in den Einrichtungen müssen regelmäßig überprüft und aktualisiert werden.*

Die ebenfalls in Anhang III der Richtlinie 2010/63/EU wiedergegebenen konkreten Mindestkäfiggrößen und Platzvorgaben pro Tier müssen spätestens ab dem 1. Januar 2017 in Versuchstierhaltungen erfüllt werden.

Die darüber hinausgehenden Bestandteile von Anhang A des Europäischen Übereinkommens behalten dadurch Bedeutung und Gewicht, dass sie als hochrangiges Fachgutachten eingestuft werden müssen. Gerade zur Konkretisierung der oben genannten allgemein formulierten Haltungsbedingungen wie angemessene Umgebung, Temperatur, Luftfeuchte, Beleuchtung oder hinreichende Komplexität liefert der tierartspezifische Teil des Dokuments fundierte Daten und Begründungen. Neben Angaben zu den Raum- und Klimabedürfnissen der jeweiligen Tierart werden auch das Normalverhalten in den verschiedenen Funktionskreisen (Sozialverhalten, Ruhe- und Komfortverhalten, Futteraufnahme u. Ä.) sowie spezielle Gesundheitsrisiken beleuchtet.

Zusammenfassend kann der Anhang A des Europäischen Übereinkommens zum Schutz der für Versuche und andere wissenschaftliche Zwecke verwendeten Wirbeltiere als Handbuch für tierschutzrechtlich einwandfreie Versuchstierhaltung betrachtet werden.

## 2.10 Stadttauben

Bei Stadttauben handelt es sich nicht um eine zoologisch definierte Spezies. Vielmehr werden mit Stadttauben hier die Tiere gemeint, die von in Menschenhand gehaltenen Tauben abstammen, mittlerweile aber an vielen Orten eigenständige verwilderte Populationen bilden. Der Umgang mit diesen Populationen ist hochgradig umstritten.

Hier soll lediglich dargestellt werden, welche definitiven Grenzen bei den Bemühungen, solche Populationen zu regulieren, bestehen. Deshalb wird zuerst betont, dass auch für das Töten von Tauben der tierschutzrechtlich erforderliche vernünftige Grund vorliegen muss. Es kann davon ausgegangen werden, dass rein subjektiv empfundene Belästigung von Passanten oder Anwohnern keinen ausreichenden vernünftigen Grund für das Töten von Tauben darstellt.

Außerdem ist neben dem generellen EU-weiten Verbot von Aviziden, also vogeltötenden Pestiziden, zu beachten, dass nach § 4 Abs. 1 BArtSchV der Fang von Vögeln in Fallen – auch bei Arten, die nicht besonders geschützt sind und auch dann, wenn die Vögel nicht in größeren Mengen gefangen werden – verboten ist. Von dem artenschutzrechtlichen Verbot kann gemäß § 4 Abs. 3 BArtSchV eine Ausnahme zugelassen werden. Diese unterliegt aber sehr engen Voraussetzungen und kann nicht zur generellen Bekämpfung von verwilderten Haustauben mit Fallen führen. Diese Rechtslage muss ggf. auch im Zusammenhang mit der Erlaubnis nach § 11 TierSchG zur Schädlingsbekämpfung berücksichtigt werden.

# 3 Das Tierschutzrecht bei bestimmten Tätigkeiten

## 3.1 Zucht und Handel

### 3.1.1 Allgemeines

Wer gewerbsmäßig Wirbeltiere, außer landwirtschaftlichen Nutztieren und Gehegewild, züchtet oder hält, benötigt dafür eine Erlaubnis nach § 11 TierSchG (**1.7**). Ebenfalls erlaubnispflichtig ist es, mit Wirbeltieren, gleich welcher Art, gewerbsmäßig zu handeln. Wie bei allen Erlaubnissen für bestimmte ggf. tierschutzrelevante Tätigkeiten müssen im Antragsverfahren mindestens die räumlichen und technisch notwendigen Voraussetzungen sowie die Sachkunde und Zuverlässigkeit einer verantwortlichen Person belegt werden.

Ab welcher Größenordnung eine **Zucht** als gewerbsmäßig gilt, bestimmt bei verschiedenen Tierarten oder -gruppen i. d. R. nicht die einzelne Behörde, sondern wird durch die AVV mit dem Ziel einheitlichen Verwaltungshandelns festgelegt. Es spielt dabei auch keine Rolle, ob mit der jeweiligen Zucht tatsächlich Gewinne erzielt werden. Es wird zudem erneut darauf hingewiesen, dass der Begriff „gewerbsmäßig" nicht bedeutungsgleich mit dem steuerrechtlichen Begriff „gewerblich" ist (s. dazu Abschnitt **1.7** und Glossar). Laut AVV werden allein aufgrund des Umfangs und Absatzes folgende Zuchten als gewerbsmäßig und damit erlaubnispflichtig eingestuft:

- *Hunde: 3 oder mehr fortpflanzungsfähige Hündinnen oder 3 oder mehr Würfe pro Jahr,*
- *Katzen: 5 oder mehr fortpflanzungsfähige Katzen oder 5 oder mehr Würfe pro Jahr,*
- *Kaninchen, Chinchillas: mehr als 100 Jungtiere als Heimtiere pro Jahr,*
- *Meerschweinchen: mehr als 100 Jungtiere pro Jahr,*
- *Mäuse, Hamster, Ratten, Gerbils: mehr als 300 Jungtiere pro Jahr,*
- *Reptilien: mehr als 100 Jungtiere pro Jahr, bei Schildkröten: mehr als 50 Jungtiere pro Jahr.*

Als gewerbsmäßig und erlaubnispflichtig gilt auch, wenn

- *mehr als 25 züchtende Paare von Vogelarten bis einschließlich Nymphensittichgröße,*
- *mehr als 10 züchtende Paare von Vogelarten größer als Nymphensittiche (Ausnahme: Kakadu und Ara: 5 züchtende Paare) gehalten werden*
- *oder bei sonstigen Heimtieren ein Verkaufserlös von mehr als 4 000 DM*[1] *jährlich zu erwarten ist.*

---

1 Originaltext mit DM-Betrag.

Zusammengefasst werden dabei auch Tiere eines Halters an verschiedenen Standorten oder von Züchtergemeinschaften, die gemeinsam auftreten bzw. die gleichen Einrichtungen nutzen.
Ebenfalls mit der Absicht, bundesweit einheitliches Verwaltungshandeln zu gewährleisten, werden in der AVV diejenigen Tierarten aufgelistet, die zu den landwirtschaftlichen Nutztieren gezählt werden und deren Zucht bzw. Haltung nicht erlaubnispflichtig sind. Dazu zählen Wiederkäuer, Schweine, Kaninchen und Geflügel, wenn sie domestiziert sind und zur Gewinnung tierischer Produkte gezüchtet oder gehalten werden. Außerdem gehören neben den domestizierten Einhufern zur Schlachtung oder zum Besatz bestimmte Fische und deren Elterntiere sowie deren Farbmutanten, wenn sie in Betrieben der Teichwirtschaft und Fischzucht gehalten werden, dazu. Straußenvögel werden dagegen ausdrücklich vom Geflügel ausgenommen. Außerdem gelten Pelztiere, insbesondere Nerze, Füchse, Nutrias und Chinchillas, nicht als landwirtschaftliche Nutztiere, weshalb ihre gewerbsmäßige Zucht und Haltung erlaubnispflichtig ist.
Aus der Auflistung der landwirtschaftlich genutzten Tiere und deren Zweckbestimmung ergibt sich im Umkehrschluss, dass bspw. für das gewerbsmäßige Züchten und Halten von Lamas, die primär als Therapietiere eingesetzt werden, eine Erlaubnis im Sinne von § 11 TierSchG benötigt wird. Dies gilt analog für die gewerbsmäßige Zucht und Haltung von Straußenvögeln, aber auch von Kaninchen, die nicht wegen der tierischen Produkte gezüchtet werden (s. oben). Gewerbsmäßige Koi-Zuchten oder das gewerbsmäßige Züchten und Halten von sogenannten Knabberfischen (*Garra rufa*) sind ebenfalls erlaubnispflichtig.
Der gewerbsmäßige **Handel** mit Wirbeltieren ist unabhängig von der Tierart erlaubnispflichtig. Für den Bereich der landwirtschaftlich genutzten Tiere definiert die AVV, welcher Umfang an Tierzukäufen und -verkäufen zu den betriebsüblichen Tätigkeiten gehört und ab wann von gewerbsmäßigem Handel ausgegangen werden kann. Laut AVV sind die Abgabe oder der Verkauf von landwirtschaftlichen Nutztieren aus eigener Produktion sowie der Erwerb zur Zucht oder Mast durch solche Betriebe kein gewerbsmäßiger Handel im Sinne des Gesetzes. Im Rahmen dieses nicht-gewerbsmäßigen und damit nicht erlaubnispflichtigen Handels sind sogar Zukäufe zur unmittelbaren weiteren Veräußerung bis höchstens 20 Prozent der eigenen Produktion zulässig.
Ausnahmslos und ausdrücklich erlaubnispflichtig i. S. von § 11 TierSchG sind Zucht, Haltung und Handel von Tieren, die für Tierversuche oder andere wissenschaftliche Zwecke bestimmt sind. Für Versuchstierzuchten und Einrichtungen, die mit Versuchstieren handeln, gilt anders als bei der gewerbsmäßigen Zucht oder dem Handel sonstiger Tierarten, dass zudem ein Tierschutzbeauftragter nach § 10 TierSchG i. V. mit § 5 TierSchVersV

bestellt und ein Tierschutzausschuss nach den Vorgaben von § 6 TierSchVersV eingerichtet sein muss (**3.4.1**).
Allen Erlaubnisbescheiden gemeinsam ist, dass sie Nebenbestimmungen zum Schutz der Tiere enthalten können. Dabei handelt es sich bspw. um Aufzeichnungspflichten, damit man das Maß an Zu- und Abgängen von Tieren im Bestand erkennen kann oder um Konkretisierungen von Haltungs- und Versorgungsbedingungen.
Von Züchtern sind außerdem die Regelungen zu Qualzuchten (**1.7**) und zur Erstinformation von Kunden (**3.1.2**) zu beachten.

### 3.1.2 Zoofachhandel

Zoofachhandelsbetriebe benötigen eine Erlaubnis nach § 11 TierSchG (**1.7**). Dabei ist zu beachten, dass gemäß AVV bei mehreren Betriebsstätten oder -einheiten eines Unternehmens für jede Betriebsstätte oder Betriebseinheit eine eigene Erlaubnis i. S. von § 11 beantragt werden muss. Neben der Erlaubnispflicht gilt es, verschiedene weitere Bedingungen für einen beanstandungsfreien Betrieb einzuhalten.
Eine wichtige Zielsetzung der gesetzlichen Regelungen ist, dass Tiere nur durch sachkundiges Personal an Kunden abgegeben werden, bei denen ein Mindestmaß an Fachwissen erwartet werden kann. Deshalb ist die in der o. g. Erlaubnis aufgeführte verantwortliche Person gesetzlich dazu verpflichtet, sicherzustellen, dass alle im Verkauf tätigen Mitarbeiter vor Aufnahme der Verkaufstätigkeit ausreichende Sachkunde nachgewiesen haben bzw. in geeigneter Weise unterrichtet worden sind.
Im Rahmen eines beratenden Verkaufsgesprächs muss sich der Verkäufer bspw. darüber vergewissern, dass beim Kunden ausreichendes Fachwissen sowie geeignete Haltungseinrichtungen vorhanden sind. Außerdem muss derjenige, der gewerbsmäßig mit Wirbeltieren – außer landwirtschaftlichen Nutztieren – handelt, inzwischen gewährleisten, dass bei der erstmaligen Abgabe eines Wirbeltieres einer bestimmten Art an den jeweiligen künftigen Tierhalter mit dem Tier schriftliche Informationen übergeben werden. Diese Erstinformation sollte über die wesentlichen Bedürfnisse des Tieres, insbesondere im Hinblick auf seine angemessene Ernährung und Pflege sowie verhaltensgerechte Unterbringung und artgemäße Bewegung, aufklären (§ 21 Abs. 5 TierSchG). Zu diesem Zweck können bspw. beim BNA e. V. oder anderen Einrichtungen Informationsblätter bezogen werden, die für unterschiedlichste Tierarten ausgearbeitet wurden.
Ebenfalls mit dem Ziel, den verantwortungsvollen Umgang mit den Heimtieren zu fördern, ist die Abgabe von Wirbeltieren (Säuger, Vögel, Reptilien, Amphibien, Fische) an Jugendliche unter 16 Jahren ohne Einwilligung von deren Erziehungsberechtigten nach § 11c TierSchG nicht zulässig.

Im Zusammenhang mit der Erlaubnis nach § 11 TierSchG müssen auch räumliche und technische Voraussetzungen für einen ordnungsgemäßen Betrieb erfüllt werden. Diese Voraussetzungen zielen einerseits auf die Sicherheit der Kunden und darauf ab, dass Tiere nicht entweichen können. Andererseits müssen die Voraussetzungen ermöglichen, dass auch im Zoofachhandel die Tierhaltungsnorm aus § 2 TierSchG (**1.2**) eingehalten wird. Aus diesen Gründen werden auch beim Zoofachhandel Mindestanforderungen an Aquarien-, Terrarien-, Käfig- und Gehegegrößen sowie deren Ausstattung und an die Versorgung der Tiere gestellt. In manchen Fällen kann für begrenzte Zeiträume von bestimmten Vorgaben zu einzelnen Tierarten abgewichen werden, wenn die spezifischen Gutachten oder Leitlinien dies einräumen. Im Grundsatz müssen jedoch dieselben Bedingungen eingehalten werden wie bei längerfristiger Haltung. Grund dafür ist, dass sich die Bedürfnisse der Tiere nicht deshalb ändern, weil sie nur zeitweise und mit dem Ziel des Verkaufs untergebracht werden.
Ebenfalls im Zusammenhang mit § 2 TierSchG muss sichergestellt sein, dass Tiere nicht durch die Kundschaft belästigt bzw. beunruhigt werden. Dies kann z. B. durch ständige Aufsicht durch das Verkaufspersonal oder eine geeignete Abschrankung erfolgen.

### 3.1.3 Tierbörsen

Für die Ausrichtung und Durchführung von Tierbörsen mit dem Ziel, dass dort Dritte Tiere tauschen oder verkaufen, wird ebenfalls eine Erlaubnis nach § 11 TierSchG (**1.7**) benötigt. Die Erlaubnispflicht ist nicht daran geknüpft, dass die Durchführung von Tierbörsen gewerbsmäßig stattfindet. Seit dem 1. August 2014 ist für die Person, die eine Tierbörse durchführt, wie in anderen Bereichen ein Nachweis der fachlichen Kenntnisse und Fähigkeiten erforderlich. Außerdem besteht wie im Zoofachhandel die gesetzliche Verpflichtung, schriftliche Informationen über die Grundbedürfnisse der Tiere auszuhändigen, wenn ein Kunde erstmalig ein Tier einer für ihn neuen Tierart erwirbt.
Die AVV stellt außerdem klar, dass der Börsenveranstalter für die Einhaltung der tierschutzrechtlichen Anforderungen durch die Anbieter verantwortlich ist. Deshalb muss der Veranstalter geeignete Kontrollen durchführen bzw. durch Aufsichtspersonen durchführen lassen und bei festgestellten Verstößen unverzüglich Abhilfemaßnahmen einleiten. Die Erlaubnis für die Durchführung der Börse wird i. d. R. mit Auflagen versehen, die diese Verantwortlichkeit des Veranstalters näher regeln. Insbesondere kann dem Veranstalter aufgegeben werden, eine Börsenordnung vorzulegen, aus der die Teilnahmebedingungen hervorgehen und die alle Anbieter, Besucher und Kunden zur Beachtung der tierschutzrechtlichen Anforderungen verpflichtet.
Weitere Anforderungen an den Antrag für eine Erlaubnis und die Durchführung von Tierbörsen einschließlich der Börsenordnung ergeben sich aus den

Leitlinien des Bundesministeriums für Ernährung, Landwirtschaft und Verbraucherschutz zur Ausrichtung von Tierbörsen unter Tierschutzgesichtspunkten aus dem Jahr 2006. Bedingungen nach den Börsenleitlinien – allgemein und spezifisch für Tierkategorien – werden üblicherweise zum Bestandteil der Erlaubnis gemacht. So sehen die Leitlinien u. a. vor, dass Tierbörsen normalerweise in geschlossenen Räumen abgehalten werden, in denen eine für die angebotenen Tiere geeignete Umgebungstemperatur und eine zugluftfreie Belüftung sichergestellt werden können. Es müssen meistens zusätzliche Bereiche eingeplant werden, in denen die zeitweilige Aufbewahrung gekaufter Tiere möglich ist bzw. in denen Tiere wegen Krankheiten oder Verletzungen separiert werden können. Beide Bereiche dürfen für den Besucherverkehr nicht frei zugänglich sein. Um unnötige Belastungen bei den Tieren zu vermeiden, ist die Dauer des Besucherverkehrs auf maximal 10 Stunden bei eintägigen bzw. auf maximal 8 Stunden täglich bei mehrtägigen Veranstaltungen zu begrenzen. Der Börsenverantwortliche berücksichtigt bereits bei der Organisation, dass eine Beunruhigung der Tiere so weit wie möglich vermieden, ein ungehinderter Transport der Tiere in den Börsenräumen bzw. auf dem Börsengelände ermöglicht und ein Anrempeln der Verkaufsbehältnisse durch die Besucher verhindert werden muss. Dafür können Beschränkungen der Besucherzahl oder separate Räume für empfindliche Tierarten sinnvoll sein und ebenfalls zum Bestandteil der Erlaubnis gemacht werden. Außerdem wird ein Tierarzt mit Erfahrungen hinsichtlich des jeweiligen Artenspektrums in Rufbereitschaft verlangt.

Die Aufsichtspersonen und Anbieter bei Tierbörsen müssen u. a. dafür sorgen, dass eine Beunruhigung der Tiere bspw. durch Herumreichen, Beklopfen oder Schütteln der Behältnisse unterbleibt. Das Herausnehmen von Tieren aus den Behältnissen darf nur durch den Anbieter bei Vorliegen eines triftigen Grundes, z. B. einer ernsten Kaufabsicht, erfolgen. Nicht statthaft sind das Herausnehmen zu Werbezwecken oder zur Geschlechtsbestimmung sowie ein Herumreichen der Tiere unter den Besuchern.

Der Börsenverantwortliche muss außerdem regeln, dass kranke, verletzte, geschwächte, abgemagerte oder gestresste Tiere nicht auf das Veranstaltungsgelände gebracht werden. Das gilt auch für Tiere, bei denen Verstöße gegen das TierSchG, insbesondere § 3 Nr. 2 (Veräußerungsverbot), § 6 (Amputation) oder § 11b (Qualzucht) festzustellen sind, oder Tiere mit sonstigen erheblichen Verhaltensauffälligkeiten. Wird dennoch ein solches Tier während der Veranstaltung beobachtet, muss es umgehend abgesondert und im Bedarfsfall behandelt werden.

Weitere Empfehlungen betreffen die Methoden, wie die Tiere angeboten werden (Behältnisse, Temperaturen etc.), tierschutzwidriges Zubehör, Transportbehältnisse und Futtertiere.

Dass Tiere nach dem TierSchG nicht als Preis ausgelobt oder an Kinder und Jugendliche unter 16 Jahren abgegeben werden dürfen, gilt selbstverständlich auch für Tierbörsen.
Ursprünglich schienen Tierbörsen dadurch gekennzeichnet zu sein, dass Tiere durch Privatpersonen verkauft oder untereinander getauscht werden, dass also private Halter bzw. Züchter nur gelegentlich Tiere anbieten. Inzwischen ist deutlich, dass häufig gewerbsmäßige Züchter und Händler, die selbst eine Erlaubnis nach § 11 TierSchG benötigen, an den Börsen teilnehmen. Die Börsenleitlinien gelten i. S. von Mindeststandards auch für gewerbsmäßige Züchter und Händler. Allerdings kann der gewerbsmäßige Handel mit Tieren auf Tierbörsen, z. B. infolge häufigerer Transporte, vermehrter Aufenthalte auf Börsen und einer geringeren Bindung des Anbieters an das Einzeltier, zu einer erhöhten Belastung für die Tiere führen. Dies kann besondere, an die spezifischen Bedingungen angepasste Haltungsbedingungen erforderlich machen. Über entsprechende Auflagen entscheidet die zuständige Behörde.

## 3.2 Transportieren von Tieren

### 3.2.1 Einleitung und Allgemeines

Sobald der Transport von Wirbeltieren im Zusammenhang mit einer wirtschaftlichen Tätigkeit steht, gelten die Regelungen der Verordnung (EG) Nr. 1/2005 des Rates vom 22. Dezember 2004 über den Schutz von Tieren beim Transport und damit zusammenhängenden Vorgängen, die häufig kürzer als EG-Tiertransportverordnung bezeichnet wird. Diese Verordnung gilt EU-weit und innerhalb jedes Mitgliedstaats. In Deutschland wird sie ergänzt durch die nationale Verordnung zum Schutz von Tieren beim Transport und zur Durchführung der Verordnung (EG) Nr. 1/2005 des Rates, kurz TierSchTrV.
Transporte zu kommerziellen Zwecken beschränken sich nach Erwägungsgrund Nr. 12 der EG-Verordnung nicht auf Zusammenhänge, in denen unmittelbar ein Austausch von Geld, Gütern oder Dienstleistungen erfolgt. Er schließt vielmehr auch Fälle ein, in denen direkt oder indirekt ein Gewinn entsteht bzw. angestrebt wird. Als Kriterium für eine „wirtschaftliche Tätigkeit" kann laut Kommission bspw. die steuerliche Veranlagung herangezogen werden. Auch das Vorliegen einer Erlaubnis nach § 11 TierSchG kann im Einzelfall ein Hinweis auf eine wirtschaftliche Tätigkeit sein.
Die Zielsetzung der europäischen wie auch der nationalen Regelungen wird durch Art. 3 Satz 1 der Verordnung (EG) Nr. 1/2005 klar bestimmt:

*Allgemeine Bedingungen für den Transport von Tieren:*
*Niemand darf eine Tierbeförderung durchführen oder veranlassen, wenn den Tieren dabei Verletzungen oder unnötige Leiden zugefügt werden könnten.*
Um dieses grundsätzliche Ziel zu erreichen, stecken die folgenden Vorgaben aus demselben Artikel den Rahmen ab:
a) *Vor der Beförderung wurden alle erforderlichen Vorkehrungen getroffen, um die Beförderungsdauer so kurz wie möglich zu halten und den Bedürfnissen der Tiere während der Beförderung Rechnung zu tragen.*
b) *Die Tiere sind transportfähig.*
c) *Die Transportmittel sind so konstruiert, gebaut und in Stand gehalten und werden so verwendet, dass den Tieren Verletzungen und Leiden erspart werden und ihre Sicherheit gewährleistet ist.*
d) *Die Ver- und Entladevorrichtungen sind so konstruiert, gebaut und in Stand gehalten und werden so verwendet, dass den Tieren Verletzungen und Leiden erspart werden und ihre Sicherheit gewährleistet ist.*
e) *Die mit den Tieren umgehenden Personen sind hierfür in angemessener Weise geschult oder qualifiziert und wenden bei der Ausübung ihrer Tätigkeit weder Gewalt noch sonstige Methoden an, die die Tiere unnötig verängstigen oder ihnen unnötige Verletzungen oder Leiden zufügen könnten.*
f) *Der Transport zum Bestimmungsort erfolgt ohne Verzögerungen und das Wohlbefinden der Tiere wird regelmäßig kontrolliert und in angemessener Weise aufrechterhalten.*
g) *Die Tiere verfügen entsprechend ihrer Größe und der geplanten Beförderung über ausreichend Bodenfläche und Standhöhe.*
h) *Die Tiere werden in angemessenen Zeitabständen mit Wasser und Futter, das qualitativ und quantitativ ihrer Art und Größe angemessen ist, versorgt und können ruhen.*

Alle weiteren Vorgaben dienen dazu, diese Ziele zu erreichen.
Eine weitere Absicht des Gesetzgebers wird zudem durch den Rechtfertigungsgrund Nr. 5 der Verordnung (EG) Nr. 1/2005 verdeutlicht: *Aus Tierschutzgründen sollten lange Beförderungen von Tieren – auch von Schlachttieren – auf ein Mindestmaß begrenzt werden.*
Das Wissen um die besondere Belastung von Tieren durch lange Beförderungen spiegelt sich nicht zuletzt in den zusätzlichen Anforderungen an diese Transporte im Unterschied zu Transporten bis zu acht Stunden Dauer wider.
Von den im Folgenden geschilderten Voraussetzungen sind zum einen diejenigen Wirbeltiertransporte ausgenommen, die durch den Halter der Tiere selbst in seinen eigenen Transportmitteln durchgeführt werden und nicht über eine Distanz von 50 km hinausgehen. Zum anderen gelten die Regelungen nicht für die Transporte, die in eigenen landwirtschaftlichen Transport-

mitteln und im Rahmen der jahreszeitlichen bedingten Wanderhaltung stattfinden (z. B. Alpung). Ausgenommen vom Geltungsbereich der EG-Tiertransportverordnung sind außerdem Beförderungen, die ausschließlich im privaten oder hobbymäßigen Zusammenhang stehen, Tiertransporte durch Zirkusunternehmen und Transporte unter Anleitung eines Tierarztes, die in eine oder aus einer tierärztlichen Einrichtung stattfinden.
Vereinfachte Bedingungen gelten darüber hinaus für den wirtschaftlich motivierten Transport der sogenannten registrierten Equiden, wozu allerdings nur diejenigen Equiden zählen, die zur Teilnahme an Wettbewerben, Rennen, kulturellen Veranstaltungen oder zu Zuchtzwecken transportiert werden. Für diese Equiden bestehen Ausnahmen von verschiedenen Regelungen, die insbesondere lange Transporte betreffen.
Es wird im Übrigen darauf hingewiesen, dass für alle privilegierten Transporte die beiden genannten Verordnungen einen wichtigen Bewertungsmaßstab dafür darstellen, ob im Zweifelsfall ein Verstoß gegen die Grundregel des Tierschutzrechtes – nämlich keinem Tier ohne vernünftigen Grund Schmerzen, Leiden und Schäden zuzufügen – vorliegt.

### 3.2.2 Voraussetzungen für den Transport von Tieren

**Zulassung des Transportunternehmers**
Nach den Vorgaben der EU gilt jeder, der auf eigene Rechnung oder für Dritte lebende Wirbeltiere befördert, als Transportunternehmer und benötigt eine Zulassung für diese Tätigkeit. Diese Zulassung wird von den zuständigen Veterinärbehörden für die Dauer von höchstens fünf Jahren ausgestellt und berücksichtigt, ob Transporte bis maximal acht Stunden Dauer, ausschließlich innerstaatliche Transporte bis max. 12 Stunden Dauer oder lange Beförderungen durchgeführt werden sollen. Die Zulassung kann nur erteilt werden, wenn der Antragsteller nachweist, dass er die Vorgaben der EG-Tiertransportverordnung im Hinblick auf geeignetes Personal, Fahrzeuge, Ausrüstung und ggf. Notfallpläne u. Ä. erfüllt.
Lediglich Transportunternehmer, die Tiere bis zu einer Distanz von maximal 65 km transportieren, benötigen keine Zulassung durch die Veterinärbehörde und auch keinen Sachkundenachweis. Sie müssen aber alle anderen Vorgaben zum Transportmittel, zur Transportfähigkeit der Tiere und zur Transportpraxis erfüllen.

**Sachkunde**
Bereits im Erwägungsgrund Nr. 14 zur EG-Tiertransportverordnung wird deutlich, welche Bedeutung der Gesetzgeber der Sachkunde der Personen beimisst, die mit dem Transport von Tieren befasst sind. Dort heißt es: *Beeinträchtigungen des Wohlbefindens der Tiere sind häufig auf mangelnde Sachkenntnis zurückzuführen. Eine sachgemäße Schulung sollte daher allen Personen, die während des Transports mit den Tieren umgehen, zur*

*Auflage gemacht und nur von behördlich zugelassenen Einrichtungen angeboten werden.*

Der Anspruch, nur sachkundige Personen mit Tieren umgehen und sie transportieren zu lassen, schlägt sich in den folgenden Vorgaben durch die EG-Tiertransportverordnung nieder: Der Transportunternehmer sorgt dafür, dass während des gesamten Transportvorgangs, also bei jedem Ver- und Entladen sowie bei der Unterbringung an Zwischenstationen, nur geschulte Personen mit den Tieren umgehen.

Darüber hinaus dürfen die Transportfahrzeuge bei Transporten von Hausequiden, Hausrindern, Hausschafen, Hausziegen, Hausschweinen oder Geflügel die Transportfahrzeuge nur von Personen gefahren werden, die über einen speziellen Befähigungsnachweis für diese Tätigkeit verfügen. Der Befähigungsnachweis für Fahrer und Betreuer wird durch die zuständige Behörde nur dann ausgestellt, wenn ein anerkannter Lehrgang einschließlich schriftlicher und mündlicher Prüfung erfolgreich abgeschlossen wurde. Ausnahmen von der Teilnahmepflicht an diesem Lehrgang bestehen nur für einzelne Berufsgruppen und unter bestimmten Bedingungen. Alle Transporte müssen grundsätzlich von Betreuern begleitet werden, die denselben Befähigungsnachweis wie die Fahrer erlangt haben, wobei der Fahrer die Rolle des Betreuers übernehmen kann.

Die Lehrgänge, die für diesen Befähigungsnachweis zu absolvieren sind, müssen mindestens folgende Inhalte abdecken: die allgemeinen Bedingungen für den Transport von Tieren, die Beurteilung der Transportfähigkeit der Tiere, die Anforderungen an die Transportmittel, die Vorgaben für das Verladen der Tiere, deren Unterbringung und Versorgung während des Transports sowie sämtliche Vorschriften zu den Transportpapieren. Außerdem müssen während des Sachkundekurses die Physiologie von Tieren, insbesondere Fütterungs- und Tränkbedürfnisse, Verhaltensweisen und Stressbewältigung, praktische Aspekte des Umgangs mit Tieren, die Auswirkungen des Fahrverhaltens auf das Wohlbefinden der Tiere im Transportmittel und auf die Fleischqualität, erste Hilfe für Tiere, Maßnahmen wie Nottöten oder Notschlachten und die Sicherheit des mit Tieren umgehenden Personals geschult werden.

**Transportmittel und -behälter**

Als Transportmittel werden sämtliche Fahrzeuge zusammengefasst, mit denen Tiere transportiert werden. Alle Transportmittel und -behälter müssen die im Anhang I Kapitel II der EG-Tiertransportverordnung genannten Bedingungen erfüllen. Als Grundsatz lässt sich formulieren, dass die Transportmittel und -behälter so beschaffen sein müssen, dass die Tiere sicher und ohne Beeinträchtigung des Tierwohls verladen und transportiert werden können. Dies schließt unter anderem ein, dass Verletzungsmöglichkeiten ausgeschlossen werden, das Fahrzeug überdacht sein muss, der Boden rutschfest gestaltet ist, bestimmte Rampenneigungen nicht überschritten werden dürfen und alle Tiere für Kontroll- und Pflegemaßnahmen zugänglich sind. Je nach Altersgruppe der Tiere muss Einstreu vorhanden sein. Transportbehälter müssen immer aufrecht gehalten und am Verrutschen gehindert werden. Alle Transportmittel und -behälter müssen eine deutlich lesbare und sichtbare Beschilderung dafür aufweisen, dass sie mit lebenden Tieren beladen sind.

Beim Transport von Tieren im Luftverkehr sind zudem die einschlägigen Vorschriften der IATA zu beachten.

Transportmittel, die für lange, also über 8 Stunden andauernde, Beförderungen vorgesehen sind, müssen zusätzlich die Vorgaben von Anhang I Kapitel VI der EG-Verordnung erfüllen und behördlich zugelassen sein. Sie müssen ein Dach in heller Farbe haben und über ein Belüftungssystem mit vorgegebener Mindestleistung verfügen, das jederzeit für alle Tiere innerhalb des Transportmittels Temperaturen in einem Bereich zwischen 5 °C und 30 °C, mit einer Toleranz von ± 5 °C, absichert. Ergänzend dazu wird eine Temperaturüberwachungseinheit mit Datenaufzeichnung und Warnvorrichtung gefordert. Außerdem benötigt das Transportmittel ein voll funktionsfähiges, für alle Tiere zugängliches System zur ständigen Versorgung der Tiere mit Wasser sowie ein Navigationsgerät mit definierten Eigenschaften.

Transportmittel können für höchstens fünf Jahre für lange Beförderungen zugelassen werden und werden zentral registriert.

**Transportfähigkeit**

Im Anhang I der EG-Tiertransportverordnung wird ausdrücklich klargestellt, dass Tiere nur transportiert werden dürfen, wenn sie transportfähig sind und wenn gewährleistet ist, dass ihnen unnötige Verletzungen und Leiden erspart bleiben. Es ist generell nicht zulässig, verletzte Tiere und Tiere mit physiologischen Schwächen oder pathologischen Zuständen zu transportieren. Obwohl bestimmte Transporte von Regelungen der EG-Verordnung ausgenommen sind, stellen die im Folgenden geschilderten Vorgaben auch für diese privaten und kurzen Transporte einen geeigneten Beurteilungsmaßstab dar, um tierschutzrelevante Umstände zu vermeiden. Als tatsächliche Ausnahme können lediglich die unter tierärztlicher Anleitung stattfindenden Transporte zu und von einer tierärztlichen Einrichtung verstanden werden.

Als nicht transportfähig werden Tiere eingestuft, die sich nicht schmerzfrei oder ohne Hilfe bewegen können und große offene Wunden oder schwere Organvorfälle aufweisen. Nicht transportfähig sind außerdem trächtige Tiere, die kurz vor der Geburt stehen, oder Tiere, die vor weniger als sieben Tagen geworfen haben, sowie neugeborene Säugetiere, deren Nabelwunde noch nicht vollständig verheilt ist. Weniger als drei Wochen alte Ferkel, weniger als eine Woche alte Lämmer und weniger als zehn Tage alte Kälber dürfen zudem nur über eine Strecke von weniger als 100 km befördert werden. Für den Transport von Katzen und Hundewelpen gilt ein Mindestalter von acht

Wochen, es sei denn, sie werden von den Muttertieren begleitet. Außerdem ist geregelt, dass Hirsche, deren Gehörn oder Geweih noch mit Bast überzogen ist, ebenfalls als nicht transportfähig einzustufen sind. Von der Transportfähigkeit als grundlegender Voraussetzung für die Durchführung eines Transportes gibt es – neben den o. g. Beispielen – nur sehr wenige, eng umschriebene Ausnahmen z. B. für den Bereich der Versuchstiere.
Als schwierig erweist sich allerdings die Ahndung von Verstößen gegen die Transportfähigkeit. Die nationale TierSchTrV sieht hier keine spezifischen Sanktionen vor, weshalb auf die Regelungen in § 16a TierSchG bzw. der §§ 17 und 18 TierSchG zurückgegriffen werden muss.

### 3.2.3 Durchführung des Transports von Tieren

Nach der EG-Tiertransportverordnung umfasst der Transport bzw. die Beförderung von Tieren jede Bewegung von Tieren in einem Transportmittel ab dem Versandort einschließlich aller damit zusammenhängenden Vorgänge wie Ver-, Ent- und Umladen, die Ruhephasen sowie alle Vorgänge und die Unterbringung an Zwischenstationen bis zum Entladen am Bestimmungsort. Für die Einhaltung der später geschilderten zeitlichen Vorgaben sind deshalb ausreichend Zeiten für die Ver- und Entlade- bzw. die Versorgungsphasen u. Ä. von vornherein einzukalkulieren.
Um zu verhindern, dass den Tieren unnötige Leiden durch Transporte zugefügt werden, wird in Anhang I Kapitel III der europaweit geltenden Verordnung neben vielen weiteren Bestimmungen ausdrücklich ausgeführt, dass es beim Umgang mit den Tieren verboten ist, sie zu schlagen, zu treten oder auf besonders empfindliche Körperteile Druck auszuüben – also beispielsweise Nasenbremsen einzusetzen oder die Schwanzwirbel durch Zusammendrehen des Schwanzes zu komprimieren. Es ist außerdem ausdrücklich verboten, Tiere mit mechanischen Mitteln, die am Körper befestigt sind (Hebezangen, Seilwinden o. Ä.), hoch zu winden oder Tiere an Kopf, Ohren, Hörnern, Beinen, Schwanz oder Fell hoch zu zerren oder zu ziehen. Treibhilfen oder andere Geräte mit spitzen Enden, wie der früher gängige mit einer Nagelspitze versehene Stock, sind verboten.
Zur Verwendung von Elektroschockgeräten (elektrischen Treibhilfen) wird klargestellt, dass deren Einsatz möglichst zu unterbleiben hat. Elektroschockgeräte dürfen – analog zur Situation auf dem Schlachthof – allenfalls bei ausgewachsenen Rindern und bei ausgewachsenen Schweinen eingesetzt werden, die jede Fortbewegung verweigern, und nur unter der Voraussetzung, dass die Tiere genügend Freiraum zur Vorwärtsbewegung haben. Es dürfen nur Stromstöße von maximal einer Sekunde Dauer in angemessenen Abständen und nur an den Muskelpartien der Hinterviertel verabreicht werden. Es wird zudem ausdrücklich festgelegt, dass Stromstöße nicht wiederholt werden dürfen, wenn das Tier nicht reagiert (bspw. festliegt, eingeklemmt ist o. Ä.).

Tiere dürfen auf keinen Fall an Hörnern, Geweih, Nasenringen oder Beinfesseln angebunden werden. Kälbern darf kein Maulkorb angelegt werden und mehr als acht Monate alte Hausequiden, ausgenommen nicht zugerittene Pferde, müssen während des Transports ein Halfter tragen.
Wenn die Tiere nicht aneinander gewöhnt sind, müssen Tiere unterschiedlicher Arten oder mit beträchtlichem Größen- oder Altersunterschied getrennt verladen und transportiert werden. Das gilt auch für ausgewachsene Zuchteber oder Hengste, geschlechtsreife männliche und weibliche Tiere, behornte und unbehornte oder rivalisierende Tiere sowie angebundene und nicht angebundene Tiere, weil andernfalls mit erheblichen Rangordnungsauseinandersetzungen u. Ä. während des Verladens und beim Transport zu rechnen wäre.
Während des Transports muss ein Mindestraumangebot für die Tiere bestehen. Für Hausequiden, Rinder, kleine Wiederkäuer, Schweine und Geflügel liefert Anhang I Kapitel VII der EG-Verordnung dazu Vorgaben in Abhängigkeit von Gewicht, Größe oder Alter der Tiere. Selbstverständlich muss ausreichende Frischluftzufuhr bestehen. Außerdem gilt, dass alle Säugetiere und Vögel, also auch Wildtiere und Heimtiere, mindestens alle 24 Stunden gefüttert und mindestens alle 12 Stunden getränkt werden, wenn nicht wie bei Hausequiden, -rindern, -schafen, -ziegen und -schweinen speziellere Vorgaben bestehen.
Die zuletzt genannten Tierarten dürfen grundsätzlich nicht über 8 Stunden Dauer transportiert werden, außer wenn die zusätzlichen Bedingungen für sogenannte lange Beförderungen erfüllt werden. Die Zeitabstände für das Tränken und Füttern sind dann folgendermaßen festgelegt:

- Kälber, Lämmer, Zickel und Fohlen, die noch nicht abgesetzt sind und mit Milch ernährt werden, sowie noch nicht abgesetzte Ferkel müssen nach einer Beförderungsdauer von 9 Stunden eine ausreichende, mindestens einstündige Ruhepause erhalten, insbesondere damit sie getränkt und nötigenfalls gefüttert werden können. Nach dieser Ruhepause kann die Beförderung für weitere 9 Stunden fortgesetzt werden.
- Schweine können für eine maximale Dauer von 24 Stunden befördert werden. Während der Beförderung müssen sie ständig Zugang zu Wasser haben.
- Hausequiden können für eine maximale Dauer von 24 Stunden befördert werden. Dabei müssen die Tiere alle 8 Stunden getränkt und nötigenfalls gefüttert werden.
- Hausrinder, -schafe und -ziegen müssen nach einer Beförderungsdauer von 14 Stunden eine ausreichende, mindestens einstündige Ruhepause erhalten, insbesondere damit sie getränkt und nötigenfalls gefüttert werden können. Nach dieser Ruhepause kann die Beförderung für weitere 14 Stunden fortgesetzt werden.

Nach der festgesetzten Beförderungsdauer, die nur zugunsten der Tiere um maximal zwei Stunden verlängert werden darf, müssen alle Tiere dieser aufgelisteten Tierarten entladen, gefüttert und getränkt werden und eine Ruhezeit von mindestens 24 Stunden erhalten.
Um diese Tierarten überhaupt länger als 8 Stunden transportieren zu dürfen, müssen die zusätzlichen Bedingungen für lange Beförderungen erfüllt werden. Neben der notwendigen o. g. behördlichen Zulassung des Fahrzeugs müssen die Laderäume eingestreut sein sowie Futter und geeignete Fütterungsvorrichtungen mitgeführt werden. Lange Beförderungen von Equiden setzen voraus, dass die Tiere in Einzelständen transportiert werden, außer wenn es sich um Stuten mit Fohlen bei Fuß handelt. Für die lange Beförderung der anderen Tierarten müssen Trennwände vorhanden sein, um den Laderaum so zu unterteilen, dass alle Tiere ihren Bedürfnissen, wie bspw. Zugang zu Wasser, nachkommen können.
In Anlage 2 der nationalen TierSchTrV werden über die EU-Vorgabe hinaus maximale Gruppengrößen festgelegt, die für den Transport innerhalb von Deutschland und unabhängig von der Zeitdauer eingehalten werden müssen. Außerdem dürfen laut EU-Regelung Jungtiere ohne Begleitung durch das Muttertier nur lange befördert werden, wenn Equiden mindestens vier Monate, Kälber mindestens 14 Tage alt sind und Hausschweine ein Mindestgewicht von 10 kg aufweisen. Für nicht zugerittene Hausequiden sind lange Beförderungen nicht gestattet.
Werden Tiere in Transportbehältern befördert, müssen die ergänzenden Bestimmungen der Anlage 1 der TierSchTrV zum Platzbedarf der diversen Geflügelarten, Hunde, Katzen und Kaninchen berücksichtigt werden. Zudem muss der Absender die Versorgung der Tiere sicherstellen, was auch für den Fall einer notwendigen Rücksendung gilt. Die TierSchTrV ergänzt das EU-Recht zudem im Hinblick auf den Transport von Fischen, Krustentieren, weiteren Vögeln und Meeressäugern.

### 3.2.4 Transportpapiere

Bei jedem Tiertransport müssen Papiere mitgeführt werden, aus denen Herkunft und Eigentümer der Tiere, der Versandort, Tag und Uhrzeit des Beginns der Beförderung, der Bestimmungsort und die voraussichtliche Dauer der geplanten Beförderung hervorgehen. Weitere Angaben können erforderlich sein, wenn sie bspw. bei der Zulassung des Transportunternehmers als Auflage festgelegt wurden. Bei amtlichen Kontrollen sind außerdem Kopien der Zulassung des Transportunternehmers und der Befähigungsnachweise von Fahrer und Betreuer vorzulegen.
Bei jeder langen Beförderung muss zudem ein vollständig ausgefülltes fünfseitiges Dokument nach Anhang II der EG-Verordnung, das sogenannte Fahrtenbuch, vorgelegt werden können.

### 3.2.5 Kontrollen

Amtstierärztliche Kontrollen von Tiertransporten finden stets bei der Abfertigung grenzüberschreitender Transporte statt. Weitere Kontrollen erfolgen in der Regel stichprobenartig während des Transports. Neben dem Zustand der Transportmittel, dem Zustand und der Versorgung der Tiere sowie dem Platzangebot und der Raumhöhe werden insbesondere die Sachkundenachweise für Fahrer und Betreuer, die Zulassung des Transportmittels und des Transportunternehmers einschließlich der Notfallpläne, die Daten des Navigationssystems und der korrekte Umgang mit den Fahrtenbüchern überprüft. Bei langen grenzüberschreitenden Beförderungen muss das Fahrtenbuch in der Regel zwei Werktage vor Transportbeginn dem zuständigen Veterinäramt vorgelegt werden, damit die Dokumente und die Routenplanung vorab geprüft werden können. Zeichnet sich im Vorfeld bereits ab, dass bspw. die Temperaturbedingungen beim Transport nicht eingehalten werden können oder dass die Wasserversorgung witterungsbedingt nicht sichergestellt ist (Einfrieren von Leitungen o. Ä.), dann kann die Abfertigung des Transportes nicht durchgeführt werden.

Werden bei amtstierärztlichen Kontrollen während des Transports Mängel festgestellt, wird unter Berücksichtigung des Zustandes der Tiere und der Entfernung zum Bestimmungsort oder Versandort die Weiter- oder Rückfahrt gestattet, unter Auflagen genehmigt oder untersagt. Die Maßnahmen, die im Bedarfsfall von der Behörde eingeleitet und dem Transportunternehmen in Rechnung gestellt werden, reichen von Fahrer- oder Betreuerwechsel über die vorläufige Reparatur des Transportmittels, dem Umladen oder Teilumladen der Tiere bis zur Weiterfahrt oder Rücksendung der Tiere bzw. deren Entladung und geeignete Unterbringung und Pflege. Notfalls können Tiere getötet oder geschlachtet werden, um ihnen Leiden zu ersparen. Weitere Folgen von Verstößen können der Entzug von Zulassungen und Sachkundenachweisen, aber auch Bußgeld- und Strafverfahren sein. Bei grenzüberschreitenden Transporten werden alle Maßnahmen im Fahrtenbuch vermerkt. Dadurch wird eine Rückkopplung an die zuständige Behörde des Versandortes bewirkt, weil der Transportunternehmer eine Kopie des Fahrtenbuchs innerhalb eines Monats nach dem Transport an diese Behörde schicken muss.

Nach einem Urteil des EuGH vom April 2015 gelten die Anforderungen an die Zeitabstände für das Füttern und Tränken sowie an die Beförderungs- und Ruhezeiten auch für den Teil einer Beförderung, der außerhalb der EU stattfindet. Der Schutz von Tieren beim Transport endet also nicht an den Außengrenzen der EU.

## 3.3 Schlachten und Töten von Tieren

### 3.3.1 Einleitung und Allgemeines

Die §§ 4 und 4a TierSchG (**1.3**) stellen den gesetzlichen Rahmen für das Töten und Schlachten von Tieren dar, dessen Einhaltung alle weiteren Vorgaben sicherstellen sollen. Maxime ist, dass Wirbeltiere – den sog. vernünftigen Grund vorausgesetzt – mit wenigen Ausnahmen nur unter Betäubung, in jedem Fall aber unter größtmöglicher Vermeidung von Schmerzen getötet werden dürfen.

Für das **Schlachten**, also das Töten durch Blutentzug, wird verlangt, dass warmblütige Tiere vor Beginn des Blutentzugs betäubt sein müssen. Die Betäubung, also die Wahrnehmungs- und Empfindungslosigkeit, muss bis zum Tod des Tieres anhalten. Ausnahmen davon bestehen nur für Notschlachtungen oder für das Schächten.

Vor allem zwei Rechtstexte sind Grundlage dafür, welche Bedingungen beim Töten und Schlachten einschließlich aller damit zusammenhängenden Tätigkeiten (Betreuung, Zutrieb, Ruhigstellen u. Ä.) eingehalten werden müssen. Zum einen handelt es sich dabei um die in allen Mitgliedstaaten der EU unmittelbar geltende Verordnung (EG) Nr. 1099/2009 über den Schutz von Tieren zum Zeitpunkt der Tötung, zum anderen um die nationale TierSchlV. Die TierSchlV geht in manchen Punkten über die Bestimmungen der EU-Vorgaben hinaus, was allerdings nur für Regelungen möglich ist, die bereits vor Einführung der EU-Verordnung galten. Bei den national strenger geregelten Inhalten ist die nationale TierSchlV ausschlaggebend. Die TierSchlV schließt im Übrigen die EU-Verordnung vollständig ein und beruht ihrerseits zum größten Teil auf der Ermächtigungsgrundlage in § 4b TierSchG.

Aus beiden Dokumenten ergeben sich die im Folgenden dargestellten verbindlichen Regeln für das Töten und Schlachten von Wirbeltieren, wobei unterstrichen wird, dass dies auch das Töten moribunder Tiere in landwirtschaftlichen Tierhaltungen und das Töten zur Bestandsräumung einschließt. Ausnahmen von den konkretisierten Bedingungen beim Töten bestehen allerdings im Zusammenhang mit Tierversuchen, bei der Jagd und Fischerei, bei zulässigen Schädlingsbekämpfungsmaßnahmen oder bei außerordentlicher Gefährdung für Menschen. Die EU-Verordnung gilt zwar nicht für Geflügel, Kaninchen und Hasen, die von ihrem Besitzer außerhalb eines Schlachthofs für den privaten häuslichen Verbrauch geschlachtet werden, die TierSchlV verlangt aber auch für diese Tiere, dass sie sachkundig und nach Betäubung geschlachtet werden. Das Grundprinzip der größtmöglichen Vermeidung von Schmerzen aus § 4 TierSchG bleibt außerdem auch für Tierversuche, Jagd, Fischerei und Schädlingsbekämpfung bestehen.

Erst 2017 wurde das Tiererzeugnisse-Handels-Verbotsgesetz dahingehend ergänzt, dass es verboten ist, ein Säugetier, das sich im letzten Drittel der

Trächtigkeit befindet, zum Zweck der Schlachtung abzugeben. Das Verbot gilt allerdings wegen des weniger genau bestimmbaren Zeitpunkts der Bedeckung nicht für Schafe und Ziegen. Es gilt außerdem nicht, wenn die Tötung eines Säugetieres im letzten Drittel der Trächtigkeit aus tierseuchenrechtlichen Gründen erfolgt oder auf einer tierärztlichen Indikation beruht und tierschutzfachlich vertretbar ist. Dieser letzte Fall muss durch einen Tierarzt bescheinigt werden. Hintergrund dieser ergänzenden Rechtsetzung war, dass es in zahlreichen Fällen zur Schlachtung hochtragender Rinder gekommen war, deren Föten im Verlauf des Schlachtprozesses erstickten. Nicht berücksichtigt wurde, dass für die in besonderen Fällen erforderliche Tötung hochträchtiger Tiere eine verpflichtende Euthanasie mit Präparaten, die auch den Fötus ohne Zeitverzögerung töten, tierschutzfachlich geboten ist.

### 3.3.2 Sachkunde

Jeder, der Tiere betreut, zutreibt, betäubt, schlachtet oder tötet, muss über die notwendigen Kenntnisse und Fähigkeiten verfügen, also sachkundig sein. Einen förmlichen Sachkundenachweis benötigen zudem diejenigen Personen, die die Tiere vor dem Ruhigstellen handhaben und pflegen und sie zum Zweck der Betäubung oder Tötung ruhigstellen. Auch die Personen, die die Betäubung durchführen und deren Wirksamkeit überprüfen, bzw. diejenigen, die die nach der Betäubung noch lebenden Tiere einhängen, hochziehen und entbluten, benötigen diesen Sachkundenachweis. Die Inhalte der dafür notwendigen Prüfung werden in Anhang IV der Verordnung Nr. 1099/2009/EU aufgeführt. Sie umfassen je nach Tätigkeit verschiedene Themenbereiche wie z. B. Aspekte des Tierverhaltens, Kenntnisse und Fähigkeiten zur Betäubung selbst sowie Kenntnisse zur Überprüfung der Betäubungswirkung.
Selbstverständlich benötigen auch Personen, die rituelle Schlachtungen durchführen, diesen Sachkundenachweis. Nur wer Geflügel und Hasenartige zum ausschließlich privaten Gebrauch im eigenen Haushalt schlachtet, benötigt diesen Sachkundenachweis nicht, muss allerdings über die notwendigen Kenntnisse und Fähigkeiten für seine Tätigkeit verfügen.
Über einen Sachkundenachweis für alle Tätigkeiten auf dem Schlachthof, die in ihren Tätigkeitsbereich fallen, müssen zudem die durch Art. 17 der EU-Verordnung eingeführten **Tierschutzbeauftragten** verfügen. Die Tierschutzbeauftragten, die vom Unternehmen für jeden Schlachthof (ab einem Schlachtaufkommen von 1000 GVE oder 150 000 Stück Geflügel) benannt werden müssen, unterstützen den letztendlich verantwortlichen Schlachthofbetreiber dabei, die Einhaltung der EU-Verordnung sicherzustellen.

### 3.3.3 Auslegung, Bau und Ausrüstung von Schlachthöfen

In Anhang II der EU-Verordnung werden Mindestanforderungen an die bauliche und technische Ausstattung von Schlachthöfen aufgelistet. Vorausgesetzt werden neben einigen anderen Bedingungen:

- Ausreichende Be- und Entlüftungssysteme einschließlich Warnanlagen.
- Stallungen werden so ausgelegt und gebaut, dass das Verletzungsrisiko für die Tiere und das Auftreten von plötzlichem Lärm auf ein Mindestmaß reduziert werden.
- Stallungen werden so ausgelegt und gebaut, dass die Kontrolle der Tiere erleichtert wird. Es wird für eine angemessene Beleuchtung gesorgt, damit die Kontrolle der Tiere jederzeit möglich ist.
- Buchten, Treibgänge und Einzeltreibgänge werden so ausgelegt und gebaut, dass sich die Tiere gemäß ihrem natürlichen Verhalten und ohne Ablenkung in die jeweilige Richtung bewegen können; Schweine oder Schafe nebeneinander hergehen können, außer im Fall von Einzeltreibgängen, die zu Geräten zur Ruhigstellung führen. Häufige Defizite bei den Treibgängen betreffen Schwellen, reflektierende Stellen am Boden oder flatternde Elemente, die die Tiere beim Weitergehen stocken lassen.
- Rampen und Laufstege sind mit einem so beschaffenen Seitenschutz zu versehen, dass die Tiere nicht hinunterstürzen können.
- Das Wasserversorgungssystem in den Buchten wird so ausgelegt und gebaut und so instand gehalten, dass die Tiere jederzeit Zugang zu sauberem Wasser haben, ohne dabei verletzt oder in ihrer Bewegungsfreiheit eingeschränkt zu werden.
- Böden werden so gebaut und instand gehalten, dass das Risiko für die Tiere, auszurutschen, zu stürzen oder sich die Füße zu verletzen, möglichst gering ist.
- Die Geräte und Anlagen zur Ruhigstellung werden so ausgelegt und gebaut und so instand gehalten, dass die Anwendung des Betäubungs- oder Tötungsverfahrens optimiert wird; Verletzungen oder Prellungen der Tiere vermieden werden; Gegenwehr und Lautäußerungen im Zuge der Ruhigstellung so weit wie möglich vermieden werden; die Ruhigstellung von möglichst kurzer Dauer ist.
- Vorkehrung zur Ruhigstellung des Kopfes bei Rindern, wenn Bolzenschussapparate genutzt werden.
- Elektrobetäubungsgeräte sind mit einer Vorrichtung ausgestattet, die für jedes Tier, das betäubt wird, Daten zu den elektrischen Schlüsselparametern anzeigt und aufzeichnet. Die Vorrichtung wird so angebracht, dass sie für das Personal deutlich sichtbar ist, und sendet deutlich sichtbare und hörbare Warnzeichen aus, wenn die Dauer der Stromeinwirkung unter der erforderlichen Zeit liegt. Diese Aufzeichnungen sind mindestens ein Jahr lang aufzubewahren.

- Die Schlachtbänder bei der Geflügelschlachtung sind so ausgelegt, dass eingehängte Vögel nicht länger als eine Minute wahrnehmungsfähig eingehängt sind. Enten, Gänse und Puten dürfen nicht länger als zwei Minuten wahrnehmungsfähig eingehängt sein.
- Die Geräte zur Wasserbadbetäubung müssen zugänglich sein, damit Vögel entblutet werden können, die betäubt wurden und im Wasserbad verbleiben, weil das Schlachtband ausgefallen ist oder gestockt hat.
- Gasbetäubungsvorrichtungen, einschließlich Förderbänder, werden so ausgelegt und gebaut, dass die Gasbetäubung optimiert wird; Verletzungen oder Prellungen der Tiere vermieden werden (...).
- Die Gasbetäubungsvorrichtung ist mit einem Gerät zur kontinuierlichen Messung, Anzeige und Aufzeichnung von Gaskonzentration und Dauer der Exposition ausgestattet, das ein deutliches visuelles und akustisches Warnsignal abgibt, wenn die Gaskonzentration unter das vorgeschriebene Niveau fällt. Das Gerät wird so angebracht, dass es für das Personal deutlich sichtbar ist. Diese Aufzeichnungen sind mindestens ein Jahr lang aufzubewahren.

### 3.3.4 Zum Betrieb von Schlachthöfen

In ähnlicher Weise werden in Anhang III der EU-Verordnung auch Vorgaben für die Arbeitsabläufe auf Schlachthöfen gemacht. Dazu zählen u. a.:

- Der bzw. die Tierschutzbeauftragte oder eine Person, die ihm bzw. ihr unmittelbar Bericht erstattet, bewertet systematisch für jede Sendung mit Tieren direkt nach ihrer Ankunft die Tierschutzbedingungen, um die entsprechenden Prioritäten festzulegen; dies erfolgt insbesondere dadurch, dass er bzw. sie ermittelt, welche Tiere einen besonderen Bedarf an Schutz haben, und die in diesem Zusammenhang zu treffenden Maßnahmen festlegt.
- Nach dem Eintreffen werden die Tiere so schnell wie möglich abgeladen und anschließend ohne ungerechtfertigte Verzögerung geschlachtet.
- Tiere, die nicht binnen zwölf Stunden nach ihrem Eintreffen geschlachtet wurden, werden gefüttert und dann in den angemessenen Abständen weiter mäßig mit Futter versorgt. In solchen Fällen werden die Tiere mit einer geeigneten Menge an Einstreu oder gleichwertigem Material versorgt, (...). Dieses Material muss einen angemessenen Wasserabfluss gewährleisten und Exkremente müssen hinreichend absorbiert werden können. Laktierendes Milchvieh muss zumindest alle zwölf Stunden gemolken werden.
- Transportcontainer mit Tieren werden, insbesondere wenn sie einen nachgebenden oder perforierten Boden haben, in gutem Zustand gehalten, umsichtig behandelt und dürfen nicht geworfen, fallengelassen oder umgestoßen werden.

- Tiere, ausgenommen Kaninchen und Hasen, die nach dem Abladen nicht direkt zu den Schlachtplätzen geführt werden, müssen (...) jederzeit Zugang zu Tränkwasser haben.

Es ist ausdrücklich verboten
- Tiere zu schlagen oder zu treten;
- auf besonders empfindliche Körperteile Druck auszuüben, der für die Tiere vermeidbare Schmerzen oder Leiden verursacht;
- Tiere an Kopf, Ohren, Hörnern, Beinen, Schwanz oder Fell hochzuheben oder zu ziehen oder so zu behandeln, dass ihnen Schmerzen oder Leiden zugefügt werden (das Verbot, die Tiere an ihren Beinen hochzuheben, gilt jedoch nicht für Geflügel, Kaninchen und Hasen);
- Treibhilfen oder andere Geräte mit spitzen Enden zu verwenden;
- den Schwanz der Tiere zu quetschen, zu drehen oder zu brechen und den Tieren in die Augen zu greifen.

Außerdem wird in der EU-Verordnung klargestellt, dass die Verwendung von Elektroschockgeräten so weit wie möglich vermieden werden muss. Solche Geräte dürfen allenfalls bei ausgewachsenen Rindern und bei ausgewachsenen Schweinen eingesetzt werden, die jede Fortbewegung verweigern, und nur unter der Voraussetzung, dass die Tiere genügend Freiraum zur Vorwärtsbewegung haben. Es dürfen nur Stromstöße von maximal einer Sekunde in angemessenen Abständen und nur an den Muskelpartien der Hinterviertel verabreicht werden. Die Stromstöße dürfen nicht wiederholt werden, wenn das Tier nicht reagiert. Laufunfähige Tiere dürfen nicht zum Schlachtplatz gezogen werden, sondern sind dort zu töten, wo sie liegengeblieben sind.
Die nationale TierSchlV bestimmt darüber hinaus, dass die Anwendung elektrischer Treibgeräte nur innerhalb von Schlachthöfen bei gesunden und unverletzten über einem Jahr alten Rindern und über vier Monate alten Schweinen, die die Fortbewegung im Bereich der Vereinzelung vor oder während des unmittelbaren Zutriebs zur Fixationseinrichtung verweigern, zulässig ist. Elektrotreiber dürfen also nicht im Bereich des Wartestalls eingesetzt werden; beim Abladen gelten die Regelungen der EG-Tiertransportverordnung. Ausdrücklich klargestellt wird zudem, dass elektrische Betäubungsgeräte (Zangen) nicht dazu verwendet werden, Tiere zur Bewegung zu veranlassen.
Die Tiere dürfen auf keinen Fall an Hörnern, Geweih oder Nasenringen angebunden werden; außerdem dürfen ihre Beine nicht zusammengebunden werden. Ausdrücklich verboten sind außerdem folgende Maßnahmen, mit Ausnahme der ersten beiden Punkte im Zusammenhang mit den Schlachtbügeln für Geflügel:

- Aufhängen oder Hochziehen von wahrnehmungsfähigen Tieren;
- Immobilisierung der Beine oder Füße von Tieren mit mechanischen Mitteln oder Fesselung ihrer Beine oder Füße;
- Durchtrennen des Rückenmarks, zum Beispiel mithilfe einer Puntilla oder eines Dolchs;
- der Einsatz elektrischen Stroms zur Immobilisation, der das Tier nicht unter kontrollierten Gegebenheiten betäubt oder tötet, insbesondere der Einsatz elektrischen Stroms, der nicht das gesamte Gehirn durchfließt, weil auf diese Weise lediglich eine Lähmung erzeugt wird.

Der Schlachthofbetreiber ist dazu verpflichtet, Standardarbeitsanweisungen für alle Tätigkeiten im Zusammenhang mit der Tötung von Tieren, also von der Anlieferung bis zum Tod, zu erstellen, wobei auch auf Vorlagen zurückgegriffen werden kann. Die Standardarbeitsanweisungen müssen im Bedarfsfall der Behörde vorgelegt werden.

### 3.3.5 Betäubungs- und Tötungsverfahren

Jeder, der ein Tier schlachtet oder tötet, hat bei jedem Tier sicherzustellen, dass es ausreichend tief und bis zum Tod anhaltend betäubt ist. In der Regel wird dies durch eine optische Kontrolle gewährleistet. Die bei der Betäubung bzw. dem Anschlingen und Entbluten beteiligten Personen müssen auf Anzeichen einer unzureichenden Betäubung bzw. einer Wiederkehr des Wahrnehmungsvermögens (gerichtete Augenbewegungen, Atmung u. Ä.) achten.

Mit dieser Zielsetzung dürfen nur Verfahren verwendet werden, die nach der EU-Verordnung i. V. mit der TierSchlV erlaubt sind. An eine Betäubung, die nicht selbst sofort zum Tod führt, muss sich so rasch wie möglich ein Verfahren anschließen, das den Tod herbeiführt (z. B. Entblutung, Rückenmarkszerstörung, Töten durch elektrischen Strom). Betäubungsverfahren, die mit einem Tötungsverfahren kombiniert werden müssen, sind in Anhang I der Verordnung (EG) Nr. 1099/2009 als sog. einfache Betäubung gekennzeichnet. Für alle Methoden ist festgelegt, bei welchen Tierarten und unter welchen Bedingungen einschließlich Schlüsselparametern sie stattfinden müssen.

So gilt bspw. der penetrierende Bolzenschuss als einfache Betäubungsmethode, die im Grundsatz bei allen Tierarten außer Pelztieren eingesetzt werden darf, aber mit einer Tötungsmethode wie Entbluten oder Zerstörung des Rückenmarks kombiniert werden muss. Für Schweine und Gatterwild wird der penetrierende Bolzenschuss zudem auf bestimmte Not- und Sonderfälle beschränkt.

Der nicht penetrierende Bolzenschuss ist abweichend von der EU-Verordnung in Deutschland nur bei Geflügel und Kaninchen als Betäubungsmethode zulässig.

Detaillierte Vorgaben zu Mindeststromstärken und Mindeststromflusszeiten liegen für die Elektrobetäubung durch Kopf- oder Ganzkörperdurchströmung für die unterschiedlichsten Tierarten vor. Elektrobetäubung spielt insbesondere bei der Schweine- und Geflügelschlachtung (Wasserbad) eine große Rolle. Beim Schwein wird dabei die Kopfdurchströmung, die zur Empfindungs- und Wahrnehmungslosigkeit führt, häufig mithilfe einer Herzelektrode dahingehend erweitert, dass zusätzlich Herzkammerflimmern ausgelöst wird, um die Betäubung irreversibel zu machen und ein Wiedererwachen auszuschließen.
Analoge Bestimmungen (Gaskonzentrationen, Einwirkzeiten, maximale Zeitdauer bis Eintritt in die notwendige Gaskonzentration) existieren auch für die nicht unumstrittene Betäubung und ggf. Tötung durch $CO_2$.
Aufgrund der nationalen Vorgaben in der TierSchlV ist der Genickbruch ohne vorherige Betäubung nicht zulässig, auch wenn die EU-Verordnung dies bei Geflügel bis zu einem Lebendgewicht von 5 kg einräumt. Die Kombination von Betäubung (z. B. Kopfschlag) und Genickbruch darf außerdem nur außerhalb von Schlachthöfen im Falle von Nottötungen angewendet werden.
Ebenfalls nicht erlaubt ist es, Einhufer, Küken, Gatterwild und Pelztiere elektrisch zu betäuben. Abweichungen von den vorgeschriebenen Methoden und den dazugehörigen Bedingungen sind lediglich im Rahmen der Erprobung von Verfahren, bei Bestandsräumungen oder bei rituellen Schlachtungen auf der Grundlage einer zeitlich befristeten Genehmigung durch die zuständige Behörde möglich (§ 13 TierSchlV).
An die genannten Betäubungsmethoden schließt sich beim Schlachten der Blutentzug als Methode an, mit der der Tod der Tiere herbeigeführt wird. Dabei sind ebenfalls Regeln zu beachten. Beim Entbluten werden systematisch beide Halsschlagadern bzw. die entsprechenden Hauptblutgefäße geöffnet. Dabei muss ein sofortiger starker Blutverlust gewährleistet und kontrollierbar sein, weshalb der sog. Bruststich dem Halsschnitt vorzuziehen ist.
Von großer Bedeutung ist, dass die zulässige Höchstdauer zwischen Betäuben und Entblutungsschnitt nicht überschritten wird. Andernfalls steigt das Risiko, dass die Tiere nicht bis zu ihrem Tod ausreichend tief betäubt, also in einem Zustand der Wahrnehmungs- und Empfindungslosigkeit, sind. Abweichungen von diesen Zeitvorgaben sind nur im begründeten Einzelfall mit behördlicher Genehmigung möglich, wenn nachgewiesen wird, dass die Tiere bis zu ihrem Tod ausreichend betäubt bleiben.

| **Betäubungsverfahren** | **Sekunden (Höchstdauer zwischen Betäuben und Entblutungsschnitt)** |
|---|---|
| **Bolzenschuss** bei | |
| Rindern | 60 |
| Schafen und Ziegen in den Hinterkopf | 15 |
| anderen Tieren oder anderen Schusspositionen | 20 |
| **Elektrobetäubung** warmblütiger Tiere | 10 bei Liegendentblutung;<br>20 bei Entblutung im Hängen |
| **Kohlendioxidbetäubung** (einfache Betäubungsverfahren) | 20 nach Verlassen der Betäubungsanlage;<br>30 nach dem letzten Halt in der $CO_2$-Atmosphäre |

Außerdem muss laut EU-Vorgabe die Person, die die Betäubung, das Einhängen, das Hochziehen und das Entbluten von Tieren ausführt, die betreffenden Tätigkeiten erst an ein und demselben Tier vollständig durchgeführt haben, bevor sie damit an einem anderen Tier beginnt. Ein weiteres Zurichten oder Brühen darf erst erfolgen, nachdem überprüft wurde, dass keine Lebenszeichen des Tieres mehr festzustellen sind, das Tier also tatsächlich tot ist.
In manchen Fällen wird die Betäubung nicht im Zusammenhang mit dem Schlachten eingesetzt, sondern ist der einleitende Schritt zur Tötung. In solchen Fällen muss an die Betäubung ein Tötungsverfahren (bspw. Entblutung, falls keine Hygiene- und Ansteckungsrisiken dagegensprechen oder Zerstörung des Rückenmarks) angeschlossen werden. Alternativ dazu kann das Betäubungsverfahren zum Tötungsverfahren erweitert werden.
Soll z. B. $CO_2$ zum Töten von Tieren – bei Bestandsräumungen oder anderen Zielsetzungen – eingesetzt werden, dann ist dies nur für Puten, Perlhühner, Tauben und Wachteln einschließlich Küken erlaubt. Die Tiere müssen dazu in eine Gasatmosphäre mit einer $CO_2$-Konzentration von mindestens 80 Volumenprozent eingebracht werden und darin bis zum Eintritt ihres Todes, mindestens jedoch 10 Minuten, verbleiben. Vor dem Einbringen der Tiere muss die Gaskonzentration überprüft werden. Lebende Tiere dürfen nicht übereinander gestapelt werden.
Für das Töten von Rindern ohne Blutentzug muss im Anschluss an die elektrische Betäubung nach Umsetzen der Betäubungszange eine mindestens acht Sekunden andauernde elektrische Herzdurchströmung stattfinden, die letztlich einen Herzstillstand hervorruft.

### 3.3.6 Fische und Krebstiere

Obwohl die EU nahezu keine Vorgaben für das Schlachten und Töten von Fischen oder Krebstieren macht, hat der nationale Verordnungsgeber die schon zuvor geltenden Bestimmungen aus der TierSchlV in die überarbeitete Version übernommen. Neben Vorgaben zum Schlachten und Töten ent-

hält die TierSchlV für die Tiergruppen Fische und Krebstiere auch Vorgaben zu deren Aufbewahrung (Hälterung). Als Hälterung wird eine Haltung ohne Fütterung über einen begrenzten Zeitraum bezeichnet. Für Fische müssen bspw. Behälter eingeplant werden, die ausreichende Bewegungsmöglichkeiten, Wasseraustausch und Sauerstoffzufuhr gestatten. Fische müssen u. a. morgens und abends kontrolliert werden und dürfen nicht lebend an den Endverbraucher abgegeben werden.
Auch für Fische gilt die grundsätzliche Betäubungspflicht vor dem Schlachten oder Töten mit wenigen Ausnahmen bei Plattfischen und Aalen. Die TierSchlV zeigt vier zulässige Betäubungsmethoden auf; dazu gehören die Elektrobetäubung und der stumpfe Schlag auf den Kopf.
Für die Hälterung lebender Krebstiere (Hummer u. Ä.) verlangt die TierSchlV explizit, dass sie nicht auf Eis aufbewahrt werden dürfen. Sie dürfen nur im Wasser oder nur vorübergehend auf einer feuchten Unterlage aufbewahrt werden. Da auch für die Hälterung die §§ 1 und 2 TierSchG gelten, kann zudem verlangt werden, dass für Hummer zumindest beschattete Bereiche im Becken eingerichtet werden. Weitere Hinweise finden sich in einem Merkblatt der AG Tierschutz der LAV aus dem Jahr 2013.
Krebstiere, Schnecken und Muscheln dürfen nur in stark kochendem Wasser getötet werden, das sie vollständig bedecken und nach ihrer Zugabe weiterhin stark kochen muss. Nur wenige spezifische Abweichungen von dieser Methode sind nach der TierSchlV zulässig.

### 3.3.7 Schlachten im Herkunftsbestand und Hausschlachtung

**Schlachtungen im Herkunftsbestand** unterscheiden sich von Hausschlachtungen dadurch, dass trotz Ausnahme vom Schlachthofzwang das gewonnene Fleisch der Tiere an Dritte vermarktet werden soll. Bei den Schlachtungen im Herkunftsbestand spielen derzeit zwei Konstellationen eine Rolle. Zum einen handelt es sich um die Betäubung von Rindern durch Kugelschuss mit anschließendem Töten durch Blutentzug. Zulässig ist diese Betäubungsmethode laut TierSchlV, wenn es sich um Rinder handelt, die ganzjährig auf der Weide gehalten werden. Auch bei Rindern, die so gehalten werden, darf es sich nach dem Lebensmittelhygienerecht nur um Einzeltiere handeln, wenn die Schlachtung im Herkunftsbestand durchgeführt werden soll. Außerdem muss sowohl für den Kugelschuss als auch für die Schlachtung im Bestand eine behördliche Genehmigung eingeholt werden.
Eine weitere Konstellation, bei der Tiere, die allerdings nicht ganzjährig auf der Weide gehalten werden, durch Bolzenschussbetäubung und anschließendem Blutentzug im Herkunftsbetrieb geschlachtet werden sollen, kollidiert zwar nicht mit den tierschutzrechtlichen Bestimmungen. Diese zweite Variante scheitert vielmehr derzeit an den genannten Vorgaben des Lebensmittelhygienerechts (Einzeltiere, ganzjährige Weidehaltung, Ausnahmegenehmigung).

Als **Hausschlachtung** wird das Schlachten außerhalb eines Schlachthofes bezeichnet, soweit das Fleisch ausschließlich im eigenen Haushalt des Besitzers für den privaten häuslichen Verbrauch gewonnen und verwendet werden soll. Für Hausschlachtungen bestehen keine Ausnahmen vom Betäubungszwang mehr (**1.3**). Es müssen also dieselben Verfahren zum Betäuben und Schlachten eingesetzt werden wie bei Schlachtungen im Schlachthof. Die EU-Verordnung nimmt zwar Geflügel, Kaninchen und Hasen, die von ihrem Besitzer außerhalb eines Schlachthofs für den privaten häuslichen Verbrauch geschlachtet werden von ihrem Geltungsbereich aus; die TierSchlV räumt diesen Schlachtungen jedoch keine Sonderstellung ein. Sonderregelungen für Hausschlachtungen nach der TierSchlV bestehen lediglich beim Spektrum der Betäubungs- und Tötungsmethoden. So darf bspw. bei Hausschlachtungen der Bolzenschussapparat mit behördlicher Genehmigung zur Betäubung von Schweinen eingesetzt werden, was eine der wenigen Ausnahmen für den Einsatz dieses Verfahrens bei Schweinen ist.

### 3.3.8 Schächten

Als Schächten wird das betäubungslose Schlachten nach den rituellen Regeln einer Glaubensgemeinschaft bezeichnet. Es wird häufig im Zusammenhang mit dem muslimischen Ibrahims- oder Opferfest thematisiert und angestrebt.

Das Schächten stellt unter bestimmten Bedingungen eine der drei Ausnahmen vom Betäubungszwang beim Schlachten dar. Für das Schächten wird eine Ausnahmegenehmigung nach § 4a Abs. 2 TierSchG durch die Tierschutzbehörde benötigt.

Das BVerfG hat in seinem Urteil aus dem Jahr 2002 zwar festgestellt, dass muslimischen Metzgern unter bestimmten Voraussetzungen das betäubungslose Schlachten wieder erlaubt werden kann. Das Gericht hat aber gleichzeitig unterstrichen, dass die Genehmigung an Auflagen und Bedingungen zu knüpfen sei, die die Einhaltung von Vorschriften zum Schutz der Tiere vor der Schlachtung oder anderer Anforderungen sicherstellen, die nach deutschem Recht an derartige Schlachtstätten zu stellen seien. Ausnahmegenehmigungen können außerdem vom Grundsatz her nicht generell erteilt werden, sondern müssen sich auf einen konkreten Zusammenhang (Termin, Abnehmerkreis etc.) beziehen. Voraussetzungen für eine solche Ausnahmegenehmigung, die immer wieder im Zusammenhang mit dem o. g. Fest beantragt wird, sind mindestens:

- Sachkundenachweise nach § 4 TierSchlV für alle Personen wie in 3.3.2 dargestellt (nicht nur für die Person, die die Schlachtung durchführt)
- Belege dafür, dass der für die rituelle Schlachtung vorgesehene Schlachthof die erforderlichen Bedingungen erfüllt (Kapazität; Sicherstellung der Hygiene- und tierschutzrelevanten Bedingungen trotz Besucherandrangs;

geeignete und tierschonende Fixierungsmöglichkeiten für die Tiere, die gleichzeitig einen optimalen Schächtschnitt ermöglichen; Nachbetäubungsmöglichkeit für fehlerhaft geschnittene Tiere)
- Nachweis für die Abnehmer des Fleisches, dass sie einer Religionsgemeinschaft angehören, die das Schächten zwingend vorschreibt bzw. den Verzehr von Fleisch nicht geschächteter Tiere untersagt.

Ob es tatsächlich solche zwingenden Vorschriften für das Schächten in islamischen Religionsgemeinschaften gibt, wird immer wieder begründet bezweifelt. Für das Judentum wird deren Existenz dagegen bejaht.
Bemerkenswert ist, dass die EU-Verordnung die Sonderregelungen hinsichtlich der Betäubung daran knüpft, dass die rituelle Schlachtung in einem Schlachthof stattfinden muss (Art. 4 Abs. 4). Betäubungsloses Schlachten als Hausschlachtung darf es demzufolge nicht geben.
Als erstrebenswert wird erachtet, rituelle Schlachtungen – sei es im Zusammenhang mit dem Opferfest oder darüber hinaus – möglichst immer mit zulässigen Betäubungsverfahren, ggf. unter Nutzung einer speziell für diesen Zweck vorgesehenen Ausnahmegenehmigung für Elektrokurzzeitbetäubungen (§ 13 TierSchlV), zu verbinden. Gerade die Elektro- und die Elektrokurzzeitbetäubung wird von vielen Muslimen akzeptiert, wenn verdeutlicht wurde, dass die Tiere nach solchen Betäubungen tatsächlich unversehrt aufwachen.
Außerdem wäre es angemessen, im Falle des tatsächlich betäubungslosen Schlachtens die Möglichkeit des Post-cut Stunnings, also der sofortigen Betäubung **nach** dem rituellen Schnitt stärker einzufordern, um zumindest die Belastungen der Tiere durch Wundschmerz, Aufstehversuche u. Ä. zu minimieren.

### 3.3.9 Bestandsräumungen

Bei Bestandsräumungen müssen ebenfalls die Vorgaben der Verordnung (EG) Nr. 1099/2009 eingehalten werden. Die von der EU vorgesehenen Aktionspläne, die vor Beginn einer Bestandsräumung erstellt sein müssen, liegen in den Bundesländern in der Regel im Rahmen von Tierseuchenbekämpfungshandbüchern oder ähnlichen zentral vorbereiteten Dokumenten vor. Von den Vorgaben der Verordnung darf nur abgewichen werden, wenn es dafür triftige Gründe im Hinblick auf die menschliche Gesundheit oder die Tilgung der jeweiligen Tierkrankheit gibt.

### 3.3.10 Nottötungen und Notschlachtungen

Als **Nottötung** bezeichnet die EU-Verordnung die Tötung von verletzten Tieren oder Tieren mit einer Krankheit, die große Schmerzen oder Leiden verursacht, wenn es keine andere praktikable Möglichkeit gibt, diese Schmerzen oder Leiden zu lindern. Die Nottötung steht demnach nicht zwingend mit einem Unglücksfall in Verbindung und kann wiederholt oder regelmäßig auftreten. Bei Nottötungen müssen – außer bei gleichzeitig auftretenden Notsituationen – alle rechtlichen Vorgaben zur Betäubung und Tötung von Tieren eingehalten werden (**3.3.5**).

Entgegen der lange geübten Praxis bedeutet dies, dass auch lebensschwache, moribunde oder verkrüppelte Ferkel, bei denen keine Aussicht auf Besserung besteht, nur nach vorschriftgemäßer Betäubung getötet werden dürfen. Betäubungsloses Töten durch Aufschlagen auf den Boden, gegen die Wand oder eine Buchtenkante ist unzulässig. Dasselbe gilt für moribundes Geflügel, bei dem über lange Zeit ohne vorherige Betäubung die Tötung durchgeführt wurde, indem mit einer Zange das Rückenmark kopfnah durch Auseinanderschieben der Wirbel zerstört wurde (zervikale Exartikulation, Genickbruch). Korrekt ist dagegen, wenn bei Geflügel bis 5 kg Lebendgewicht der Genickbruch mit einem vorherigen Kopfschlag als Betäubung kombiniert wird. Bei schwererem Geflügel sind weder der stumpfe Schlag auf den Kopf als Betäubungs- noch der Genickbruch als Tötungsmethode zulässig. In solchen Fällen von Nottötungen, die am häufigsten bei Puten auftreten, müssen bspw. der Bolzenschuss zur Betäubung mit anschließender Entblutung zur Tötung kombiniert werden. Auch bei der Nottötung anderer Tiere dürfen nur die Methoden eingesetzt werden, die nach der TierSchlV erlaubt sind.

Für die Nottötung von Ferkeln, aber auch Lämmern, Hasenartigen und Geflügel bedeutet dies, dass ein stumpfer Schlag auf den Kopf zur Betäubung nur bis zu einem Lebendgewicht von 5 Kilogramm in den Einzelfällen durchgeführt werden darf, in denen keine anderen Betäubungsverfahren zur Verfügung stehen und bei denen das Betäuben und Entbluten durch dieselbe Person vorgenommen wird. Die Tötung muss in diesen Fällen unmittelbar anschließend durch Entbluten erfolgen.

Bei schwereren Tieren muss auf andere Betäubungsverfahren zurückgegriffen werden, die dann aber auch bspw. mit einer Rückenmarkszerstörung als Tötungsmethode verbunden werden kann.

Anders als bei den Nottötungen wird der Betäubungszwang nach den §§ 4 und 4a TierSchG (**1.3**) für den Fall der **Notschlachtung** aufgehoben. Notschlachtung ist das Töten eines verunglückten Tieres durch Blutentzug ohne vorherige Betäubung, wobei weiterhin die Nutzung als Nahrungsmittel angestrebt wird. Auf die Betäubung darf allerdings nur verzichtet werden, wenn das Tier mit dem Betäubungsgerät nur äußerst schwer erreicht werden kann oder Gefahren für die Handelnden entstehen. Der Verzicht auf die Betäubung ist auch zulässig, wenn damit die Belastung für das verunglückte Tier verringert wird, z. B. wegen der verlängerten Leidenszeit bis zum Eintreffen eines Betäubungsgerätes oder einer Schusswaffe. Unverzichtbar ist bei der Notschlachtung allerdings die amtliche Lebenduntersuchung des Tieres nach den Vorgaben des EU-Lebensmittelhygienepakets. In entsprechenden Situationen wird manchmal aus der gedachten Notschlachtung eine faktische Nottötung unter den Bedingungen einer Notsituation (Tiertötungen nach Verkehrsunfall o. Ä., wobei nur ausnahmsweise und situationsbedingt wie geschildert (**1.3.**) auf die Betäubung verzichtet werden kann).

### 3.3.11 Rechtsfolgen bei Verstößen

Die Ahndungsmöglichkeiten für Verstöße gegen die EU-Verordnung oder die darüber hinausgehenden nationalen Regelungen werden in § 16 TierSchlV aufgelistet. Mit einem Bußgeld bis zu 25.000 Euro muss rechnen, wer bspw. ein elektrisches Treibgerät anders als erlaubt einsetzt, die Handhabung und Pflege von Tieren vor ihrer Ruhigstellung von einer Person durchführen lässt, die nicht über den erforderlichen Sachkundenachweis verfügt, oder laktierendes Milchvieh nicht rechtzeitig melken lässt.
Andere Ordnungswidrigkeiten beziehen sich auf die Durchführung der Betäubung und weiterer Arbeitsschritte oder auf bauliche und technische Mängel. Für viele Verstöße ist nur eine Ahndung mit Bußgeldern bis 5.000 Euro vorgesehen. Es muss allerdings beachtet werden, dass bei schwerwiegenden, wiederholten oder länger anhaltenden Verstößen im Bereich der Betäubung und Tötung ggf. auch eine Ahndung als Straftat i. S. von § 17 TierSchG in Betracht kommen kann.

## 3.4 Versuche an Tieren

Neben den Bedingungen, die Tierversuche überhaupt erst zulässig machen, und ihrer Genehmigungs- bzw. Anzeigepflicht (**1.5**) sowie den Anforderungen an die Haltungsbedingungen von Versuchstieren (**2.9**), müssen im Zusammenhang mit Tierversuchen weitere Vorgaben erfüllt werden. Sie werden, basierend auf mehreren Ermächtigungen im fünften Abschnitt des TierSchG, im Wesentlichen in der TierSchVersV, aber u. a. auch in der VersTierMeldeV festgelegt. Die Regelungen in den Verordnungen dienen der Konkretisierung der gesetzlichen Vorgaben und setzen außerdem europäische Normen – v. a. die Richtlinie 2010/63/EU – in nationales Recht um.
Die begründete Annahme, dass die Regelungen der TierSchVersV eingehalten werden, ist nach § 8 TierSchG zudem eine der Genehmigungsvoraussetzungen für Tierversuche.

### 3.4.1 Versuchstierhaltende Einrichtungen

Nach § 11 Abs. 1 Nr. 1 TierSchG ist das Züchten und Halten von Wirbeltieren und Kopffüßern für Versuchszwecke erlaubnispflichtig. Einzelheiten zu dieser Erlaubnis, die die gesetzlichen Regelungen ergänzen, sind in den §§ 11 bis 13 der TierSchVersV festgehalten. In Einrichtungen, die Versuchstiere halten, müssen jedoch darüber hinaus weitere Anforderungen nach der TierSchVersV eingehalten werden. So muss bspw. der Leiter der Einrichtung oder der Verantwortliche i. S. von § 11, der häufig als Tierhausleiter bezeichnet wird, sicherstellen, dass nicht nur die Haltungsbedingungen nach Anhang III der EU-Richtlinie bzw. nach Anhang A des Europäischen Übereinkommens zum Schutz der für Versuche und andere wissenschaftliche Zwecke verwendeten Wirbeltiere aus dem Jahr 1986 (**2.9**) eingehalten werden. Er muss darüber hinaus gewährleisten, dass die Tiere täglich durch direkte Inaugenscheinnahme überprüft, die Funktionsfähigkeit der Anlagen in geeigneter Weise geprüft, die Tiere bei der Beförderung keinen vermeidbaren Belastungen ausgesetzt und dass Mängel unverzüglich abgestellt werden. Abweichungen von den Haltungsbedingungen müssen von der zuständigen Behörde genehmigt werden.

Alle Einrichtungen und Betriebe i. S. von § 10 TierSchG, also auch diejenigen, bei denen bestimmte Eingriffe an Tieren zu nicht-wissenschaftlichen Zwecken durchgeführt werden, müssen darüber hinaus eine oder mehrere Personen bestellen, die die Tierpflege beaufsichtigen. Diese bestellten Personen müssen u. a. auch dafür sorgen, dass nur sachkundige Personen Tiere pflegen bzw. töten oder Tierversuche planen und durchführen. Alle diese Einrichtungen und Betriebe müssen mindestens einen Tierschutzbeauftragten bestellen, dessen Qualifikation und Tätigkeiten in § 5 TierSchVersV festgelegt sind, und einen Tierschutzausschuss nach § 6 dieser Verordnung einrichten.

Die Bestellung des **Tierschutzbeauftragten** muss der zuständigen Behörde mitgeteilt, also angezeigt werden. In der Anzeige müssen neben der Qualifikation auch die Stellung und die Befugnisse des Tierschutzbeauftragten angegeben werden. Der Tierschutzbeauftragte darf grundsätzlich nicht zugleich die für das Züchten oder Halten der Tiere verantwortliche Person im Sinne des § 11 Abs. 1 Satz 1 Nr. 1 TierSchG sein. Zum Tierschutzbeauftragten können dem Grundsatz nach nur Personen mit abgeschlossenem Hochschulstudium der Veterinärmedizin bestellt werden. Sie müssen für ihre Aufgaben qualifiziert sein und sich regelmäßig fortbilden. Führt ein Tierschutzbeauftragter selbst ein Versuchsvorhaben durch, muss für dieses Versuchsvorhaben ein anderer Tierschutzbeauftragter tätig sein.

Der Tierschutzbeauftragte ist verpflichtet, auf die Einhaltung von Vorschriften, Bedingungen und Auflagen im Interesse des Tierschutzes zu achten und die Einrichtung, den Betrieb und die Tierpfleger zu beraten. Er muss darüber hinaus zu jedem Antrag auf Genehmigung eines Versuchsvorhabens Stellung nehmen und diese Stellungnahme der zuständigen Behörde auf Verlangen vorlegen. Innerbetrieblich muss er auf die Erfüllung der 3 R hinwirken und die mit der Durchführung von Tierversuchen befassten Personen insbesondere im Hinblick auf methodische Alternativen informieren. Der Tierschutzbeauftragte ist bei der Erfüllung seiner Aufgaben weisungsfrei und muss von der Einrichtung oder dem Betrieb bei der Aufgabenerfüllung unterstützt werden. Er darf wegen der Erfüllung seiner Aufgaben nicht

benachteiligt werden. Die einschränkungsfreie Tätigkeit des Tierschutzbeauftragten gehört nach § 8 TierSchG zu den Genehmigungsvoraussetzungen für Tierversuche.
Der **Tierschutzausschuss** wird vom Tierschutzbeauftragten geleitet und hat insbesondere folgende Aufgaben: Er soll die Tierschutzbeauftragten bei der Erfüllung ihrer Aufgaben unterstützen und an der Festlegung interner Arbeitsabläufe mitwirken. Neben weiteren Aufgaben soll der Tierschutzausschuss bei Programmen beraten, die unter verschiedenen Bedingungen den Verbleib von Tieren nach dem experimentellen Einsatz zum Inhalt haben.
Die Einrichtungen und Betriebe müssen schließlich weitere Vorgaben zu den Aufzeichnungspflichten und zur Tierkennzeichnung beachten, die in den §§ 7 bis 9 und in § 29 TierSchVersV dargestellt sind.

### 3.4.2 Sachkunde

Im Zusammenhang mit der Zucht, Haltung und Verwendung von Versuchstieren sind unterschiedliche Qualifikationen erforderlich.
Die nach § 11 TierSchG verantwortliche Person für die Zucht und Haltung von Versuchstieren muss ihre Qualifikation und Zuverlässigkeit im Rahmen dieses Genehmigungsverfahrens darlegen.
Die Kenntnisse und Fähigkeiten, die für die Pflege oder das Töten von Versuchstieren erforderlich sind, ergeben sich dagegen aus den Anforderungskatalogen in Anlage 1 der TierSchVersV. Der Tierhausleiter muss sicherstellen, dass nur entsprechend qualifizierte Personen für beide Tätigkeiten eingesetzt werden und dass sie regelmäßig fortgebildet werden.
Die Kenntnisse und Fähigkeiten, die für die Planung und Durchführung von Tierversuchen verlangt werden, sind ebenfalls in der genannten Anlage festgehalten.
Außerdem wird in § 16 TierSchVersV geregelt, dass über die in der Anlage beschriebene Qualifikation hinaus Tierversuche mit wenigen Ausnahmen nur von Personen mit abgeschlossenem Hochschulstudium der Veterinärmedizin, der Medizin oder der Zahnmedizin oder von Personen mit abgeschlossenem naturwissenschaftlichen Hochschulstudium, sofern sie nachweislich die erforderlichen Kenntnisse und Fähigkeiten haben, durchgeführt werden dürfen. Als dritte Gruppe kommen Personen für die Durchführung von Tierversuchen in Betracht, die nachweislich im Rahmen einer abgeschlossenen Berufsausbildung die erforderlichen Kenntnisse und Fähigkeiten erworben haben.
Bei Tierversuchen mit operativen Eingriffen an Wirbeltieren wird der Kreis der Durchführenden noch weiter eingeschränkt. Nach der AVV gelten als operative Eingriffe alle instrumentellen Einwirkungen, bei denen die Haut oder darunter liegendes Gewebe eines lebenden Tieres mehr als punktförmig durchtrennt werden.

Für den Nachweis, dass die für die eigentliche Versuchsdurchführung notwendigen Kenntnisse und Fähigkeiten vorliegen, kann durch die Behörde auch die Teilnahme an einschlägigen versuchstierkundlichen Kursen verlangt werden.
Für das Betäuben von Wirbeltieren in Tierversuchen gilt der in § 5 TierSchG formulierte Tierarztvorbehalt nicht. Wer Wirbeltiere in Tierversuchen betäubt, muss allerdings mit Ausnahme der Versuche zur Aus-, Fort- und Weiterbildung dieselbe Qualifikation wie für die Durchführung von Versuchen nachweisen können.

### 3.4.3 Töten von Versuchstieren, Betäubung und Schmerzlinderung

Sollen Wirbeltiere und Kopffüßer im Rahmen eines Tierversuchs oder zur Organentnahme getötet werden, dann muss dies – von wenigen Ausnahmen abgesehen – innerhalb der zugelassenen Einrichtung durch eine spezifisch sachkundige Person und nur unter Verwendung von Methoden durchgeführt werden, die in der Anlage 2 der TierSchVersV aufgeführt ist. Es muss dabei immer diejenige zulässige Methode verwendet werden, die für das Tier die geringste Belastung bedeutet und mit dem Versuchszweck vereinbar ist.
Im Sinne der 3 R gilt bei Tierversuchen laut § 17 TierSchVersV folgender Grundsatz, der auch die Einhaltung des unerlässlichen Maßes nach § 7a Abs. 2 Nr. 4 TierSchG konkretisiert: *Bei der Durchführung von Versuchen an Wirbeltieren und Kopffüßern ist durch Anwendung schmerzlindernder Mittel oder Verfahren sicherzustellen, dass Schmerzen und Leiden bei dem verwendeten Tier auf das geringstmögliche Maß vermindert werden.*
Versuche an Wirbeltieren oder Kopffüßern dürfen nur unter Narkose oder lokaler Schmerzausschaltung (Betäubung) durchgeführt werden. Satz 1 gilt nicht, wenn (1.) die für das jeweilige Tier mit der Durchführung des Versuchs verbundenen Schmerzen geringfügiger als die mit einer Betäubung verbundenen Schmerzen und Leiden sind oder (2.) der Zweck des Versuchs eine Betäubung ausschließt und der Versuch bei dem jeweiligen Tier nicht zu schweren Verletzungen führt.
Außerdem stellt die TierSchVersV klar: *Ist bei einem betäubten Wirbeltier oder Kopffüßer damit zu rechnen, dass mit Abklingen der Betäubung Schmerzen auftreten, so muss das Tier rechtzeitig mit schmerzlindernden Mitteln oder Verfahren behandelt werden. Dies gilt, soweit ethisch vertretbar, nicht, wenn wissenschaftlich begründet dargelegt wird, dass die Behandlung mit schmerzlindernden Mitteln oder Verfahren mit dem Zweck des Tierversuchs unvereinbar ist. Bei einem nicht betäubten Wirbeltier oder Kopffüßer dürfen keine Mittel angewandt werden, durch die das Äußern von Schmerzen verhindert oder beeinträchtigt wird.* Ein Beispiel für solche unzulässigen Mittel wären Muskelrelaxantien.

### 3.4.4 Herkunft der Versuchstiere und Verwendung bestimmter Tierarten

Grundsätzlich dürfen in Tierversuchen nur Wirbeltiere und Kopffüßer verwendet werden, wenn sie für einen solchen Zweck gezüchtet worden sind. Die zuständige Behörde kann, soweit es mit dem Schutz der Tiere vereinbar ist, Ausnahmen hiervon genehmigen, wenn wissenschaftlich begründet dargelegt ist, dass die Verwendung von anderen Tieren erforderlich ist. Der Grundsatz des speziell für Versuchszwecke gezüchteten Tieres gilt außerdem nicht für die Verwendung von Pferden, Rindern, Schweinen, Schafen, Ziegen, Hühnern, Tauben, Puten, Enten, Gänsen oder Fischen, abgesehen von Zebrabärblingen, die wiederum aus Versuchstierzuchten stammen müssen.

**Wildfänge und Streunertiere** dürfen nur unter speziellen restriktiven Bedingungen für einen Tierversuch eingesetzt werden (§§ 20 und 21 TierSchVersV).

Von größerer praktischer Bedeutung und durchaus umstritten ist die **Wiederverwendung** von Tieren in Tierversuchen. Sie ist nach § 18 der nationalen Verordnung unter bestimmten Voraussetzungen und in Abhängigkeit vom Schweregrad des Vorhabens zulässig. Das Tier darf weder aus einem Versuch stammen noch in ein Vorhaben überführt werden, dass nach Anhang VII der EU-Versuchstierrichtlinie als „schwer" einzustufen ist. Ausnahmen von dieser Regelung sind allerdings möglich.

Die TierSchVersV formuliert zwar wie die EU-Richtlinie 2010/63/EU den Grundsatz, dass **Primaten** nicht in Tierversuchen verwendet werden dürfen, lässt aber in § 23 ebenfalls die Ausnahmen nach Art. 8 der Richtlinie zu. Gestützt auf die Schutzklauseln nach Art. 55 der Richtlinie können Primaten nach § 23 Abs. 3 auch für weitere Zwecke genutzt werden. Selbst der Einsatz von Menschenaffen in Tierversuchen mit bestimmten Zielsetzungen wird nach § 23 Abs. 5 ermöglicht.

### 3.4.5 Genehmigungs- und Anzeigeverfahren für Tierversuche

Die **Genehmigung von Tierversuchen** muss schriftlich beantragt werden. Üblicherweise wird dazu ein Formular der zuständigen Behörde verwendet, das den Tierschutzbeauftragten der Einrichtungen vorliegt. Die TierSchVersV legt fest, welche Inhalte der Antrag abbilden muss (§ 31). Dazu gehört u. a. die wissenschaftlich begründete Darstellung, dass der geplante Tierversuch unerlässlich und ethisch vertretbar ist. Außerdem muss eine Schweregradeinstufung für das Vorhaben vorgenommen werden. Neben den eingeplanten Tierarten und -zahlen müssen die Art und Durchführung des Versuchsvorhabens einschließlich aller Mittel und Methoden sowie der räumlichen, technischen und personellen Voraussetzungen geschildert sein. Dem Genehmigungsantrag wird die sog. nichttechnische Projektzusammen-

fassung beigefügt, deren Inhalte durch § 41 der Verordnung bestimmt werden.
Die Genehmigungsbehörde schickt dem Antragsteller daraufhin eine Empfangsbestätigung und prüft den Antrag auf Vollständigkeit. Der Antrag muss der Kommission nach § 15 TierSchG vorgelegt werden, die so die Möglichkeit erhält, ein beratendes Votum abzugeben. Die Behörde ist dazu verpflichtet, innerhalb von 40 Arbeitstagen ihre Entscheidung zu treffen und dem Antragsteller mitzuteilen, es sei denn, es kommt aufgrund notwendiger Rückfragen an den Antragsteller zu einer Verlängerung dieses Zeitraums. Die frühere Regelung, dass nach Ablauf der maximalen Bearbeitungszeit für einen Genehmigungsantrag die Genehmigung als erteilt zu gelten hatte, besteht allerdings seit der Gesetzesnovellierung 2013 nicht mehr. Die Genehmigung kann höchstens auf fünf Jahre befristet werden. Verlängerungen sind nur möglich, wenn zuvor ein kürzerer Zeitraum genehmigt wurde, der höchstens zwei Mal um bis zu einem Jahr verlängert werden kann, solange die Gesamtdauer von fünf Jahren nicht überschritten wird.
Kommt es zu Änderungen in einem bereits genehmigten Versuchsvorhaben, dann muss bei geringfügigen **Änderungen**, die abschließend in § 34 der Verordnung aufgeführt werden, keine neue Genehmigung beantragt werden. Solche Änderungen und ein Wechsel bei der Versuchsleitung bedürfen allerdings der Anzeige. Bei Änderungsanzeigen besteht eine Prüffrist von zwei Wochen für die Behörde.
Für Versuchsvorhaben, die die Kriterien von § 8a TierSchG erfüllen, besteht eine **Anzeigepflicht**. Welche Inhalte diese schriftliche Mitteilung an die Behörde einschließen muss, richtet sich nach § 36 TierSchVersV. Es handelt sich im Wesentlichen um die gleichen Inhalte wie bei einem Genehmigungsantrag, ergänzt um Angaben zur Rechtsgrundlage für das Vorhaben. Der wesentliche Unterschied zum Genehmigungsverfahren ist, dass mit der Durchführung des Vorhabens zwanzig Arbeitstage (bei Zehnfußkrebsen zwei Wochen) nach Eingang der Anzeige bei der Behörde begonnen werden darf. Sammelanzeigen sind möglich. Die Behörde informiert den Anzeigenden über den Eingang der Anzeige und weist ihn auf die Einhaltung der 20-Tage-Frist hin. In dieser Zeit kann die Behörde die Anzeige der o. g. Kommission vorlegen und Einwände gegen die Abwicklung des angezeigten Vorhabens geltend machen. Danach muss die Behörde damit rechnen, dass das Vorhaben begonnen wurde. Sie kann dann im Bedarfsfall nur noch nach § 16a Abs. 2 TierSchG einschreiten.

### 3.4.6 Schweregradeinstufung von Tierversuchen und rückblickende Bewertung

Ein wesentlicher Bestandteil der Genehmigungsanträge und Anzeigen ist die Schweregradeinstufung des geplanten Vorhabens. Grundlage für die Einstufung ist Art. 15 i.V. mit Anhang VIII der Richtlinie 2010/63/EU. In diesem Artikel heißt es dazu, dass alle Verfahren, also jede invasive oder nichtinvasive Verwendung eines Tieres, im Einzelfall unter Verwendung der in Anhang VIII aufgeführten Zuordnungskriterien als „keine Wiederherstellung der Lebensfunktion", „gering", „mittel" oder „schwer" eingestuft werden muss.

„Keine Wiederherstellung der Lebensfunktion" steht für sog. Terminalversuche, also Verfahren, die gänzlich unter Vollnarkose durchgeführt werden, aus der das Tier nicht mehr erwacht. Unter „gering" werden Verfahren zusammengefasst, bei denen zu erwarten ist, *dass sie bei den Tieren kurzzeitig geringe Schmerzen, Leiden oder Ängste verursachen sowie Verfahren ohne wesentliche Beeinträchtigung des Wohlergehens oder des Allgemeinzustands der Tiere.*

Zur Kategorie „mittel" zählen Verfahren, bei denen zu erwarten ist, dass sie bei den Tieren *kurzzeitig mittelstarke Schmerzen, mittelschwere Leiden oder Ängste oder lang anhaltende geringe Schmerzen verursachen, sowie Verfahren, bei denen zu erwarten ist, dass sie eine mittelschwere Beeinträchtigung des Wohlergehens oder des Allgemeinzustands der Tiere* verursachen. Als „schwer" werden Verfahren eingestuft, bei denen zu erwarten ist, *dass sie bei den Tieren starke Schmerzen, schwere Leiden oder Ängste oder lang anhaltende mittelstarke Schmerzen, mittelschwere Leiden oder Ängste verursachen, sowie Verfahren, bei denen zu erwarten ist, dass sie eine schwere Beeinträchtigung des Wohlergehens oder des Allgemeinzustands der Tiere* verursachen.

Bei der Zuordnung zu der Kategorie des Schweregrades ist nach der EU-Richtlinie jede Intervention oder Manipulation des Tieres im Rahmen eines Vorhabens zu berücksichtigen. Die letztendliche Klassifizierung basiert auf den schwerwiegendsten Auswirkungen, denen ein einzelnes Tier nach Anwendung aller geeigneten Verbesserungstechniken ausgesetzt sein dürfte. Die EU-Richtlinie führt außerdem aus, dass bei der Zuordnung eines Verfahrens zu einer bestimmten Kategorie weitere mit dem Verfahren zusammenhängende Faktoren berücksichtigt werden müssen wie die Art der Manipulation oder Handhabung, die Art des Schmerzes, des Leidens, der Ängste oder des dauerhaften Schadens, die durch das Verfahren sowie dessen Intensität, Dauer und Häufigkeit und die Anwendung mehrerer Techniken verursacht wird, kumulatives Leiden während eines Verfahrens oder die Verhinderung natürlichen Verhaltens. Auch Entwicklungsgrad, Alter und Geschlecht eines Tieres und seine Erfahrung sollen berücksichtigt werden. Eine weitere Konkretisierung zur Vorgehensweise existiert allerdings nicht, was die Einstufung insbesondere bei Versuchsvorhaben erschwert, die sich über einen langen Zeitraum erstrecken und wiederholt Eingriffe bei den Tieren erfordern. In Anhang VIII der Richtlinie werden zwar zahlreiche Beispiele für eine Schweregradeinstufung gegeben, als abschließende Antwort

aus vielen Fragen im Zusammenhang mit der ethischen Abwägung können sie allerdings nicht verstanden werden.
Nach der EU-Richtlinie werden u. a. folgende Verfahren als **gering** belastend eingestuft: die Durchführung einer Narkose mit Ausnahme von Narkosen zum alleinigen Zweck der Tötung; pharmakokinetische Studie, bei der eine einzige Dosis verabreicht wird und eine begrenzte Anzahl von Blutabnahmen durchgeführt wird (insgesamt < 10% des Kreislaufvolumens), wenn nicht zu erwarten ist, dass die Substanz nachweisbare nachteilige Auswirkungen zeigt; nichtinvasive bildgebende Verfahren bei Tieren (z. B. MRI) mit entsprechender Sedierung oder Narkose; oberflächliche Verfahren z. B. Ohr- und Schwanzbiopsien, nichtoperative subkutane Implantation von Minipumpen und Transpondern und viele mehr.
Als „**mittel**" werden u. a. eingestuft: die häufige Verabreichung von Testsubstanzen, die mäßige klinische Wirkung zeigen, sowie Blutabnahmen (> 10% des zirkulierenden Blutvolumens) bei einem Tier bei vollem Bewusstsein innerhalb weniger Tage ohne Volumenersatz; aber auch chirurgische Eingriffe unter Vollnarkose mit angemessenen Schmerzmitteln, die mit postoperativen Schmerzen, Leiden oder Beeinträchtigung des Allgemeinzustands einhergehen einschließlich Thorakotomie (Eröffnung des Brustraums), Kraniotomie (Eröffnung der Schädelhöhle), Laparotomie (Eröffnung der Bauchhöhle), orthopädische Chirurgie mit effektiver Stabilisierung und Wundversorgung, Organtransplantation mit wirksamer Behandlung der Abstoßung, chirurgische Implantation von Kathetern oder biomedizinischen Geräten u. Ä. Auch Bestrahlung oder Chemotherapie mit einer subletalen Dosis oder mit einer sonst tödlichen Dosis, jedoch mit Wiederherstellung des Immunsystems wird als „mittel" klassifiziert.
Als „**schwer**" gelten u. a.: Toxizitätstests, bei denen der Tod der Endpunkt ist oder Todesfälle zu erwarten sind und schwerwiegende pathophysiologische Zustände herbeigeführt werden; Wirksamkeitstests von Impfstoffen, die durch eine dauerhafte Beeinträchtigung des Zustands des Tieres und fortschreitende zum Tode führende Krankheit mit lang andauernden mittelstarken Schmerzen, mittelschweren Ängsten oder Leiden gekennzeichnet sind; Organtransplantation, bei der zu erwarten ist, dass die Abstoßung voraussichtlich zu schweren Ängsten oder Beeinträchtigung des Allgemeinzustands der Tiere führt (z. B. Xenotransplantation), aber auch Elektroschocks, denen das Tier nicht entgehen kann (z. B. um erlernte Hilflosigkeit herbeizuführen); vollständige Isolierung von geselligen Arten, z. B. Hunde und nichtmenschliche Primaten, über längere Zeiträume und Versuche, bei denen Schwimmen oder körperliche Anstrengung erzwungen werden, mit Erschöpfung als Endpunkt.
Die Schweregradeinstufung ist Bestandteil der ethischen Abwägung und wirkt sich außerdem auf die Wiederverwendbarkeit von Tieren (**3.4.4**) und

darauf aus, ob eine rückblickende Bewertung des Versuchsvorhabens durchgeführt werden muss.
Rückblickende Bewertungen des Versuchsvorhabens durch die Behörde sind bei allen Tierversuchen obligatorisch, bei denen Primaten eingesetzt werden oder die den Schweregrad „schwer“ erreichen. Bei besonders belastenden Versuchen i. S. von § 25 Abs. 2 TierSchVersV ist ebenfalls eine rückblickende Bewertung vorgeschrieben. Im Rahmen des Genehmigungsverfahrens kann die Behörde aber auch für andere Vorhaben festlegen, ob und wann eine rückblickende Bewertung vorgenommen werden soll. Die Ergebnisse der rückblickenden Bewertung sind dazu geeignet, in nachfolgende ethische Abwägungen nach § 7a TierSchG einzufließen. Was unter besonders belastenden Versuchen zu verstehen ist, lässt sich folgendermaßen erklären.
In Artikel 15 der EU-Versuchstierrichtlinie heißt es, dass ein Verfahren nicht durchgeführt wird, wenn es starke Schmerzen, schwere Leiden oder schwere Ängste verursacht, *die voraussichtlich lang anhalten und nicht gelindert werden können*. Diese Obergrenze der Belastung bei den Tieren steht allerdings unter dem Vorbehalt der sog. Schutzklauseln in Art. 55, die Mitgliedstaaten eine davon abweichende Regelung gestatten. Auch in diesem Zusammenhang hat Deutschland, ähnlich wie bei den Primaten, von diesem Zugeständnis Gebrauch gemacht. § 25 der TierSchVersV fordert zwar einerseits, dass Tierversuche an Wirbeltieren oder Kopffüßern, die bei den verwendeten Tieren zu voraussichtlich länger anhaltenden oder sich wiederholenden erheblichen Schmerzen oder Leiden führen, nur durchgeführt werden dürfen, *wenn die angestrebten Ergebnisse vermuten lassen, dass sie für wesentliche Bedürfnisse von Mensch oder Tier einschließlich der Lösung wissenschaftlicher Probleme von hervorragender Bedeutung sein werden.* Andererseits wird die Obergrenze für die Belastung der Tiere (erhebliche Belastungen, die länger anhalten und nicht gelindert werden können) im zweiten Absatz dieses Paragraphen zwar benannt, dann aber fußend auf den Schutzklauseln relativiert, wenn *wissenschaftlich begründet dargelegt ist, dass die Durchführung des Tierversuchs wegen der Bedeutung der angestrebten Erkenntnisse unerlässlich ist.*

### 3.4.7 Veröffentlichungs- und Unterrichtungspflichten

Die nichttechnische Projektzusammenfassung, die dem Genehmigungsantrag angefügt werden muss, wird nach den Regelungen in § 41 TierSchVersV von der zuständigen Behörde innerhalb von drei Monaten nach Erteilung einer Tierversuchsgenehmigung dem BfR zum Zwecke der Veröffentlichung übermittelt. Diese Zusammenfassung wird innerhalb von zwölf Monaten nach der Übermittlung durch das Bundesinstitut im Internet veröffentlicht. Mittlerweile können die Zusammenfassungen in der Datenbank AnimalTestInfo beim BfR online eingesehen werden. Dadurch wird der

Zielvorgabe der Richtlinie 2010/63/EU, mehr Transparenz herzustellen, gefolgt.
In den Fällen, in denen in Deutschland eine Tierversuchsgenehmigung erteilt wird, die nur aufgrund der Schutzklauseln möglich wird – also bei den besonders belastenden Versuchen nach § 25 Abs. 2 TierSchVersV, den Experimenten an Menschenaffen nach § 25 Abs. 5 TierSchVersV oder bestimmten Experimenten an anderen Primaten nach § 23 Abs. 3 TierSchVersV – hat die genehmigende Behörde dies nach § 26 der Verordnung dem Bundesministerium unverzüglich mitzuteilen. Die Entscheidung muss ausführlich begründet werden. Das Bundesministerium unterrichtet daraufhin die Europäische Kommission.
Eine weitere Unterrichtungspflicht, die vor der Novellierung des Tierschutzgesetzes 2013 im Gesetz selbst verankert war, besteht nach § 43 TierSchVersV fort. Danach unterrichten die zuständigen Behörden das Bundesministerium über Fälle grundsätzlicher Bedeutung bei der Genehmigung von Versuchsvorhaben, insbesondere über die Fälle, in denen die Genehmigung von Versuchsvorhaben mit der Begründung versagt worden ist, dass die Voraussetzungen des § 7a Abs. 2 Nr. 3 TierSchG nicht erfüllt waren, oder in denen die Kommission nach § 15 TierSchG oder der Tierschutzbeauftragte entsprechende Bedenken erhoben haben.

### 3.4.8 Versuchstierstatistik

Nach der VersTierMeldV muss jeder, der Tierversuche an Wirbeltieren und Kopffüßern durchführt, der zuständigen Behörde Angaben über Art, Herkunft und Zahl der verwendeten Wirbeltiere oder Kopffüßer, Zweck und Art der Tierversuche und den Schweregrad der Tierversuche melden. Die Meldeverpflichtung gilt nach nationalem Recht auch für das Töten von Tieren, um ihre Organe zu wissenschaftlichen Zwecken zu verwenden. Nicht meldepflichtig sind dagegen die Föten von Säugetieren ab dem letzten Drittel der Trächtigkeit.
Für die Meldung nach der VersTierMeldV müssen ein bestimmter Meldebogen und Codes für die Angaben zu den Tierarten, den Versuchszwecken, der Herkunft der Tiere u. Ä. verwendet werden. Die Meldungen sind vollständig und in elektronischer Form für jedes Kalenderjahr bis zum 31. März des folgenden Jahres abzugeben, andernfalls handelt es sich um eine Ordnungswidrigkeit. Von den zuständigen Behörden werden die Daten bis zum 30. Juni an die Bundesregierung weitergegeben, die ihrerseits die EU unterrichtet.
Das Meldeverfahren wurde aufgrund der EU-Richtlinie 2010/63/EU überarbeitet und ist erstmals für die Meldungen des Jahres 2014 zum Tragen gekommen. Mehrere Veränderungen bei den Meldeverpflichtungen dürften dazu führen, dass die Vergleichbarkeit der Zahlen mit früheren Jahren nicht

mehr gegeben ist. Die Änderungen betreffen bspw. die Zucht transgener Tiere und die Erfassung von bestimmten Larvenstadien von Wirbeltieren. Beim Vergleich von Daten zwischen den Mitgliedstaaten der EU muss außerdem berücksichtigt werden, dass die nationale Regelung, nach der auch Tiere erfasst werden, die zur Organentnahme getötet wurden, über die EU-Vorgaben hinausgeht.

## 3.5 Tierhaltung in Tierheimen oder für Dritte

Nachdem bei der Novellierung des Tierschutzgesetzes 2013 im Hinblick auf die Erlaubnispflicht von Tierheimen und tierheimähnlichen Einrichtungen der Aspekt der Haltung „für andere" entfallen ist, zählen inzwischen auch Gnadenhöfe und Auffangstationen zu den erlaubnispflichtigen Einrichtungen i. S. von § 11 TierSchG (**1.7**), auch wenn sie nicht anstreben, die bei ihnen gehaltenen Tiere weiterzuvermitteln. Allen im Folgenden aufgeführten Tierhaltungen ist diese Erlaubnispflicht gemeinsam, weil sie entweder als Tierheim, tierheimartige Einrichtung oder gewerbsmäßige Tierhaltung von Wirbeltieren, die nicht zu den landwirtschaftlich genutzten Tieren gehören, eingestuft werden müssen.

### 3.5.1 Tierheime

Nach der AVV sind Tierheime oder ähnliche Einrichtungen dadurch gekennzeichnet, dass sie auf Dauer angelegt sind und überwiegend der Aufnahme und Pflege von Fund- oder Abgabetieren dienen.
Neben den Grundprinzipien der §§ 1 und 2 TierSchG, die im Hinblick auf viele Tierarten nur durch Empfehlungen und Leitlinien konkretisiert werden, ist für Tierheime insbesondere die TierSchHuV (**2.2**) von großer Bedeutung. Allerdings bietet diese Verordnung gerade für Tierheime Spielraum, indem in § 9 der Verordnung festgestellt wird: Die zuständige Behörde kann von den Vorschriften zur Gruppenhaltung und dem Gemeinschaftsbedürfnis sowie den Zwingergrößen für das vorübergehende Halten von Hunden in Einrichtungen, die Fundhunde oder durch Behörden eingezogene Hunde aufnehmen, befristete Ausnahmen zulassen, wenn sonst die weitere Aufnahme solcher Hunde gefährdet ist.
Um eine rechtskonforme Tierhaltung in Tierheimen zu gewährleisten, empfiehlt es sich, Fachliteratur, ggf. verbandsinterne Leitlinien oder Empfehlungen von Fachverbänden zu berücksichtigen. Darin wird empfohlen, in allen Tierheimen Quarantänemöglichkeiten einzuplanen, tierärztliche Betreuung vertraglich sicherzustellen, Rudeltiere – wo immer möglich – in Gruppen zu halten, Rückzugsmöglichkeiten zu bieten sowie Gehege und Ausläufe gut zu strukturieren. Zudem wird u. a. empfohlen, eine Hygieneordnung zu erarbeiten, um Einschleppungsrisiken zu vermindern.

Auch für Tierheime gilt im Übrigen das Verbot, Tiere an Jugendliche unter 16 Jahren abzugeben, und das Veräußerungsverbot nach § 3 TierSchG für moribunde Tiere.
Die hauptsächlichen rechtlichen – und letztlich finanziellen – Probleme für Tierheime ergeben sich allerdings weniger aus dem Tierschutzrecht als aus den nach wie vor häufig nicht konsequent umgesetzten Kostentragungspflichten der öffentlichen Hand. Die Gemeinden sind als Fundbehörden eindeutig auch für Fundtiere zuständig. Trotzdem wehren sie sich häufig gegen die Regelvermutung, dass ein aufgefundenes Tier als sog. Anscheinsfundsache in ihre Zuständigkeit fällt. Eine Verpflichtung der Tierschutzbehörden, für die Kosten bei der Unterbringung mutmaßlich ausgesetzter Tiere aufzukommen, lässt sich offenbar nicht damit begründen, dass es sich beim Aussetzen um einen Verstoß gegen § 3 TierSchG handelt, für den die Tierschutzbehörden prinzipiell zuständig sind.
Zu beachten ist jedoch, dass manche Tierheime bzw. Tierschutzvereine je nach Art ihrer Tätigkeit inzwischen auch eine Erlaubnis für das Verbringen oder Einführen von Tieren i. S. von § 11 Abs. 1 Nr. 5 TierSchG benötigen. Dies gilt bspw. dann, wenn Streunertiere aus EU-Mitgliedstaaten oder Drittstaaten nach Deutschland gebracht werden, um sie dort gegen eine Schutzgebühr weiterzuvermitteln. Diese Erlaubnispflicht betrifft auch Tierschutzvereine, die Tiere ausschließlich in Pflegestellen unterbringen, die häufig wegen ihres temporären Charakters nicht als tierheimartige Einrichtung betrachtet werden.

### 3.5.2 Gnadenhöfe

Gnadenhöfe unterscheiden sich von Tierheimen dadurch, dass sie sich zumeist auf ältere Tiere verschiedener Tierarten spezialisiert haben, die nicht mehr an andere abgegeben werden sollen. Auch für den Betrieb von Gnadenhöfen wird neben den räumlichen und pflegerischen Voraussetzungen eine verantwortliche, sachkundige und zuverlässige Person benötigt, um die erforderliche Erlaubnis nach § 11 TierSchG zu erhalten.
Für die Haltungsbedingungen maßgebend sind dieselben Rechtsgrundlagen wie bei Tierheimen. Da häufiger Pferde auf Gnadenhöfen gehalten werden, wird hier ausdrücklich auf Abschnitt **2.4** und die darin geschilderten Bedingungen bzw. die Leitlinien des BMELV zur Beurteilung von Pferdehaltungen unter Tierschutzaspekten verwiesen.

### 3.5.3 Auffangstationen

Die Rechtslage für Auffangstationen, worunter hier dauerhafte Einrichtungen zur Pflege von Wildtieren gemeint sind, ist dadurch gekennzeichnet, dass neben der Erlaubnispflicht im Sinne von § 11 TierSchG auch Vorgaben des Naturschutzrechts bedacht werden müssen. Dies betrifft insbesondere § 43 BNatSchG, wenn Auffangstationen die Merkmale eines Tiergeheges erfüllen. In Abschnitt **2.5** werden die weiteren Bedingungen für die Haltung von Wildtieren einschließlich der grundsätzlichen Auswilderungspflicht nach dem Naturschutzrecht dargestellt. Hinweise zur Haltung von Reptilien und anderen nicht domestizierten Tierarten in Auffangstationen finden sich ebenfalls in Abschnitt **2.5** und in Abschnitt **2.7**.

### 3.5.4 Tierpensionen

Tierpensionen unterscheiden sich rechtlich von den zuvor genannten drei Haltungseinrichtungen hauptsächlich dadurch, dass sie gewerbsmäßig betrieben werden und Tiere häufig nur für kürzere Zeiträume (Urlaubszeiten o. Ä.) untergebracht werden. Ungeachtet dessen sind alle anderen geschilderten Haltungs- und Versorgungsbedingungen wie bei Tierheimen und Gnadenhöfen einzuhalten.

## 3.6 Zurschaustellung von Tieren

Immer, wenn Tiere zur Schau gestellt werden sollen – sei es in einem zoologischen Garten oder gewerbsmäßig – wird eine tierschutzrechtliche Erlaubnis nach § 11 TierSchG benötigt (**1.7**). Häufig sind jedoch weitere rechtliche und fachliche Vorgaben mit Tierschutzrelevanz zu beachten.

### 3.6.1 Zoologische Gärten und Tierparks

Anders als bei reinen Tiergehegen (**2.5**) ist es das Ziel zoologischer Gärten und Tierparks, Tiere zur Schau zu stellen. Neben der tierschutzrechtlichen Erlaubnispflicht ist zu berücksichtigen, dass Einrichtungen, die an mindestens 7 Tagen im Jahr mehr als 20 Wildtiere zur Schau stellen, nach § 42 BNatSchG Zoos sind und deshalb eine naturschutzrechtliche Zooerlaubnis benötigen, für die deutlich höhere Anforderungen zu erfüllen sind als für die tierschutzrechtliche Erlaubnis. Voraussetzung für eine Zooerlaubnis ist, dass Zoos so zu errichten und zu betreiben sind, dass

- *bei der Haltung der Tiere den biologischen und den Erhaltungsbedürfnissen der jeweiligen Art Rechnung getragen wird, insbesondere die jeweiligen Gehege nach Lage, Größe und Gestaltung und innerer Einrichtung art- und tiergerecht ausgestaltet sind,*
- *die Pflege der Tiere auf der Grundlage eines dem Stand der guten veterinärmedizinischen Praxis entsprechenden schriftlichen Programms zur tiermedizinischen Vorbeugung und Behandlung sowie zur Ernährung erfolgt,*
- *dem Eindringen von Schadorganismen sowie dem Entweichen der Tiere vorgebeugt wird,*
- *die Vorschriften des Tier- und Artenschutzes beachtet werden,*
- *ein Register über den Tierbestand des Zoos in einer den verzeichneten Arten jeweils angemessenen Form geführt und stets auf dem neuesten Stand gehalten wird,*

- *die Aufklärung und das Bewusstsein der Öffentlichkeit in Bezug auf den Erhalt der biologischen Vielfalt gefördert wird, insbesondere durch Informationen über die zur Schau gestellten Arten und ihre natürlichen Biotope,*
- *sich der Zoo beteiligt an Forschungen, die zur Erhaltung der Arten beitragen, einschließlich des Austausches von Informationen über die Arterhaltung, der Aufzucht in Gefangenschaft, der Bestandserneuerung und der Wiederansiedlung von Arten in ihren Biotopen oder der Ausbildung in erhaltungsspezifischen Kenntnissen und Fähigkeiten.*

Die naturschutzrechtliche Genehmigung kann analog zu den tierschutzrechtlichen mit Nebenbestimmungen versehen werden. Es wird bereits im Gesetz darauf hingewiesen, dass insbesondere eine Sicherheitsleistung für die ordnungsgemäße Auflösung des Zoos und die Wiederherstellung des früheren Zustands verlangt werden kann.

Häufig sind sich Inhaber und Betreiber von Zoos nicht darüber bewusst, dass sie diese Bedingungen erfüllen müssten. Einen Zoo ohne Erlaubnis zu betreiben, stellt allerdings eine Ordnungswidrigkeit nach § 69 Abs. 3 Nr. 18 BNatSchG dar und kann mit einer Geldbuße bis zu fünfzigtausend Euro belegt werden.

Nach moderneren Vorstellungen wird bei den Zoos großen Wert auf den pädagogischen Aspekt gelegt, was sich bspw. in der Zielsetzung widerspiegelt, die Tiere in naturnahen Lebensraumausschnitten zu zeigen und nicht die Artenvielfalt des Zoos zum Hauptaugenmerk zu machen.

Von besonderer Bedeutung für die Beurteilung der Tierhaltung in Tierparks und Zoos i. S. von § 2 TierSchG, aber auch laut § 42 BNatSchG, sind mehrere Gutachten. Dies sind neben anderen das 2014 aktualisierte sogenannte Säugetiergutachten der Bundesregierung, das im Auftrag der Bundesregierung erarbeitete Gutachten über die tierschutzgerechte Haltung von Greifvögeln und Eulen und die Mindestanforderungen an die Haltung von Papageien (beide aus dem Jahr 1995).

Außerdem soll an dieser Stelle wiederholt werden, dass das Kupieren der Flügel von Vögeln ohne spezifische tierärztliche Indikation rechtswidrig ist. Umstritten ist, ob dies auch für reversibles Flugunfähigmachen durch Beschneiden der Schwungfedern gilt.

### 3.6.2 Zirkus und mobile Tierschauen

Die Haltungs- und Versorgungsbedingungen, die eingehalten werden müssen, wenn Tiere durch ein reisendes Unternehmen zur Schau gestellt werden, sind in den Leitlinien für die Haltung, Ausbildung und Nutzung von Tieren in Zirkusbetrieben oder ähnlichen Einrichtungen aus dem Jahr 2000 näher definiert. Diese Leitlinien dienen bei der Erlaubnis und Überwachung der reisenden Tierhaltungen mit Zurschaustellung als Bewertungsmaßstab dafür, ob die Grundregeln des Tierschutzrechts eingehalten werden. Sind

Abweichungen von den Leitlinien festzustellen, veranlassen die Tierschutzbehörden üblicherweise, dass leitlinienkonforme Bedingungen für die Tiere hergestellt werden.
Gegenüber dem Säugetiergutachten der Bundesregierung fordern die Zirkusleitlinien wesentlich kleinere Gehege, Ausläufe, Becken etc. Dies ist grundsätzlich problematisch, weil die Bedürfnisse der Tiere sich nicht durch ihre Nutzung grundlegend ändern. Die Abstriche in den Leitlinien werden üblicherweise dann als vertretbar angesehen, wenn das im reisenden Unternehmen gehaltene Tier täglich verhaltensgerecht beschäftigt wird. Dies muss aber bedeuten, dass Tieren, die nicht regelmäßig „gearbeitet" werden, Haltungsbedingungen nach dem Säugetiergutachten zur Verfügung zu stellen sind.
Eingeräumt werden muss allerdings, dass sich gerade der Vollzug des Tierschutzrechts bei Tierhaltungen mit wechselndem Standort naturgemäß schwierig gestaltet. Dies spiegelt sich bereits in der AVV wider. Demnach ist bei Unternehmen, die eine in § 11 TierSchG (...) genannte Tätigkeit an wechselnden Orten ausüben, für die Erteilung der Erlaubnis die Behörde des Ortes zuständig, an dem das Unternehmen üblicherweise seinen Sitz oder sein Winterquartier hat oder als Gewerbe angemeldet ist. Bei Unternehmen ohne Sitz im Inland springt die für den Ort des ersten Tätigwerdens zuständige Behörde ein. Für alle anderen Maßnahmen nach dem TierSchG einschließlich der Rücknahme oder des Widerrufs der Erlaubnis ist die Behörde zuständig, in deren Zuständigkeitsbereich sich das Unternehmen jeweils aufhält. Durch die häufigen Standortwechsel sind Vollzugsschwierigkeiten wegen der vielen Schritte eines Verwaltungsverfahrens vorprogrammiert. Die reisenden Unternehmen verlassen schlicht den Zuständigkeitsbereich einer Behörde, wodurch die Durchsetzbarkeit behördlicher Maßnahmen unterlaufen oder zumindest deutlich behindert werden kann. Diese Schwierigkeiten konnten bislang nicht durch das auf der ZirkRegV beruhende bundesweite Zentralregister behoben werden.
Bei der Überprüfung von Zirkusunternehmen werden immer wieder ungeeignete Unterbringungsmöglichkeiten, fehlendes Platzangebot und Versorgungsengpässe o. Ä. bemängelt. Deshalb haben die Bundesländer die Bundesregierung durch Bundesratsinitiativen bereits wiederholt aufgefordert, zumindest bestimmte besonders schwierig im reisenden Unternehmen zu haltende Wildtierarten gesetzlich zu verbieten. Die Bundesregierung ist diesen Aufforderungen nicht nachgekommen.
Bemerkenswert ist außerdem, dass Zirkusunternehmen nicht in den Geltungsbereich der EG-Tiertransportverordnung fallen, obwohl gerade die Zirkustiere besonders häufig transportiert werden und sich über längere Zeiträume in den Transportmitteln aufhalten. Gerade deshalb müssten besonders hohe Anforderungen an die Transportmittel und -bedingungen gestellt werden können.

### 3.6.3 Greifvogelschauen

Werden Greifvögel gewerbsmäßig zur Schau gestellt, dann müssen neben der Erlaubnispflicht für diese Tätigkeit nach dem TierSchG sowie den Anforderungen für die Haltung der Tiere auf der Grundlage des Greifvogel- und Eulengutachtens auch jagd- und artenschutzrechtliche Bestimmungen eingehalten werden. So wird für die Haltung heimischer Greifvogelarten nach der BWildSchV vorgeschrieben, dass insgesamt nur zwei Tiere der Arten Habicht, Steinadler oder Wanderfalke gehalten werden dürfen. Außerdem muss der Tierhalter einen gültigen Falknerjagdschein besitzen. Zudem müssen die Tiere unverwechselbar gekennzeichnet sein.
Für den Besitz dieser und anderer Greifvogelarten sind außerdem die Bestimmungen des BNatSchG für Tiergehege (**2.5**) und für ihre Vermarktung, die das Zurschaustellen einschließt, zu beachten. Wildfänge dürfen demnach nicht vermarktet, also auch nicht zur Schau gestellt werden.
Die Regeln zur Zuständigkeit für die tierschutzrechtliche Überwachung entsprechen bei mobilen Greifvogelschauen denen bei der Überwachung von Zirkusunternehmen.

## 3.7 Jagd und Angelsport

Für beide Tätigkeitsfelder soll an dieser Stelle darauf hingewiesen werden, dass bestimmte Mindeststandards aus dem Tierschutzrecht trotz eines eigenständigen Jagd- bzw. Fischereirechts Gültigkeit haben. Insbesondere § 1 TierSchG (**1.1**) und damit die Notwendigkeit des tierschutzrechtlich basierten vernünftigen Grundes für das Töten von Tieren gilt auch für Jagd und Angeln. Als praktische Konsequenz erfordert dies, dass die jagdbaren Tiere bzw. die Fische grundsätzlich einer Nutzung zugeführt werden müssen.
Da aber bspw. beim Wettfischen der Wettbewerb und nicht der Verzehr der Fische im Vordergrund steht, stellt Wettfischen trotz des häufig anschließenden Fischessens einen Verstoß gegen § 1, demnach auch eine Straftat i. S. von § 17 Nr. 1, zumindest aber einen Verstoß gegen das Verbot nach § 3 Nr. 6 TierSchG dar.
Eine weitere Konsequenz ist, dass verschiedene Sachverhalte aus dem Angelsport inzwischen als Straftat i. S. von § 17 Nr. 2b TierSchG eingestuft werden. Dies betrifft bspw. die über Stunden andauernde Lebendhälterung von Fischen in nicht speziell dafür entwickelten Setzkäschern. Eine Straftat kann unter bestimmten Bedingungen auch durch das sog. „Catch and Release", also das Herausfangen und Zurücksetzen von Fischen, die dazwischen im Sinne einer Trophäe vermessen und fotografiert werden, verwirklicht werden. Nicht gerechtfertigt werden kann zudem, wenn Fische in einen Angelteich eingesetzt werden, um kurz darauf wieder herausgeangelt zu werden. Auf die genannten Sachverhalte trifft jeweils zu, dass den Tieren

wiederholt oder länger anhaltend erhebliche Schmerzen oder Leiden zugefügt werden. Eine Rechtfertigung durch den vernünftigen Grund (z. B. den späteren Verzehr) ist bei der Verletzung dieser strafrechtlichen Norm (§ 17 Nr. 2 TierSchG) nicht möglich (**1.11**).

Außerdem ist § 4 TierSchG (**1.3**) zu beachten, auf den die Pflicht zur Betäubung von Fischen vor der Schlachtung zurückzuführen ist. Durch den genannten Paragraphen wird zusätzlich klargestellt, dass auch die Tötung ohne Betäubung im Rahmen einer weidgerechten Jagd nur zulässig ist, wenn dabei nicht mehr als unvermeidbare Schmerzen bei den Tieren entstehen.

Obwohl diese Grundprinzipien des Tierschutzrechts auch für Jagd und Angelsport gelten, wird insbesondere die Jagd an mehreren Stellen im Tierschutzrecht privilegiert behandelt. Dies gilt bspw. für mehrere Verbote (**1.2**) aus § 3 TierSchG (Nr. 7 und 8) und das Amputationsverbot nach § 6 Abs. 1 Nr. 1 TierSchG (**1.4**). Es lässt sich allerdings bezweifeln, ob die dort genannte Bedingung der Unerlässlichkeit, also die alternativlose Notwendigkeit, für Amputationen bei jagdlich geführten Hunden tatsächlich gegeben sein kann. Tierschutzfachlich ist außerdem anzumerken, dass einer Amputation von Ohren und Schwänzen bei jagdlich geführten Hunden – womit nicht alle Hunde von Jagdhunderassen gemeint sind – jederzeit tierärztliche Bedenken entgegenstehen müssten. Sollten im Einzelfall tatsächlich vermehrt Verletzungen an Ohren und Ruten bei entsprechend eingesetzten Hunden auftreten, könnten eventuell erforderliche Eingriffe tierärztlich indiziert sein. Dies macht zusammengefasst die Privilegierung der Jagd in § 6 TierSchG letztlich überflüssig.

Es soll allerdings nicht unerwähnt bleiben, dass das Jagdrecht selbst tierschutzrelevante Regelungen wie bspw. den Elterntierschutz nach § 22 Abs. 4 BJagdG oder auch die Beschränkung der Verwendung bestimmter Techniken (Fallentypen, Nachtsichtgeräte u. Ä.) enthält.

# 4 Anhänge

## 4.1 Glossar und Definitionen zentraler Begriffe

**Ahndung:** Verfolgung eines Rechtsverstoßes in Form eines Bußgeldverfahrens.
**Anordnung:** hier syn. für Verfügung; Anweisung durch eine Behörde. Im Verwaltungsrecht ist die häufigste Form der Verwaltungsakt, der Bescheid genannt wird.
**Anzeige:** Mitteilung an eine zuständige Behörde.
**Behandlung:** unblutige Maßnahme, die das Befinden der Tiere beeinflussen kann.
**berufsmäßig:** im Zusammenhang mit einem Berufsbild bzw. einer haupt- oder nebenberuflichen Tätigkeit.
**Bescheid:** Verwaltungsakt zur Mitteilung einer behördlichen Entscheidung, z. B. Genehmigungsbescheid.
**Bestandsräumung:** die durch die zuständige Behörde beaufsichtigte Tötung von Tieren zum Schutz der Gesundheit von Mensch oder Tier, aus Gründen des Tier- oder Umweltschutzes.
**Betäubung:** Verfahren, das zur Wahrnehmungs- und Empfindungslosigkeit führt.
**Bußgeld:** Geldbuße, vor deren Verhängen in der Regel ein Bußgeldverfahren, syn. Ordnungswidrigkeitenverfahren, durchgeführt werden muss.
**Eingriff:** Maßnahmen, die physiologische Abläufe auf Zeit oder dauerhaft verändern oder die zu einer mehr oder weniger weitgehenden Störung der Unversehrtheit des Tieres führen.
**Endoparasiten:** Parasiten, die im Inneren eines Wirts leben.
**Ektoparasiten:** Parasiten, die auf der Oberfläche eines Wirts oder in den oberflächlichen Körperhöhlen, die in unmittelbarer Verbindung mit der Außenwelt stehen, leben.
**Equiden:** syn. Pferdeartige, dazu gehören Pferde, Esel und Zebras sowie ihre Kreuzungen untereinander.
**erheblich:** nach Art und Dauer gewichtige Beeinträchtigung, die aber nicht offensichtlich, also für jeden erkennbar sein muss.
**fahrlässig:** unter Missachtung der erforderlichen Sorgfalt pflichtwidriges Verhalten, aber ungewolltes Begehen einer Tat.
**Fähigkeiten:** die praktische Erfahrung als Bestandteil der Sachkunde.
**Genehmigung:** begünstigender Verwaltungsakt.
**gewerblich:** steuerrechtlicher Begriff; nicht gleichbedeutend mit „gewerbsmäßig" im Sinne des TierSchG. Zur Klarstellung: Auch die Haltung landwirtschaftlicher Nutztiere kann steuerlich betrachtet gewerblich sein, wenn

ein bestimmter Tierbesatz pro Flächeneinheit nach dem Einkommenssteuergesetz i. V. mit dem Bewertungsgesetz (BewG) überschritten wird.
**gewerbsmäßig:** gewerbsmäßig im Sinne des Tierschutzrechts handelt, wer die entsprechende Tätigkeit selbstständig, planmäßig, fortgesetzt und mit der Absicht der Gewinnerzielung ausübt. Es muss dabei nicht tatsächlich ein Gewinn erzielt werden. Ausreichend ist bereits eine regelmäßige Deckung von Kosten. Nicht gleichbedeutend mit dem steuerrechtlichen Begriff „gewerblich".
**grundsätzlich:** hier in der Bedeutung von „im Prinzip", „in der Regel", wovon Ausnahmen möglich sind.
**Heimtiere:** hier heimische und exotische Kleinsäuger, Ziervögel, Reptilien, Amphibien und Zierfische, die bevorzugt im Wohnbereich gehalten werden.
**Kenntnisse:** das theoretische Wissen als Bestandteil der Sachkunde.
**Leiden:** gesteigerte Unlustgefühle, hervorgerufen durch eine oder mehrere Einwirkungen unterschiedlicher Intensität bzw. Dauer. Leiden schließt alle seelischen Missbehagens-Empfindungen ein, die nicht vom Begriff des Schmerzes umfasst werden und ein gewisses Mindestmaß überschreiten. Auch Angst gehört zu den Missbehagens-Empfindungen, die Leiden bedeuten.
**Nottötung:** die Tötung von verletzten Tieren oder Tieren mit einer Krankheit, die große Schmerzen oder Leiden verursacht, wenn es keine andere praktikable Möglichkeit gibt, diese Schmerzen oder Leiden zu lindern.
**Ordnungswidrigkeit:** Verletzung der Rechtsvorgaben, für die das Ordnungswidrigkeitengesetz als Ahndung eine Geldbuße vorsieht.
**Primaten:** hier stets nichtmenschliche Primaten.
**Sachkunde:** die für eine Tätigkeit erforderlichen fachlichen Kenntnisse und praktischen Fähigkeiten.
**Sachkundenachweis:** ein schriftliches Dokument darüber, dass im Rahmen einer Prüfung die erforderlichen fachlichen Kenntnisse und praktischen Fähigkeiten erfolgreich nachgewiesen wurden.
**Schächten:** betäubungsloses rituelles Schlachten. Im Unterschied dazu ist rituelles Schlachten mit Betäubung kein Schächten im eigentlichen Sinne.
**Schäden:** bleibende Beeinträchtigungen der Unversehrtheit des Tieres, die sich organisch oder psychisch zeigen können. Dazu gehören neben Verletzungen, Organveränderungen und den sogenannten Technopathien auch die Ethopathien.
**Schmerzen:** ein unangenehmes Sinnes- und Gefühlserlebnis, das mit aktueller oder potenzieller Gewebeschädigung verknüpft sein kann.
**Sedierung:** Dämpfung von Funktionen des zentralen Nervensystems durch Beruhigungsmittel.
**Strafbefehl:** Resultat eines Strafbefehlsverfahrens, also eines vereinfachten Verfahrens zur Bewältigung von Straftaten. Die Besonderheit des Strafbe-

fehlsverfahrens liegt darin, dass es zu einer rechtskräftigen Verurteilung ohne mündliche Hauptverhandlung führen kann.

**Tierärztliche Indikation:** Als tierärztliche Indikation wird die durch einen Tierarzt aufgrund einer Diagnose festgestellte veterinärmedizinische Begründung für Eingriffe oder die Behandlung eines einzelnen Tieres oder einer Tiergruppe unter Berücksichtigung der konkreten Haltungsbedingungen und Expositionsrisiken verstanden. Eine tierärztliche Indikation kann auch – außer bei der Verabreichung von Antibiotika – prophylaktische Maßnahmen begründen.

**unerlässlich:** geeignet und gleichzeitig zwingend notwendig, also alternativlos.

**unverzüglich:** ohne schuldhaftes Verzögern, d. h. so schnell wie möglich und nach den Umständen zumutbar.

**Verfügung:** im Tierschutzrecht zumeist syn. für Anordnung; Entscheidung oder Maßnahme einer Behörde (Verwaltungsakt), die in Form eines Bescheids nach außen bekannt gegeben wird.

**vorsätzlich:** willentliche und wissentliche Verwirklichung eines Tatbestandes; bei bedingtem Vorsatz genügt es, den Verstoß und seine Folgen billigend in Kauf zu nehmen. In einem Strafverfahren muss der Vorsatz belegt werden.

**wildlebende Tierarten:** Tierarten, die hier oder andernorts in Freiheit vorkommen.

**Wild:** Tiere von Arten, die dem Jagdrecht unterliegen.

**zu Erwerbszwecken:** Erwerbszwecke sind gegeben, wenn ein Tier zur Erzielung von Gewinn oder für eine Tätigkeit gehalten wird, für die ein Entgelt vereinbart oder üblich ist. Gewerbsmäßig muss die Tätigkeit nicht sein; eine dauerhafte Gewinnerzielungsabsicht muss ebenfalls nicht bestehen.

## 4.2 Hinweise auf Rechtstexte

*International:*

- Empfehlungen für das Halten von **Rindern**; angenommen vom Ständigen Ausschuss auf dessen 17. Tagung am 21. November 1988
- Empfehlungen für das Halten von **Schafen**; Ständiger Ausschuss des Europäischen Übereinkommens zum Schutz von Tieren in landwirtschaftlichen Tierhaltungen (T-AP); angenommen vom Ständigen Ausschuss auf dessen 25. Tagung am 6. November 1992
- Empfehlungen für das Halten von **Ziegen**; Ständiger Ausschuss des Europäischen Übereinkommens zum Schutz von Tieren in landwirtschaftlichen Tierhaltungen (T-AP); angenommen vom Ständigen Ausschuss auf dessen 25. Tagung am 6. November 1992
- Empfehlungen für das Halten von Rindern, Anhang C: besondere Bestimmungen für **Kälber**; angenommen vom Ständigen Ausschuss des Euro-

päischen Übereinkommens zum Schutz von Tieren in landwirtschaftlichen Tierhaltungen auf dessen 26. Tagung am 8. Juni 1993

- Empfehlungen in Bezug auf **Haushühner** der Art *Gallus gallus*; angenommen vom Ständigen Ausschuss des Europäischen Übereinkommens zum Schutz von Tieren in landwirtschaftlichen Tierhaltungen am 28. November 1995 auf seiner 30. Sitzung
- Empfehlungen für die Haltung von **Straußenvögeln** (Strauße, Emus und Nandus); Ständiger Ausschuss des Europäischen Übereinkommens zum Schutz von Tieren in landwirtschaftlichen Tierhaltungen (T-AP); angenommen auf der 33. Sitzung des Ständigen Ausschusses am 22.–25. April 1997
- Empfehlung in Bezug auf **Pelztiere**; Ständiger Ausschuss des Europäischen Übereinkommens zum Schutz von Tieren in landwirtschaftlichen Tierhaltungen (T-AP); angenommen auf der 37. Sitzung des Ständigen Ausschusses am 22. Juni 1999
- Empfehlung in Bezug auf **Hausgänse** (*Anser anser f. domesticus, Anser cygnoides f. doemsticus* ) und ihre Kreuzungen; Ständiger Ausschuss des Europäischen Übereinkommens zum Schutz von Tieren in landwirtschaftlichen Tierhaltungen (T-AP); angenommen auf der 37. Sitzung des Ständigen Ausschusses am 22. Juni 1999
- Empfehlung in Bezug auf **Moschusenten** (*Cairina moschata*) und Hybriden von Moschusenten und Pekingenten (*Anas platyrhynchos*); Ständiger Ausschuss des Europäischen Übereinkommens zum Schutz von Tieren in landwirtschaftlichen Tierhaltungen (T-AP); angenommen auf der 37. Sitzung des Ständigen Ausschusses am 22. Juni 1999
- Empfehlung in Bezug auf **Pekingenten** (*Anas platyrhynchos*); Ständiger Ausschuss des Europäischen Übereinkommens zum Schutz von Tieren in landwirtschaftlichen Tierhaltungen (T-AP); angenommen auf der 37. Sitzung des Ständigen Ausschusses am 22. Juni 1999
- Empfehlung in Bezug auf **Puten** (*Meleagris gallopavo ssp.*); Ständiger Ausschuss des Europäischen Übereinkommens zum Schutz von Tieren in landwirtschaftlichen Tierhaltungen (T-AP); angenommen vom Ständigen Ausschuss am 21. Juni 2001
- Empfehlung für das Halten von **Schweinen**; Ständiger Ausschuss des Europäischen Übereinkommens zum Schutz von Tieren in landwirtschaftlichen Tierhaltungen (T-AP), angenommen vom Ständigen Ausschuss am 2. Dezember 2004
- Empfehlung für die Haltung von **Fischen in Aquakultur**; Ständiger Ausschuss des Europäischen Übereinkommens zum Schutz von Tieren in landwirtschaftlichen Tierhaltungen (T-AP); angenommen vom Ständigen Ausschuss am 5. Dezember 2005
- Europäisches Übereinkommen vom 10. März 1976 zum Schutz von **Tieren in landwirtschaftlichen Tierhaltungen** (BGBl. 1978 II S. 113)

- Europäisches Übereinkommen vom 18. März 1986 zum Schutz der **für Versuche** und andere wissenschaftliche Zwecke **verwendeten Wirbeltiere**
- Europäisches Übereinkommen vom 13. November 1987 zum Schutz von **Heimtieren**

*EU:*
*Richtlinien*
- *Richtlinie 98/58/EG DES RATES vom 20. Juli 1998 über den Schutz landwirtschaftlicher Nutztiere*
- *Richtlinie 1999/74/EG DES RATES vom 19. Juli 1999 zur Festlegung von Mindestanforderungen zum Schutz von Legehennen*
- *Richtlinie 2008/119/EG DES RATES vom 18. Dezember 2008 über Mindestanforderungen für den Schutz von Kälbern*
- *Richtlinie 2008/120/EG DES RATES vom 18. Dezember 2008 über Mindestanforderungen für den Schutz von Schweinen*
- *Richtlinie 2006/123/EG des europäischen Parlaments und des Rates vom 12. Dezember 2006 über Dienstleistungen im Binnenmarkt*
- *Richtlinie 2010/63/EU des Europäischen Parlaments und des Rates vom 22. September 2010 zum Schutz der für wissenschaftliche Zwecke verwendeten Tiere*

*Verordnungen*
- *Verordnung (EG) Nr. 589/2008 der Kommission vom 23. Juni 2008 mit Durchführungsbestimmungen zur Verordnung (EG) Nr. 1234/2007 des Rates hinsichtlich der Vermarktungsnormen für Eier*
- *Verordnung (EG) Nr. 1/2005 des Rates vom 22. Dezember 2004 über den Schutz von Tieren beim Transport und damit zusammenhängenden Vorgängen sowie zur Änderung der Richtlinien 64/432/EWG und 93/119/EG und der Verordnung (EG) Nr. 1255/97*
- *Verordnung (EG) Nr. 1099/2009 des Rates vom 24. September 2009 über den Schutz von Tieren zum Zeitpunkt der Tötung*

*National:*
- *Allgemeine Verwaltungsvorschrift zur Durchführung des Tierschutzgesetzes vom 9. Februar 2000 (BAnz. Nr. 36a vom 22. Februar 2000)*
- *Bundesartenschutzverordnung vom 16. Februar 2005 (BGBl. I S. 258, 896), zuletzt durch Artikel 10 des Gesetzes vom 21. Januar 2013 (BGBl. I S. 95) geändert*
- *Bundesjagdgesetz in der Fassung der Bekanntmachung vom 29. September 1976 (BGBl. I S. 2849), zuletzt durch Artikel 3 des Gesetzes vom 8. September 2017 (BGBl. I S. 3370) geändert*
- *Gesetz über Naturschutz und Landschaftspflege (Bundesnaturschutzgesetz) vom 29. Juli 2009 (BGBl. I S. 2542), zuletzt durch Artikel 1 des Gesetzes vom 15. September 2017 (BGBl. I S. 3434) geändert*

- *Gesetz zur Durchführung unionsrechtlicher Vorschriften über Verbote und Beschränkungen hinsichtlich des Handels mit bestimmten tierischen Erzeugnissen sowie zu Haltungs- und Abgabeverboten in bestimmten Fällen (Tiererzeugnisse-Handels-Verbotsgesetz) vom 8. Dezember 2008 (BGBl. I S. 2394), zuletzt durch Artikel 2 des Gesetzes vom 30. Juni 2017 (BGBl. I S. 2147) geändert*
- *Gesetz zu dem Europäischen Übereinkommen vom 13. November 1987 zum Schutz von Heimtieren vom 1. Februar 1991 (BGBl. II S. 402)*
- *Hufbeschlaggesetz vom 19. April 2006 (BGBl. I S. 900), zuletzt durch Artikel 285 der Verordnung vom 31. August 2015 (BGBl. I S. 1474) geändert*
- *Tierschutzgesetz in der Fassung der Bekanntmachung vom 18. Mai 2006 (BGBl. I S. 1206, 1313), zuletzt durch Artikel 141 des Gesetzes vom 29. März 2017 (BGBl. I S. 626) geändert*
- *Tierschutz-Hundeverordnung vom 2. Mai 2001 (BGBl. I S. 838), durch Artikel 3 der Verordnung vom 12. Dezember 2013 (BGBl. I S. 4145) geändert*
- *Verordnung zum Schutz landwirtschaftlicher Nutztiere und anderer zur Erzeugung tierischer Produkte gehaltener Tiere bei ihrer Haltung (Tierschutz-Nutztierhaltungsverordnung) in der Fassung der Bekanntmachung vom 22. August 2006 (BGBl. I S. 2043), zuletzt durch Artikel 3 Absatz 2 des Gesetzes vom 30. Juni 2017 (BGBl. I S. 2147) geändert*
- *Verordnung zum Schutz von Tieren beim Transport und zur Durchführung der Verordnung (EG) Nr. 1/2005 des Rates (Tierschutztransportverordnung) vom 11. Februar 2009 (BGBl. I S. 375), zuletzt durch Artikel 9 Absatz 14 des Gesetzes vom 3. Dezember 2015 (BGBl. I S. 2178) geändert*
- *Verordnung zum Schutz von Tieren im Zusammenhang mit der Schlachtung oder Tötung und zur Durchführung der Verordnung (EG) Nr. 1099/2009 des Rates (Tierschutz-Schlachtverordnung) vom 20. Dezember 2012 (BGBl. I S. 2982)*
- *Verordnung zum Schutz von zu Versuchszwecken oder zu anderen wissenschaftlichen Zwecken verwendeten Tieren (Tierschutz-Versuchstierverordnung) vom 1. August 2013 (BGBl. I S. 3125, 3126), zuletzt durch Artikel 394 der Verordnung vom 31. August 2015 (BGBl. I S. 1474) geändert*
- *Verordnung über die Registrierung von Erlaubnissen zur Zurschaustellung von Tieren an wechselnden Orten (Zirkusregisterverordnung ) vom 6. März 2008 (BGBl. I S. 376), durch Artikel 5 der Verordnung vom 12. Dezember 2013 (BGBl. I S. 4145) geändert*
- *Verordnung über den Schutz von Wild (Bundeswildschutzverordnung) vom 25. Oktober 1985 (BGBl. I S. 2040), zuletzt durch Artikel 3 der Verordnung vom 16. Februar 2005 (BGBl. I S. 258) geändert*
- *Verordnung über die Tierschutzkommission beim Bundesministerium für Ernährung, Landwirtschaft und Verbraucherschutz (Tierschutzkommissions-Verordnung) vom 23. Juni 1987 (BGBl. I S. 1557), zuletzt durch Artikel 393 der Verordnung vom 31. August 2015 (BGBl. I S. 1474) geändert*

- *Verordnung über die Meldung zu Versuchszwecken verwendeter Wirbeltiere oder Kopffüßer oder zu bestimmten anderen Zwecken verwendeter Wirbeltiere vom 12. Dezember 2013 (BGBl. I S. 4145), zuletzt durch Artikel 142 des Gesetzes vom 29. März 2017 (BGBl. I S. 626) geändert*

## 4.3 Empfehlungen, Gutachten und Leitlinien

(zur besseren Zuordnung wurden die Titel der Dokumente in einigen Fällen ergänzt, was *kursiv* wiedergegeben wird; die jeweils bearbeitete Tiergruppe wird **fett** hervorgehoben)

- Bundeseinheitliche Eckwerte für eine freiwillige Vereinbarung zur Haltung von **Mastputen**, März 2013
- Empfehlungen für die saisonale und ganzjährige **Weidehaltung von Rindern**; Niedersächsisches Ministerium für Ernährung, Landwirtschaft und Verbraucherschutz und LAVES-Tierschutzdienst, 2000
- Empfehlung für die Haltung von **Schafen und Ziegen** der Deutschen Gesellschaft für die Krankheiten der kleinen Wiederkäuer, Fachgruppe der DVG, 2012
- Empfehlungen für die ganzjährige und saisonale Weidehaltung von **Schafen**; LAVES-Tierschutzdienst, Niedersachsen, 2009
- Empfehlungen zur Haltung von **Eseln**; Landesbeauftragter für den Tierschutz des Landes Niedersachsen (1. April 2000)
- Freilandhaltung von **Mutterkühen**, Bildungs- und Wissenszentrum Aulendorf für Viehhaltung, Grünlandwirtschaft, Wild und Fischerei, Baden-Württemberg
- Gutachten des BMEL über Mindestanforderungen an die Haltung von **Säugetieren** (7. Mai 2014)
- Gutachten über die tierschutzgerechte Haltung von **Greifvögeln und Eulen**, BMELV 1995
- Gutachten der Sachverständigengruppe (beim Bundesministerium) über die tierschutzgerechte Haltung von **Kleinvögeln** (10. Juli 1996)
- Gutachten zur Auslegung von § 11b des Tierschutzgesetzes (Verbot von **Qualzüchtungen**) der Sachverständigengruppe Tierschutz und Heimtierzucht beim BMELF (2. Juni 1999)
- Gutachten der Sachverständigengruppe *(beim Bundesministerium)* über die Mindestanforderungen an die Haltung von **Papageien** (10. Januar 1995)
- Gutachten der Sachverständigengruppe *(beim Bundesministerium)* über die Mindestanforderungen an die Haltung von **Reptilien** (10. Januar 1997)
- Gutachten *(des Bundesministeriums)* über Mindestanforderungen an die Haltung von **Straußenvögeln, außer Kiwis** (10. Juni 1994) in der ergänzten Fassung vom 10. September 1996

- Gutachten *(des Bundesministeriums)* über die Anforderungen an die Haltung von **Zierfischen**, die mindestens eingehalten werden sollen (30. Dezember 1998)
- Leitlinien des BMELV zur Beurteilung von **Pferdehaltungen** unter Tierschutzgesichtspunkten (9. Juni 2009)
- Leitlinien für den Tierschutz im **Pferdesport**, Arbeitsgruppe Tierschutz und Pferdesport beim BML (1. November 1992)
- Leitlinie zur effizienten und umweltverträglichen **landwirtschaftlichen Wildwiederkäuerhaltung**; Thüringer Ministerium für Landwirtschaft, Naturschutz und Umwelt, 2007
- Leitlinien zur **Landwirtschaftlichen Wildhaltung** in Gehegen; Landesbetrieb Landwirtschaft Hessen (LLH), 2006
- Leitlinien *(des Bundesministeriums)* für die Haltung, Ausbildung und Nutzung von Tieren in **Zirkusbetrieben** oder ähnlichen Einrichtungen, 2000
- Leitlinien (*des Bundesministeriums*) für eine tierschutzgerechte Haltung von **Wild in Gehegen** (27. Mai 1995)
- Leitlinien des BMELV zur Ausrichtung von **Tierbörsen** unter Tierschutzgesichtspunkten (1. Juni 2006)
- Merkblatt zur Hälterung von **Hummern** im Groß- und Einzelhandel der AG Tierschutz der LAV, Mai 2013
- Richtlinien für die Haltung von **Dam-, Rot-, Sika- sowie Muffelwild** (GehegewildR); Gemeinsame Bekanntmachung der Bayerischen Staatsministerien für Ernährung, Landwirtschaft und Forsten, des Innern, für Bau und Verkehr und für Umwelt und Verbraucherschutz (10. Januar 2014)
- Tierschutzleitlinie für die **Milchkuhhaltung**; Herausgeber: Niedersächsisches Ministerium für Ernährung, Landwirtschaft und Verbraucherschutz und LAVES, 2007
- TVT-Merkblatt Nr. 85: Ganzjährige **Freilandhaltung von Rindern**, 2006
- TVT-Merkblatt Nr. 93: Artgerechte **Ziegenhaltung**, 2012
- Vereinbarung zur Verbesserung des Tierwohls, insbesondere zum **Verzicht auf das Schnabelkürzen** in der Haltung von Legehennen und Mastputen vom 9. Juli 2015

## 4.4 Literaturverzeichnis/weiterführende Literatur

*Benz, B./Richter, A./Richter, T.;* 2017: Rinder gesund halten: Kälberaufzucht, Klauengesundheit, Fruchtbarkeit, Verlag Eugen Ulmer, Stuttgart

*Bogner, H./Grauvogl, A.;* 1984: Verhalten landwirtschaftlicher Nutztiere, Verlag Eugen Ulmer, Stuttgart

*Busch, B.;* 2013: Der Tierheim-Leitfaden, Management und artgemäße Haltung, Schattauer-Verlag, Stuttgart.

*Ehrke, T./Krieger, M.;* 2014: Das neue Tierversuchsrecht, Verlag epubli, Berlin

*Feddersen-Petersen, D. U.;* 2008: Ausdrucksverhalten beim Hund: Mimik und Körpersprache, Kommunikation und Verständigung,Verlag Franckh-Kosmos, Stuttgart

Gayer, R., Rabitsch, A., Eberhardt, U.; 2016: Tiertransporte, Verlag Eugen Ulmer, Stuttgart

*Golze, M.;* 2007: Landwirtschaftliche Wildhaltung, Verlag Eugen Ulmer, Stuttgart

*Grandin, T. (Ed.);* 2010: Improving Animal Welfare – a practical approach, CAB International, Wallingford

*Grimm, H./Otterstedt, C. (Hrsg.);* 2012: Das Tier an sich, Vandenhoeck & Ruprecht, Göttingen

*Hackbarth, H./Lückert, A.;* 2002: Tierschutzrecht – Praxisorientierter Leitfaden, 2. Auflage, Verlagsgruppe Jehle-Rehm, München und Berlin,

*Hirt, A./Maisack, C./Moritz, J.;* 2016: Tierschutzgesetz, Kommentar, 3. Auflage, Verlag Franz Vahlen, München

*Hoy, S. (Hrsg.);* 2009: Nutztierethologie, Verlag Eugen Ulmer, Stuttgart

*Kluge, H.-G. (Hrsg.);* 2002: Tierschutzgesetz, Kommentar, Verlag W. Kohlhammer, Stuttgart

*Lorz, A./Metzger, E.;* 2008: Tierschutzgesetz, Kommentar, 6. Auflage, Verlag C. H. Beck, München

*KTBL*-Schrift 446; 2006: Nationaler Bewertungsrahmen Tierhaltungsverfahren, Darmstadt

*Meier, J.;* 2009: Handbuch Zoo, Haupt Verlag, Bern

*Rabitsch, A.;* 2014: Tiertransporte, Veterinärspiegel-Verlag; Berlin

*Richter, T. (Hrsg.);* 2006: Krankheitsursache Haltung, Enke Verlag, Stuttgart

*Sambraus, H. H./Steiger, A.;* 1997: Das Buch vom Tierschutz, Enke Verlag, Stuttgart

*Tembrock, G.;* 1984: Verhalten bei Tieren, A. ZiemsenVerlag, Wittenberg

*Wiesner, E./Ribbeck, R. (Hrsg.);* 2000: Lexikon der Veterinärmedizin, 4. Auflage, Enke Verlag, Stuttgart

*Wolf, U.;* 2012: Ethik der Mensch-Tier-Beziehung, Verlag Klostermann, Frankfurt a. M.

*Zeitler-Feicht, M. H.;* 2015: Handbuch Pferdeverhalten, Verlag Eugen Ulmer, Stuttgart

*van Zutphen, L. F. M./Baumans, V./Beynen, A. C.;* 1995: Grundlagen der Versuchstierkunde, Verlag Gustav Fischer, Stuttgart

## 4.5 Zitierte Gerichtsurteile

- BVerfG, 06.07.1999; 2 BvF 3/90: Zur Hennenhaltungsverordnung
- BVerfG, 15.01.2002; 1 BvR 1783/99: Zum Schächten
- BVerfG, 03.07.2007; 1 BvR 2186/06: Zu den Anforderungen des Art. 12 Abs. 1 GG an subjektive Berufszulassungsvoraussetzungen bei der Zusammenführung mehrerer Berufe im Bereich der Hufversorgung
- BVerfG, 12.10.2010; 2 BvF 1/07: Zur Kleingruppenhaltung von Hühnern
- BVerwG, 17.12.2009; 7 C 4/09: Zuchtverbot von Enten mit Federhauben
- BVerwG, 08.11.2016; 3 B 11.16: Zur Schweinezucht
- EuGH, 23.04.2015; C-424/13: Zu Tiertransporten
- HessVGH, 05.02.2009; 8 A 1194/06: Zuchtverbot mit Blick auf bei Nachzucht zu erwartende erblich bedingte Defekte und Verhaltensauffälligkeiten
- OVG Bremen, 11.12.2012; 1 A 180/10: Zur ethischen Vertretbarkeit von Tierversuchen
- OVG Sachsen-Anhalt, 08.04.2013; 3 M 40/13: Tierschutzrechtliche Anforderungen an die Haltung von Schweinen
- OVG Sachsen-Anhalt, 24.11.2015: 3 L 386/14: Zur Breite von Kastenständen in der Schweinehaltung
- VG Gießen, 31.08.2010; 9 K 695/10.GI: Zur Vereinbarkeit des Anbindens von Kälbern mit dem Tierschutz
- VG Hannover, 03.03.2010; 11 A 726/09: Anforderungen einer ganzjährigen Schafhaltung im Freien
- VG Stuttgart, 19.07.2013; 4 K 2036/13: Zu Spaltenbreiten und Wärmeableitung des Bodens bei der Kälberhaltung
- VG Trier, 16.06.2014; 6 K 1531/13.TR: Tierschutzwidrigkeit der Einzelhaltung eines Esels

## 4.6 Adressen und Links

- BfR-Datenbank zu Projektzusammenfassungen von Tierversuchen: http://www.animaltestinfo.de/
- Bundesverband für fachgerechten Natur-, Tier- und Artenschutz e. V. (BNA): http://www.bna-ev.de/
- BMEL-Tierschutzgutachten: http://www.bmel.de/DE/Tier/Tierschutz/Tierschutzgutachten/_texte/GutachtenDossier.html
- Kuratorium für Technik und Bauwesen in der Landwirtschaft (KTBL): https://www.ktbl.de/ und dessen Nationaler Bewertungsrahmen Tierhaltungsverfahren: http://daten.ktbl.de/nbr/postHv.html;jsessionid=AE2F8A2F08D6B47E4F01946DD86800E4#start

- Stabsstelle der Landesbeauftragten für Tierschutz in Baden-Württemberg: http://mlr.baden-wuerttemberg.de/de/unser-haus/die-landesbeauftragte-fuer-tierschutz/
- Tierärztliche Vereinigung für Tierschutz e. V. (TVT): http://www.tierschutz-tvt.de/
- Tierschutzdienst am niedersächsischen Landesamt für Verbraucherschutz und Lebensmittelsicherheit (LAVES): http://www.laves.niedersachsen.de/portal/live.php?navigation_id=20071&article_id=73531&_psmand=23#top
- Welfare Quality®-Projekt: http://www.welfarequalitynetwork.net/network

# Stichwortverzeichnis

Die Ziffern beziehen sich auf die Seitenzahlen.